透视公司财报数字

看故事读财报

郭永清/著

大连出版社

图书在版编目(CIP)数据

透视公司财报数字:看故事读财报/郭永清著. —大连:大连出版社,2011.8

ISBN 978-7-5505-0182-9

Ⅰ.①透… Ⅱ.①郭… Ⅲ.①企业—会计报表—会计分析 Ⅳ.①F275.2

中国版本图书馆 CIP 数据核字(2011)第 150104 号

出 版 人:刘明辉
策划编辑:毕华书
责任编辑:毕华书 侯娟娟
封面设计:张 金
版式设计:金东秀
责任校对:张丽娜 李玉芝 张晓丹
责任印制:徐丽红

出版发行者:大连出版社
地址:大连市西岗区长白街 10 号
邮编:116011
电话:(0411)83621349/83621075
网址:http://www.dlmpm.com
电子信箱:bhs@dlmpm.com
印 刷 者:大连日升印刷厂
经 销 者:各地新华书店

幅面尺寸:170mm×240mm
印 张:19
字 数:312 千字

出版时间:2011 年 8 月第 1 版
印刷时间:2011 年 8 月第 1 次印刷
书 号:ISBN 978-7-5505-0182-9
定 价:38.00 元

如有印装质量问题,请与我社营销部联系
购书热线电话:(0411)83621349/83621075

序

在很多人看来，读财报是一件让人头疼的事——财报数字晦涩、难懂。我在上海国家会计学院教授《财报分析》课程，一直想着有一天写一本读财报的书——这本书通俗易懂、有趣、却又耐人回味。本书的出版遂了我的心愿。

在书中，我尽量用生动的故事，来讲述财报数字后面的含义——以此希望本书能够像新闻报纸一样，让感兴趣的读者在旅途中、班车上、闲暇时、甚至是方便时，都能带在身边随意翻阅。

同时，我希望本书读者看完后能有所“思”——“行成于思而毁于随”。有所思后，读者能形成自己的见解，从而有所成。我希望不同的人阅读本书会有不同的收获：

——企业经理人，通过本书能洞悉企业竞争力与财务报表之间的关系。财务报表的数字是结果，从事可以创造价值的活动是原因。财务报表是企业竞争力的综合体现，我们可以通过追问财务报表数字为什么会出现变化来分析企业竞争力是提升了还是下降了？什么方面还需要进一步改进？

——企业总会计师、财务总监和财务会计人员，通过本书能明白财务会计部门在一个公司中应有的定位，财务会计工作的精髓以及如何成为为公司直接创造价值的部门，并能够更加宏观地看待公司的风险、盈利能力和增长能力，以促进公司竞争力的提升。

——注册会计师，通过本书可以学会如何更好地发现公司财报中可能存在的问题，从而防范执业过程中的风险。

——股民，通过本书可以掌握如何判断一个公司的盈利能力和增长能力，并避免踏上股市中的“地雷”。“股神”巴菲特并不是时刻盯着显示屏上的实时行情，而是花大量的时间和精力阅读各个公司的财报，因为不是股票创造财富而是股票所代表的公司在创造真正的财富。股民应该更多地关注公司本身，而不是股票价格的即时波动。我们要时时问一下自己，当巴菲特在认真阅读公司财报的时候，自己在干什么？而这就是大师与我们的最大区别。书中的分析方法有助于股民作出正确的投资决策。

——学生，在真正走上工作岗位前，可以通过本书了解企业管理的精髓、财务会计在实际工作中可能面临的难题，从而快速成长为能干的企业精英。

本书包括四篇。第一篇是“基础篇”，介绍对企业财务报表会产生重要影响的各个因素，并构建财务报表分析的整体框架——战略分析、会计分析、财务分析、前景分析；第二篇是“战略分析篇”，介绍了战略分析的基本方法以及不同战略对财务报表的影响；第三篇是“会计分析篇”，介绍了会计分析的步骤和方法，并结合资产负债表、利润表、现金流量表作了具体案例分析；第四篇是“财务分析篇”，以一汽轿车和东风汽车为例，说明如何判断公司的营业活动获利能力、资产利用效率、财务杠杆率、利润的质量、风险、现金流量的质量，并在此基础上作出公司盈利能力和增长能力的综合分析。

郭永清

目 录

第一篇

基础篇

第一章

[illegible]

1

事关利益——财务报表很重要

财务报表中的信息是社会财富分配和资源配置的依据，因此财务报表在现实生活中发挥着很大的作用。对于企业来说，股东应该分多少红利、职工应该拿多少工资、高管应该拿多少奖金、国家应该收多少税收，都取决于报表中的数据；公司是否可以上市、是否应该退市、是否可以再融资、是否可以获得银行贷款，也取决于报表中的数据。因此，财务报表在现代社会经济生活中的重要性是不言而喻的。

中国的经济改革，如果离开了会计的支持，是绝对无法完成的。经济改革的核心是经济利益如何重新分配的问题，而利益如何重新分配，需要会计来进行计量。我们的经济改革，从承包制到现在的股份制，其核心问题是企业利润如何分配。而这些，都需要借助会计来实现。

因为财务报表的重要性，前国务院总理朱镕基同志在 2001 年视察上海国家会计学院的时候，题写了“不做假账”四个字，并在讲话中指出：“中国的注册会计师，是为社会主义市场经济奠基的，是千秋万代的事业。”

在朱镕基同志之前，国务院副总理姚依林同志曾经说过一句话：“会计的建设关系到一个国家政权的建设。”也许很多人都认为这把会计的地位放得太高了，其实不然，这句话说得非常到位、非常精辟。贯穿“三讲”、“三个代表”、“先进性教育”、“践行科学发展观”、“创先争优”等活动的一个主题就是“反腐倡廉”，而会计在反腐倡廉中至关重要。

只要所有单位的业务活动都得到会计的如实反映，则贪污、腐败不可能发生。现在的问题是，“合法”的会计记录掩盖了“非法”的业务活动。举个例子，一个国有企业的王总经理经常拿着企业的钱到澳门去赌博，一共输了 3 000 万元，最后被抓起来坐牢。我问你，如果你在这个单位做财务人员，这些钱出去的时候你怎么做会计处理？如果按会计准则的规定，非常简单——借记“其他应收款”，贷记“银行存款”或者“现金”，在分录摘要里如实写上“暂借王总经理赌资款3 000万元”。试想,如果会计这样如实反映,贪污、腐败、挪用还会发生吗?因此,从会计的角度来看,“反腐倡廉”其实是比较容易实现的,因为世界上所有的资金运动都会留下线索。所以,陈毅同志说的“手莫伸,伸手必被捉”还是很有道理的。

现代经济生活中,财务报表与每个人的生活都密切相关。如果我们要找一份工作,那么我们最好首先看看目标单位的财务状况,包括从财务数字中体现的员工薪酬、福利待遇、奖金津贴以及单位未来的发展。如果单位经营不利,则我们个人的职业发展也必受牵连——安然倒闭,导致了数万人的失业和养老保险的亏空——现在来看,财务状况最稳定的就是政府部门了,所以目前公务员成为最吃香的工作。

作为社会财富和资源配置的基础,财务报表涉及很多人的利益,而财务数字晦涩、难懂,因此就有了专业人员——财务分析师、证券分析师……

目前全国股民数量已经突破1亿大关,然而愿意读财报、能读懂财报的股民少之又少。凭着感觉或小道消息进行操作,亏损的可能性自然比赚钱的可能性要高得多。为什么巴菲特可以成为“股神”?很重要的一个原因是巴菲特关心的不是股票,而是股票背后的实质——企业本身,而对企业本身的判断往往取决于公司的财务报表。如果你是股民但从来不看公司财报,那就要小心了。

庖丁解牛——财务报表分析的实质

大家都听说过“庖丁解牛”的典故。说的是,有一个名叫丁的厨师,因为长时间宰牛并善于探究,对牛的身体构造了如指掌,因而在处理牛的时候游刃有余,其使用的刀也是十几年锋利如故。

其实,财务报表分析与解牛有异曲同工之妙。财务报表是复杂的,牛的身体构造无疑也是很复杂的。庖丁解牛,为什么能一刀下去,刀刀到位,轻松简单?原因是什么?是因为掌握了牛的身体构造。牛与牛当然各不相同，但不管是什么牛，它们的身体构造都是一样的。每个企业的财务报表也各不相同，但其基本原理也是一样的。庖丁因为熟悉了牛的身体构造，自然懂得在何处下刀。如果能精通财务报表的来龙去脉，摸准其中的规律，就能和庖丁一样，做到目中有牛又无牛，化繁为简，游刃有余，获取有用的信息。

对于公司来说，根据经营环境制订并实施公司战略，并在此基础上开展营业、投资和融资等经营活动，然后通过财务会计信息系统对这些经济活动进行确认、计量、记录和报告，最终生成财务报表。因此经营活动是“皮”，而财务报表是“毛”。

财务报表的生成是一个顺向的过程，而对于财务报表分析来说，其实是一个逆向分解的过程——财务报表反映了公司战略的实施效果，公司的经营活动是否有效率，公司的会计政策与会计估计是否合理？

在哈佛财务报表分析框架中，用图表的形式很好地解释了财务报表的生成过程，兹引述如图 1－1 所示：

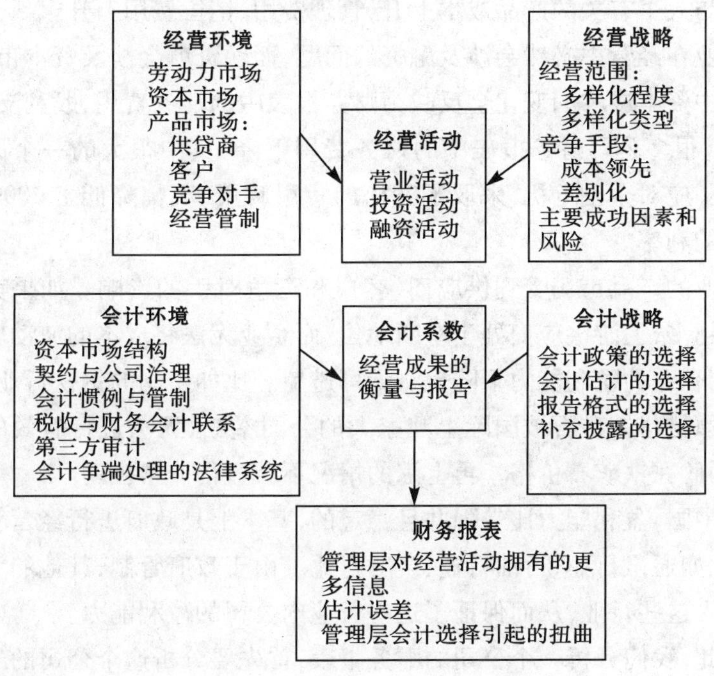

图 1－1　财务报表分析框架图

不立危墙之下——经营环境对财务报表的影响

从财务报表的生成过程看,财务报表的质量受到很多因素的影响,首先一个是企业的经营环境。企业的经营环境,包括劳动力市场、资本市场、产品市场以及国家对于经营的管制等。

为什么21世纪初很多东部沿海地区的企业都在往中西部地区搬迁?因为东部地区的劳动力成本要远高于中西部地区。上海市2010年的人均最低收入标准是每个月1 120元,如果加上社会保险等其他成本,则一个员工最低的月工资不会低于1 500元,而这些都会反映到财务报表中——与人工有关的产品成本上升,管理费用、销售费用上升。

企业在经营中必然会涉及融资的问题,而融资就会涉及资本市场,资本市场中资本成本的变化会反映为财务报表中的财务费用、股利支付等。2009年,很多公司财务报表中的财务费用下降,其中很大的一个原因是政府为了应对金融危机,采取了宽松的货币政策,大幅降低了2009年银行贷款的利率。

企业的产品市场受到供应商、客户和竞争对手的影响。如果竞争对手越来越多,上游供应商处于垄断地位,而企业无法将成本的波动转移给客户,则企业的盈利能力下降也将无可避免。比如中国的钢铁行业,其最主要的原材料铁矿石被国际上几家大的公司垄断,无法进行有效的价格谈判,因此在铁矿石价格一再上涨的情况下就显得非常被动。

在中国,盈利能力比较强并且稳定的,基本上是政府进行经营管制的行业,比如通讯行业、石油行业、金融行业。由于政府管制,其他的竞争者很难进入这些行业,从而保证了这些行业内公司的盈利能力。

因此,我们分析一个公司的财务报表,首先要分析这个公司的经营环境。对于公司的经营者来说,在进行投资战略决策的时候,非常重要的是要在正确的时间进入正确的行业。这比经营战略本身还要重要,因为行业的盈利能力已经决定了公司未来的盈利区间范围。所以，我们要牢记一句话："方向比努力更重要。"

东方不亮西方亮——经营战略对财务报表的影响

分析了一个公司的经营环境以后，我们接着要看一个公司的经营战略和竞争定位。公司的经营战略，从业务范围来说，主要分为专业化经营战略和多元化经营战略。

专业化经营战略是指集中公司所有资源和能力于自己所擅长的核心业务，通过专注于某一点来带动公司的成长。核心业务是指在公司从事的所有经营领域中占据主导地位的业务，核心业务构成了公司的基本骨架。我们这里所说的专业化包括两方面的意思：一是行业专业化，即公司专注于某一个行业内经营；二是业务专业化，即公司专注于行业价值链中某一环节的业务。一般来说，采用专业化战略的公司，其财务报表中数据的波动跟该行业的波动关系非常密切。

多元化经营战略，是指企业同时经营两种以上基本经济用途不同的产品或服务的一种发展战略。具体又可以细分为相关多元化战略和非相关多元化战略。相关多元化战略是指进入与公司现在的业务在价值链上拥有竞争性的、有价值的"战略匹配关系"的新业务。例如房地产开发企业在房地产开发以后，成立房地产经纪公司以进行房地产的销售，在销售以后成立物业公司进行物业服务，即是相关多元化的体现。非相关多元化是指企业新发展的业务与原有业务之间没有明显的战略适应性，所增加的产品是新产品，服务领域也是新市场。例如，房地产开发企业去做化工、连锁超市，则是非相关多元化的体现。

多元化虽然能在不同程度上减少对单一产品、市场的依赖性，分散市场风险，做到"东方不亮西方亮"，以丰补歉，从而减少波动，稳定收益，但由于资源配置分散，投资大且方向复杂，管理难度高，容易顾此失彼。尤其非相关多样化，闯入陌生的领域，隔行如隔山，很可能造成“东方不亮西方也不亮”、得不偿失的后果，反而加大了风险。所以决不能把多样化视为企业发展的万能法宝，不顾具体条件加以滥用。在竞争日益激烈、市场日趋细化的情况下，任何企业都既没有必要、也没有可能做“全能企业”，在各个领域“全线出击”，同时和众多对手展开全面竞争，而应当从实际出发，集中自身力量，瞄准目标市场，发挥专业化优势，深挖市场潜力，在特定行业里创优争先。即使企业在可行条件下考虑向多样化方向发展，也只能搞“有限多样化”，不能搞跨行业过多的“无限多样化”；尽量搞相关多样化，而谨慎地搞非相关多样化，务必在多行业中始终突出具有竞争优势的主业，防止“喧宾夺主”。

我们在分析多元化战略的公司时，要关注公司多元化的范围、多元化的类型，以及公司的管理能力是否足以支持多元化战略。

在同一个行业，相同的经营环境，有的公司经营得好，有的公司经营得不好，最主要的原因是不同公司的竞争定位不同。公司的竞争定位，包括成本领先战略和差异化战略。这些战略我们在后面的公司竞争战略分析中，将展开进一步论述。

皮之不存，毛将焉附——经营活动是财务报表的基础

公司在经营环境下确定经营战略后开展经营活动。一般来说，公司的经营活动包括筹资活动、投资活动和营业活动三个方面。

我们要牢记一点：财务报表的基础是企业的经营活动。我们用财务会计的语言来描述企业的经营活动。如果企业的经营活动本身是虚假的，我们会计处理得再认真也没有用。会计上有一个术语叫“假账真算”，指的就是这种情形，正所谓“皮之不存，毛将焉附”。在我国目前的情况下，会计信息失真大多即属于这种情况。因此，提高财务报表质量的当务之急是：如何确保公司的筹资活动、投资活动和营业活动的真实、合法。

在财务会计系统中，生产财务报表的原材料是各种票据，反映原始的经营活动业务的是发票。比如，由于公司业务需要请客户吃饭，那么发票上的信息就表明某个人某年某月某日请某某人吃了一顿多少钱的饭——发票留下了业务的线索。这是财务会计的一个非常重要的职能，我们只需根据发票就可以还原业务的真相。

现在假发票泛滥，到全国各地出差都可以遇到有人上来询问是否要假发票，电子邮箱每天也收到很多兜售假发票的垃圾邮件。其实假发票不仅仅是各地火车站、垃圾邮件兜售的非法印制的发票，更严重的假发票是，国家税务局承认但是上面记载了虚假业务的发票。例如，江西新余的官员到美国、加拿大公款出国旅游，而其发票上却注明是公务考察，这就是赤裸裸的假发票的例子。问题是，这样的事情在现实生活中到底有多少，谁也不知道。

国外回来的同学跟我开玩笑：近几年中国在国际上的地位不断上升，中国人出国旅游的越来越多，以前国外的服务人员看到黄皮肤的亚洲人，都问“Japan，Japan……”以确认是否是日本人，现在都问“China，China……”以确认是否是中国人。一确认是中国人，他们就会用简单的中文进行交流。据他统计，用得最多的是三句话：第一句“你好”，第二句“欢迎光临，请过来随意看看”，第三句“我们这里有发票的”。这些发票都用来干什么了？大家都应该心知肚明。我们权且把这当笑话看吧！

 延伸阅读：江西新余官员的“公务考察”

一名网民2009年11月26日晚在猫扑论坛发帖，称在上海地铁二号线拾到一个环保购物袋，袋内装有江西新余市、浙江温州市公务考察团在美、加考察时的消费票据，并扫描下来发在网上。愤怒的网民还将其邮寄给了相关省份纪委部门。网友们惊讶地发现，37份扫描文件，竟然清晰地记录了两个出国考察团观光旅游的全过程。新余团11人花掉35万元，费用包括三个部分：

第一部分:地接费用,每人 1.48 万元,单间差费用[①] 4 040 元,此部分全团共计人民币 16.684 万元。

第二部分:机票费用,每人 1.605 万元,全团共计人民币 17.655 万元。

第三部分:邀请函加上翻译费用,每人 1 440 元,此项共计人民币 1.296 万元。

以上三项加起来总计 35.635 万元。蹊跷的是,旅行社又返还了 2.2 万元。在一张"委托付款凭单"上,返款的"对方单位名称"一栏中写的是"新余外办刘忠平"。除去这笔返款和其他一笔 2 404 元的开支,数据显示,旅行社共收到 33.1946 万元。根据数据,旅行社的纯利是 50 198.2 元。

具体的行程如下:4 月 15 日,行程第一天,"今日乘飞机前往温哥华——世界最美丽城市,抵达后专车接您市区游览,参观北美最漂亮整齐的唐人街……";4 月 16 日,"乘飞机赴多伦多,抵达酒店后休息";4 月 17 日,"驱车前往尼亚加拉大瀑布游览,乘坐'雾中少女'号游船……"。

这份行程表上列出的每日行程全是景点。另外,这份行程描述甚至公然写道:"到达并入住拉斯维加斯酒店后,可自费去欣赏拉斯维加斯的著名歌舞表演或到赌场小试身手。"

与此产生巨大反差的是,新余市人力资源考察团的出访目的:一、考察人力资源和政府人事管理制度;二、参观财税公务员、劳动力市场培训机构;三、考察借鉴政府在扶持人才技能培训和新型产业优秀人才培养选拔方面的经验。

政府反应:江西省纪委会同新余市委立即组织对此事进行了调查处理,免去刘忠平的新余市外事侨务办公室主任、刘群的新余市外事侨务办公室副主任职务,责令考察团负责人、仙女湖风景名胜区管委会主任徐冬春停职检查。

---

① 单间差费用,指旅游团到异地旅游住宿宾馆或饭店标准间时,团队分配住房之后出现奇数,也就是出现空床时,旅游团应向接团社付空床费用。

过程的控制与业务的总结——会计的精髓

笔者有幸在一家上市公司的董事会担任独立董事，是董事会审计委员会主任。第一次到该公司开董事会，由于路途不熟悉，所以去得比较早，九点钟开会，七点半就到公司会议室了。过了几分钟，走进来一位老人，鹤发童颜，相当有精神，一看就是那种成了精的人。我事先看过董事会成员名单，还有一个独立董事是搞物理研究的中科院院士陈教授，心想会不会就是他。

我马上上去，双手抱拳："哎呀，老先生，请问您是不是陈院士？"

他清了清嗓子说："我是陈老师，你是哪里的啊？"

"鄙人小郭，刚加入公司董事会。"

老先生一听，马上上来抱住我的手说："哎呀，原来你是上海国家会计学院的郭博士啊，我跟你商量个事啊，我有个孙子，要读你们会计的研究生，可以吗？"

"可以啊！"

"哎，你们会计真是厉害啊！"

我一听，马上问道："此话怎讲？"

老教授马上拿出我们那天开会的资料，翻到公司的财务报表，指着公司的资产负债表说："我们物理，才七八位的数都难以做到精确无误，你们会计这个资产负债表啊，有时来个十多位，加上两位小数，居然能精确到分啊！而且最强的是，居然两边能做到一分不差正好相等啊！真是个伟大的学科，我一定要让我孙子读会计。"

我哈哈一笑："老先生，您有所不知啊，我们会计的科目，有不少都是'毛估估'估计出来的，并不是非常精确的。"

老先生一听马上变脸，"什么？都是估计出来的？"

我说："是啊，你看，今天公司安排奥迪轿车去接您过来开会，奥迪轿车作为固定资产核算,需要提折旧。"

老先生插嘴:"那奥迪轿车有四个轮子可以开动起来,那不是流动资产吗? 怎么是固定资产?"

我给他解释了一下什么是固定资产,什么是流动资产,然后继续说折旧的事情:"奥迪轿车假设按十年提折旧,可是有可能开到第八年就报废了,也有可能可以开十二年、十五年,所以每个月计提的折旧其实是会计人员估计出来的。报表中的数字基本是会计人员估计出来的,比如应收款项要提坏账准备、其他资产要提减值准备。"

院士毕竟聪明,我解释了不到一个小时,基本明白怎么回事情了。最后说:"那么,货币资金总归是货真价实,不是估计的吧?"

我说:"我们这个公司的货币资金也是估计的。公司有很多出口业务,所以有美元、欧元、港币,而这些外币是按照某一天的外汇中间牌价折算过来的,外汇中间牌价每天都在波动,每天计算出来的结果就都不一样。"

"那你们会计也太不严谨了,估计出来的数字怎么能放在年报上给人看。我建议你们以后会计做个改革:不要告诉我是多少元几角几分,就告诉我一个区间范围,比如介于80亿到81亿之间;资产也不要等于负债加所有者权益了,两边应该划约等号!"

老先生说的也有些道理,可是我们会计"有借必有贷,借贷必相等"的借贷记账法系统已经用了几百年,虽然存在缺陷,目前看来还没有找到很好的解决方法。

那么,究竟怎样理解会计呢? 马克思在《资本论》中的论述可谓精辟。"过程越是按社会的规模进行,越是失去纯粹个人的性质,作为对过程的控制和观念的总结的簿记就越是必要;因此,簿记对资本主义生产,比对手工业和农民的分散生产更为必要,对公有生产,比对资本主义生产更为必要。"马克思这里所说的簿记就是会计。因此,会计是"过程的控制和观念的总结"。

所谓观念的总结,就是企业每一笔业务做完以后,必须以会计的语言,对每一笔业务进行记录和报告;而定期或者根据企业的需要,提供对一个企业所有业务活动的总结报告,即编制财务报表。财务报表是对一个企业所有业务活动的总结。财务报表中的数字,不是企业领导或者会计人员凭空计算的结果,而是企业业务活动的汇总反映。一年 365 天,今天你的业务收入小于费用,今天就是亏损;明天你的业务收入大于费用,明天就是盈利。一年 365 天的汇总,就是利润表中的数字。

可是我国一些企业领导人却并不这样认为。记得中央电视台经济频道的一个访谈类节目中,主持人在节目快结束的时候,问一位嘉宾——国务院国资委下面的央企的一个姓赵的董事长兼总经理:"赵总,今年马上就要过去了,能跟大家透露一下集团公司今年的经营业绩吗?"我们可爱的赵总不假思索,马上回答:"我们集团公司今年要做多少利润,董事会还没有开会研究决定。"你看,报表的数字是开会决定的,那报表的质量能高吗?

但是,马克思在《资本论》中说的是"过程的控制和观念的总结"。大家要注意,"过程的控制"放在"观念的总结"前面,这是有逻辑顺序的——财务会计工作的前提是"过程的控制"。我们目前对于会计的理解是不到位的,我到一些单位问非财务部门的人员:"会计是干什么的?"很多人回答:"会计是给我们报销发票的。"正如我们在《财务会计部门的定位对财务报表的影响》这部分内容所讲的,会计首先应该是"控制"!通过控制,保证会计所反映的业务是真实的、合法合规的。所以,我们应该树立"大会计"的观念——会计应该更多地介入业务,运用价值链分析,通过业务流程的整合把控制嵌入业务流程过程中。有业务,有票据,有账务,最后才是财务报表。所以,会计人员不能仅仅局限于"账房先生"的角色,而应该是懂得业务、懂得管理、懂得战略从而引领价值创造的复合型人才——正因为如此,很多跨国公司的 CFO 后来能够转任 CEO。

延伸阅读:三个层次的总会计师

第一个层次的总会计师,水平比较差,公司的财务报表坐在办公室看看就知道是否存在着异常,不需要做任何现场调查。比如某些公司的报表中,巨额的预付账款、其他应收款长期挂账,应收账款的累积余额如滚雪球一般越来越大,固定资产的净值越来越大而固定资产周转率越来越低,存货的余额越来越大而存货周转率越来越低。要知道,公司的报表项目之间是存在一定的逻辑关系的,有多少固定资产必须有多少流动资产,流动资产中必须有多少存货、应收账款，就像一辆小轿车，必须有一个方向盘、四个车轮、一个备胎一样，如果一辆小轿车出现八个轮子，那就出问题了！

第二个层次的总会计师，水平略高一点，在会计准则允许的范围内，利用会计政策与会计估计的调整进行报表中数字的调节。例如，通过调整固定资产的折旧，来调整报表中的利润数字；通过调整资产的减值准备以及来回结转的问题，来调整报表中的利润数字等，不一一列举。下面列示了宝钢股份2003年度和2004年度会计估计变更对报表利润的影响。

宝钢股份2003年的会计估计变更：

(1)本公司运输工具的原估计使用年限为6~10年。本年度内，根据对固定资产实际状况的检查，本公司认为除大型运输设备(折旧年限为10年)之外的运输类设备的使用年限应该为5年。从2003年1月1日起本公司改变了上述固定资产的折旧年限及折旧率：

	变更后	变更前
年折旧率	9.6%~19.2%	9.6%~16%
计入本年的折旧费用	2 393 526 454.30元	487 199 908.93元

本公司对会计估计变更的核算采用未来适用法，该项会计估计变更使得本年利润总额减少人民币1 906 326 545.37元。

(2)于2003年本公司及附属公司综合考虑了目前钢铁市场的销售环境以及本公司及附属公司的销售政策和应收账款的回收情况，对应收账款一般坏账准备的计提比例进行了如下调整：

账龄	坏账准备比例(%)	
	变更后	变更前
1年以内	5	5
1至2年	30	10
2至3年	60	20
3年以上	100	100

本公司及附属公司对会计估计变更的核算采用未来适用法,该项会计估计变更使得本年利润总额减少人民币 632 877.63 元。

宝钢股份 2004 年会计估计变更:

除以下说明外,本会计报表采用与以往年度一致的会计政策和会计估计。

于本年度,根据对固定资产实际状况的检查,本公司认为部分房屋及建筑物和部分机器设备的使用年限应调整为如下表所列示年限。因此,从 2004 年 1 月 1 日起本公司改变了上述固定资产的折旧年限及折旧率:

变更前类别	折旧年限	年折旧率
部分房屋及建筑物(除办公楼)	15 ~ 35	2.7% ~6.4%
部分机器设备	7 ~ 18	5.3% ~13.7%
变更后类别	折旧年限	年折旧率
部分房屋及建筑物(除办公楼)	15 ~ 20	4.8% ~6.4%
部分机器设备	9 ~ 15	6.4% ~10.67%

本公司对会计估计变更的核算采用未来适用法,上述固定资产按变更前的折旧率计算的本年度折旧费用为人民币 2 310 048 164.96 元,根据变更后的折旧率计算的折旧费用为人民币 5 127 605 645.75 元,该项会计估计变更使得本年度利润总额减少人民币 2 817 557 480.79 元。

第三个层次的总会计师,则不仅是在会计准则允许的范围内调整会计政策和会计估计,更多的是通过对交易的安排,来调节报表数字。比如,通过对股权比例的控制,来选择长期股权投资核算的方法,在被投资单位经营状况好的时候,持股比例 20.01% 以采用权益法把被投资单位的经营成果反映在本公司报表中;当被投资单位经营情况不好的时候,持股比例 19.01% 以采用成本法,不反映被投资单位的经营亏损(长期股权投资的核算包括权益法和成本法,在会计实务中一般以持股比例 20% 为界线来判断采用什么方法)。再比如,在企业合并中,通过公允价值的运用,来调节报表中的数字。

7

龙舟比赛的敲鼓者——财务会计部门引领公司价值创造

在端午节的时候，大家都看过龙舟比赛。大家试想一下，龙舟比赛的时候，是划船的人重要，还是敲鼓控制节奏的人重要？显而易见，是敲鼓的人重要。财务会计部门就是公司价值创造过程中的敲鼓者！

前面讲到，我们用会计的语言来描述公司的经营活动，与此同时，会计对经营活动的反映也会受到会计环境、公司治理、内部控制、会计准则质量、税法、审计、会计法律等很多因素的影响。

一个公司会计环境的好坏，最直接的体现是公司对财务会计部门的定位。公司对于财务会计部门的定位，对会计反映经营活动的影响非常大。很多公司都将财务会计部门定位为后台支持服务部门，其实在市场经济中，这种定位是远远不够的。为什么公司的董事长、总经理都喜欢将财务会计部门定位为后台支持服务部门呢？因为在他们的观念中，只有销售部门、生产部门、研究开发部门才能创造价值——销售部门带来营业收入，生产部门生产出产品，研究开发部门开发出新技术，这些都是实实在在、非常直观的形而下的价值。你财务会计部门创造了什么价值？

事实上，这种想法已经跟不上时代发展的潮流了。

在很多跨国公司，财务会计部门引领着公司价值创造。通过采用先进的管理手段对公司资源集中控制，比如对资金采取现金池管理，财务会计部门正在创造价值；通过实现更加合理的资本结构，财务会计部门为股东创造更多的价值；更重要的是，通过对公司资源的合理配置，发挥公司所有部门、所有子公司的团队协同作用，悄无声息地为公司创造着更多的价值。具体分析可以见延伸阅读资料。

公司里所有部门都有部门的目标，但是部门目标可能与公司目标不一致，或者各部门在开展业务的时候有可能脱离公司的目标。这个时候，需要由财务会计部门来进行总的协调和控制。在公司所有部门中,除了财务会计部门,每个部门都有自己的部门的目标。相对来说,财务会计部门是没有自己部门目标的。因为财务会计部门算的是整个公司的账,公司的目标就是财务会计部门的目标。

从利润表的角度来看,"收入 - 费用 = 利润",各个业务部门都要用到公司的资源从而产生成本、费用,只有控制好成本、费用,才能实现利润。而成本费用如何控制,则需要充分发挥财务会计部门的作用。从很多公司的报表数据来看,都有金额颇高的资产减值损失。资产减值损失包括坏账准备、存货跌价准备、固定资产减值准备、无形资产减值准备、持有至到期投资减值准备等。资产减值损失是怎么产生的? 都是业务部门开展业务带来的! 可是业务部门知道吗? 大多数公司的业务部门是不知道的,他们的理由是,这是财务会计专业的问题,不是他们业务的问题。他们不懂,所以他们不知道。

因此,在一个组织结构设计比较合理的公司,总经理(CEO)和财务总监(CFO)的关系并非单纯的管理学上的上下级关系,而是战略合作伙伴关系。要知道,在管理学上来说,所谓上下级就是要下级绝对服从上级的命令和指示;而财务和会计是有其专业性的,在工作中必须保持一定的独立性,所以 CEO 和 CFO 就不应该是上下级关系,而是战略合作伙伴关系。要为公司创造价值,保证公司财务报告的可信性,就必须提高财务会计部门在一个公司中的地位。公司的总会计师或财务总监就必须在向总经理汇报工作的同时,直接向公司董事会汇报工作。这个,就涉及公司治理的问题。

笔者由于工作关系,接触的 CFO 和总会计师比较多。在交换名片的时候,一看很多人抬头的都是某某公司财务总监、某某集团总会计师,觉得大家的层次都很高。可是交换名片以后,一到这个公司的网站看组织结构图,发现完全不是这么回事儿。虽然财务总监或者总会计师已经列入公司领导的行列,可是基本上排名总是排在最后一位;甚至有些虽然列入公司领导行列,可是在组织结构图中所处的层级非常低,比如在有些公司的组织结构图中,依次是股东大会、董事会、总经理、分管财务的副总经理、总会计师(财务总监),你看总会计师已经处于第几个层级了? 你想让总会计师对财务报表负责,典型的权责不对等,上来一个副总经理级别都比你高,你怎么去进行控制,更遑论价值整合了。这还不是最过分的组织结构,我看到过的组织结构中,还有总会计师比这个层级更低的——股东大会、董事会、总经理、分管行政财务的副总经理、行政财务部总监、总会计师,这个总会计师能干什么?总账会计而已啊!

要保证财务报告的可信性,财务总监应该是公司中仅次于总经理的当仁不让的二号人物——大多数跨国公司的 CFO 都是公司中的二号人物,高于副总裁。中国一些大型企业,CFO 的级别也是相当高的,通常都是企业的二号人物,高于其他副总裁,报酬也高于其他副总裁。但是,这个定位也对目前企业中的财务人员提出了相当大的挑战,因为我国的大多数财务会计人员还是"管家型"的账房先生。

延伸阅读:职能修炼

2010 年的春天在细细的春雨中姗姗来迟,楼宇间和道路旁冒出的片片新绿预示着生机勃勃的春天已经来到我们的身边。我们已迈入 21 世纪第二个十年,金融危机的阴霾正逐渐淡去,新的一年对于各行各业的企业管理者们来说,正是一展宏图的大好时机。然而,最近我身边的一些同行,在言谈中却流露出几分"拔剑四顾心茫然"的失落。

事实上,在我从事财务管理工作的 16 年里,时常听到同行们诉说财务工作中的种种尴尬与困难,例如财务部门每天疲于处理繁冗的数据,却永远只有苦劳没有功劳;财务部门在企业内不受重视,提出的建议总不能被采纳,总处于被动地位;财务部门和业务部门的关系总那么别扭,不但经常起冲突,还经常被以"财务部门不像业务部门那样能创造收入或利润"这样的理由被轻视或被剥夺话语权。这些问题让他们沮丧、忧虑、感到孤立无援甚至是身心俱疲,让他们深感财务工作的"难",让他们感觉犹如走在布满迷雾的道路上,找不到清晰的方向,而且举步维艰。

那么,到底发生了什么,让许多财务管理者感到工作这么"难"?

两大障碍

首先,经过对种种现象的归纳整理,我们可以发现阻碍财务工作价值提升的两大障碍。

第一个障碍，是财务工作本身的基本定位使财务部门与业务部门很容易发生角色冲突，同时由于财务专业性强的特点，导致双方沟通不顺畅。

财务工作在满足企业内部管理需要的同时还必须遵循外部法规与政策的规定，在面对企业内部提出的管理需求时，需要先从精确、严谨与合规的角度来考虑可行性；而业务部门面对的是多变的市场环境和激烈的竞争，他们必须善于创新，能够随机应变、机动灵活，才能够使业务策略随市场变化而变化，才能更好地适应市场环境、赢得竞争。于是，业务要自由，财务要设限制；业务要快速变化，财务要按部就班，冲突就因此而产生了。与此同时，财务是专业性很强的职业之一，财务的基本概念对绝大多数非财务专业人员来说晦涩难懂，同时多数财务人员经过多年的学习和实际经验积累，养成了中规中矩、注重细节的思维模式。这种特点造成了财务部门与业务部门沟通的障碍，使得财务部门难以通过沟通来获得理解和谅解，有时甚至会使冲突激化。

第二个障碍，是企业中财务工作的角色定位不完整。

让我们先来看一下内外资企业财务角色定位的现状。（见图1－2）

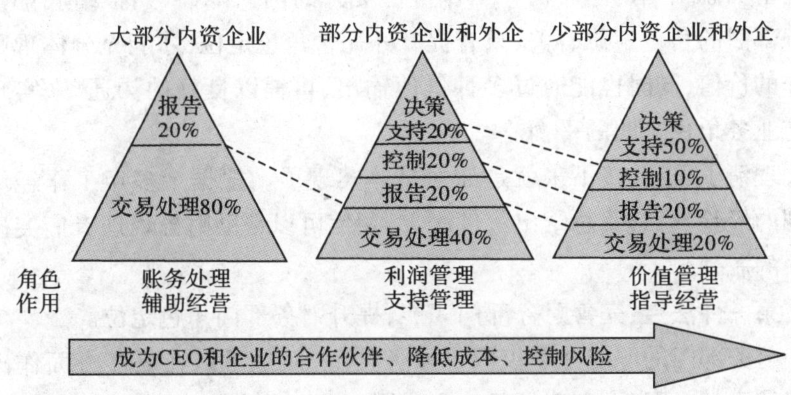

图1－2　内外资企业财务角色定位的现状

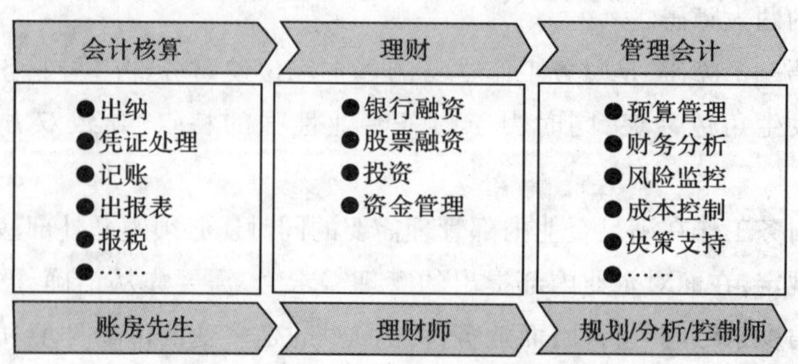

图 1－3　财务部门所具有的三方面职能

可将内外资企业财务角色定位的现状归纳为三种类型:起辅助经营作用的账务处理者;起支持经营管理作用的利润管理者;起指导企业经营作用的价值管理者。从图 1－2 不难发现,大部分企业中财务部门的角色定位仍局限在“账务处理者”上,部分企业的财务部门角色定位有所提升,成为“利润管理者”,只有少部分企业做到了“价值管理者”。定位的不同,必然导致工作内容以及侧重点的不同,于是所能输出的价值也不同。因此,定位不完整是导致财务价值难以提升的根本原因。

走出迷雾的三件法宝

上面总结出的阻碍财务工作价值提升的两大障碍,归根结底都是和财务部门的角色定位有关,只有提升并完善角色定位,才能充分体现财务工作的价值,同时也能通过多种价值输出、再辅以良好的沟通,来实现财务与业务角色之间的平衡。

理清了思路,接下来就是如何具体实现了。根据十多年工作经历中得到的经验教训,我总结出三件法宝,相信可以帮助财务管理者们突破工作中的瓶颈。

第一件法宝:完善财务部门职能,提升财务部门角色定位。

财务部门的职能并非仅限于账务处理,而是可以在更多方面作出有价值的贡献。图 1－3 列举了在价值管理的角色定位下,财务部门应具有的三方面职能。

图 1－3 的三方面职能中,“会计核算”职能是财务部门必须具备的基本职能,而“理财”和“管理会计”职能能为财务管理提供更广阔的发挥空间,为财务部门创造价值提供了多种途径。2006～2009 年,我在默克

制药担任中国区 CFO 期间，曾经带领我的团队，用一年多的时间成功地将 80/20 原则和六西格玛技术应用到战略采购中，结束了公司多年散兵游勇的状态，使公司的采购正式步入战略化、集中化、专业化和职业化的阶段，同时采购成本得到了显著降低，息税前利润得到了显著提升。此外，在默克集团的共享服务计划中，我们提供的高质量的财务服务赢得了集团内兄弟公司的认可。通过向它们提供包括核算、理财、管理会计在内的全面财务及行政、采购和 IT 外包服务，在两年间直接为公司创造了高额利润，成功地将财务部门从成本中心转换成了利润中心。

在 2009 年 5 月，我加入了腾创科技担任执行副总裁兼首席财务官。在这家快速扩张的创业型成长企业中，我和我的财务团队针对公司的实际情况设计并实施了一系列的开源节流措施。在开源方面，我们通过获取银行融资及渠道信用额度、购买银行理财产品、改变支付手段、合理延长应付账期等措施，为公司的业务发展提供了资金保障。2010 年，我们还会继续通过战略成本费用模型、重新设计集团管控架构、流程再造、优化服务、提高人均产能等措施实现“节流”。这些例子都是财务部门能够在更多方面为企业创造价值的证明。

此外，在提升财务部门的角色定位时，应围绕“策略家”与“看守者”两个角色展开，形成角色定位的平衡架构。

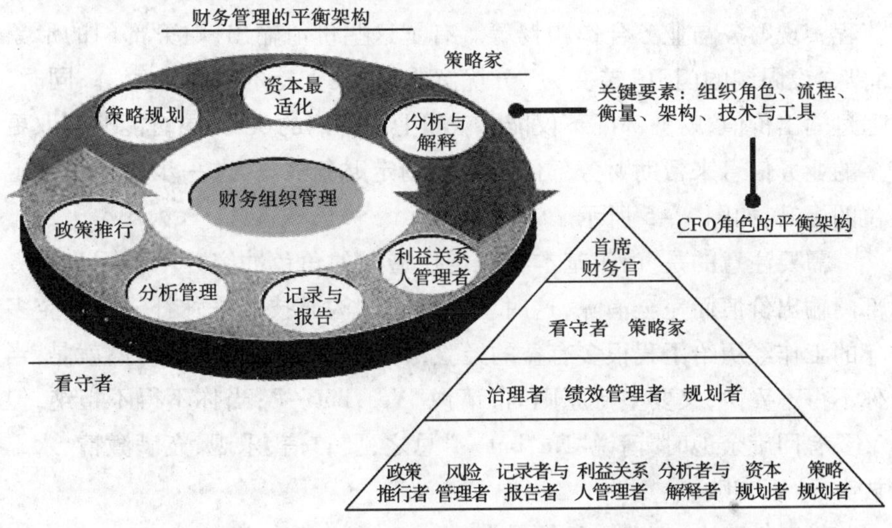

图 1－4　财务管理的平衡架构

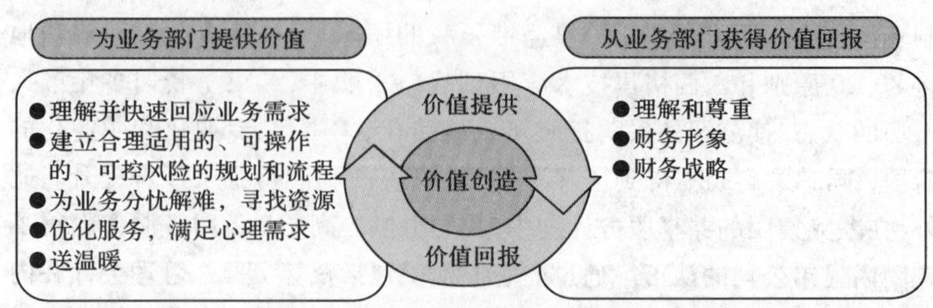

图1-5　财务部门对业务部门的价值提供及回报

图1-4体现了角色定位的平衡架构的内容。图的左侧将财务管理的角色定位拆分为“策略家”和“看守者”两大类共七种角色；图的右侧是相应的首席财务官所需要担任的角色在四个层次的细化拆分。首席财务官在履行不同角色的工作职责时，所需要考虑的关键要素包括了组织角色、流程、衡量、架构、技术与工具。

第二件法宝：通过向业务部门提供价值以及提升沟通技巧，实现与业务部门化干戈为玉帛。

财务部门在提升了角色定位之后，将会发现有很多途径可以向业务部门输出价值。这些价值可以体现在向业务部门提供更合理有效的解决方案、帮助他们寻找所需的资源、通过建立兼顾效率与控制风险的规则和流程实现财务与业务合作顺畅等。有了这些价值输出，财务部门的形象将从“设限制的门卫”转变为“分忧解难、决策支持的战略专家”。同时，通过输出价值，财务部门不仅能够获得业务部门的认可，同时能够获取更多的业务信息来帮助财务部门更好地制定财务战略，进一步实现角色定位的提升，如图1-5所示。

需要注意的是，由于基本角色定位造成的角色冲突并不会因为财务部门输出价值而完全消除，这时就需要通过沟通技巧来弥补。在外企多年的工作经历给了我很多有益的经验，其中一个沟通方面的窍门就是：当你不得不妥协，又要坚持原则时，请说“Yes, but…”；当你不得不拒绝，但又要有回旋余地时，请说“Nn, but…”总之，要自信、乐观、充满激情、永不放弃、永不言败。

第三件法宝：打造财务领导力。

谈到财务领导力，有人可能会提出质疑：财务部门需要具备领导力吗？在经过了前面对阻碍财务工作价值提升的两大障碍的分析、明确了提升并完善财务角色定位的意义以及看到了财务价值体现的各种途径后,应该不难发现,当财务部门成为了“策略家”,能够起到指导经营的作用时,财务“领导力”就不再是一句空谈了。

打造财务领导力的关键先是“引导”,后是“引领”。财务部门作为一个组织,其领导力的体现是通过履行传统行业的效率先生、信息资源整合者、业务风险平衡者、资本张力放大者、战略转型支持者五个方面的角色来对企业价值管理进行引导。而财务组织领导力的基础是来自于CFO个人的领导力和魅力,所以CFO要在企业价值链管理组织中打造一种财务精神和文化(文化是基于企业文化基础上的亚文化),对上需要引导首席执行官、对平级和业务伙伴要协同合作、对下属要激励、引导,对事情要管理控制,确保每一项措施切实执行、最终达成目标。

有句话说:“你改变不了环境,但你可以改变自己;你改变不了过去,但你可以改变现在;你不能控制他人,但你可以掌握自己。”财务工作所能实现的价值其实可以更高,财务管理者的发展其实可以更精彩,“你今天站在哪里并不重要,但是你下一步迈向哪里的确很重要”。

(原载《新理财》2010年第5期 作者:邹志英)

马其诺防线——公司治理之于公司财务报表

在很多人的观念中,也许公司治理和公司财务报告之间的距离会很遥远,而其实两者之间是如此之近。公司治理直接影响公司财务报告的质量,而公司财务报告的质量反过来也体现了一个公司其公司治理的合理性和有效性。从高屋建瓴的角度看,“权力平衡”的公司治理是保证公司财务报告质量的“马其诺防线”。

我们前面讲到,财务会计系统以公司战略下的经营活动为基础——公司治理的有效性直接会影响到公司的战略,从而直接影响到公司的营业活动、筹资活动和投资活动——这些都将反映到公司的财务报表中。

研究公司治理的文献已经汗牛充栋,数不胜数;政府有关部门还出台了很多规定。这些研究和规定解决公司治理问题了吗?答案是否定的。因为公司治理是实践的、动态的过程,不是理论和政策所能解决的。所谓公司治理,最简单的理解就是一个公司基于价值创造为目的的"权力的平衡"——公司里的每一个高层人员,包括董事、监事、高层执行经理,都以是否为公司创造价值为出发点考虑问题,在这个过程中,需要"权力的平衡"——以保证公司的战略决策是科学合理的。

公司的运作以公司的权力和责任分配为基础。所谓权力的平衡,是指权力以责任为前提,公司中每个人的权力都是有限的,没有一个人可以决定所有的事情;如果公司中存在一个绝对权威的人物,可以对所有的事情发号施令,那么,这个公司即使有再多的制度、再健全的组织结构(股东大会、董事会、独立董事、监事会),公司也不存在什么公司治理。所以说,国有企业党委书记、董事长、总经理分设,是有一定道理的,即通过彼此之间的互相牵制而达到"权力的平衡"。权力是否平衡是评价一个公司治理是否有效的试金石。

如果一个公司权力失衡,是很容易出现重大决策失误、贪污腐败等问题的,并且很容易出现窝案,而这些问题体现在财务报表中则必然是公司连年效益不佳、公司资产不实,或者是公司连年做假账导致报表失真。这方面的一个典型例子,即是江西纸业集团的案例。大家可以阅读下面的资料,并透过这些资料来思考公司治理与财务报表之间的关系。

延伸阅读:江西纸业窝案

江西纸业集团有限公司原党委书记、董事长、总经理姜和平在担任集团领导的7年里,收受、索取贿赂389万余元,另有480万元的巨额财产来源不明。而与姜和平案牵连的腐败案件27件,其中17人是这家企业的管理骨干,县处级干部多达15人。集体腐败掏空了上市公司,使企业由盈利变成了巨损,这是一起窝案。当谎言被揭穿,七彩泡被击破之际,人们不禁要问:是什么力量让一位曾获全国五一劳动奖章的优秀企业家及其属下集体犯罪?为什么众多监管环节不堪一击?

关键是个“利”字,“共同利益”把姜和平及其属下捆绑在了一起。对姜和平来说,他的犯罪行为首先要过内部关。假设江西纸业内部有完善的法人治理结构,假设公司监事会监督约束没有失灵,假设会计监督依法发挥作用,姜的行为就会受到约束,上市公司也不会沦为大股东的“摇钱树”、投资者的“黑洞”。遗憾的是这些假设无一成立。对姜的犯罪事实,企业内部未必没有知情人,他们之所以任其胡作非为,是因为他们也在胡作非为,在腐败中获利。股东大会、监事会、董事会等现代企业制度的治理结构在这些罪犯的共同利益侵蚀下成了“空中楼阁”;总会计师在贪污,财务审计部部长在敛财,企业管理层集体腐败,内部制衡机制形同虚设。

对此,当地政府和监管机构负有不可推卸的责任。国有资产管理、审计、税务、纪检、司法、工商、证券监管机构等众多部门和机构,既是国有资产的“守夜人”,也是广大股民尤其是中小股民利益的“守护神”。在江西纸业集团一案中,我们这些部门是如何做的呢?为了实现上市目的,一些部门隐瞒问题,违规操作,想方设法,促成企业上市“圈钱”。监管者之所以不负责任,也是一个“利”的问题。企业上市,有些人不仅能得到“圈钱”带来的种种好处,还能为自己带来不菲的政绩,何乐而不为?还有,政府需要进行日常审计、税务、工商等检查,企业的假报表、假文件为何能层层闯关?是职能部门有关人员的业务水平不行还是有其他猫腻?回望此案,监管不力造成了国家和广大股东的巨大损失,而从中获“利”的监管者仿佛没有什么大事,这实在是一种悲哀。

关注江西纸业集团“利益共同体”,我们还不能忽略那些造假的中介机构。在市场经济中,中介机构代表着独立、诚信、公正,是市场的“防火墙”。负责江西纸业审计的中介机构公然造假、成为罪犯帮凶的背后,是我国会计市场还不成熟、会计师事务所及注册会计师执业质量差以及事务所之间恶性竞争的现状。一位资深注册会计师曾坦言:“现在的环境并不尽如人意,有些活你不干有人干,导致守法经营的挣不到钱,而对作假心领神会、手下留情的却活得很滋润。这是一种很不好的导向。”这种利益驱动,导致中介机构对客户有“强烈依赖感”,对其违法行为“睁一眼闭一眼”。

俗话说,好的制度,能够让坏人变好;有缺陷的制度,能让好人变坏。江西纸业案再次警示人们:治乱市,用重典,诛首恶,自然重要,但是比降魔卫道更值得关注的是监管制度和监管机制的建设。只有靠“权力平衡”的有效公司治理,才能从根本上打破这些危害国家利益、公众利益的“利益共同体”。

扎紧篱笆防漏洞——内部控制之于公司财务报表

内部控制的目标是公司治理结构目标的进一步延伸和具体化。公司治理所追求的价值最大化,需要公司的具体业务来实现——具体业务是否紧密符合公司价值最大化,需要内部控制的动态监控。在公司治理结构的实施过程中,董事会对高级管理人员的授权,要进一步通过层层授权落实到具体的业务流程中,并通过内部控制保证业务流程朝着公司目标前进。

公司治理旨在解决公司高层之间的权力制衡问题。公司的董事长、总经理并不具有绝对权力,而只是具有相对权力——公司必须设计好授权制度及执行流程,任何人都必须按照制度和流程办事。在一个公司中,业务流程应该是自下而上的,而不能是自上而下的。上层不得直接插手具体业务——不能上层指示下级如何开展业务,而应该是下级在开展业务过程中,自下而上进行请示。在这个过程中每个环节的员工都可以独立发表自己的意见。虽然业务的最后结果可能一样,但不同的做法其背后的含义是完全不同的。自上而下是一个“专制”的过程,剥夺了下级发表个人意见的机会;而自下而上是一个“民主”的过程,可以分解量化风险的大小,弥补领导个人决策中有限理性的缺陷。

中国银行原副董事长,中银香港副董事长、总裁刘金宝的案子可以充分说明内部控制的重要性。在案件中,刘金宝都是直接操作给企业家的贷款:刘金宝首先答应给企业家贷款,然后在行长办公会上直接提出、形式讨论通过,接着由分管信贷的副行长去落实,分管信贷的副行长指示信贷部门负责人去做企业资信调查,信贷部门负责人安排信贷部门经理带队具体落实,最后放款。这是典型的自上而下的流程。按照正常的流程,应该是企业提出贷款申请后,由信贷部门按照规定程序进行资信调查(或者要求企业提供抵押的资产并对抵押资产进行评估),信贷部门如果认为可行,则上报分管副行长;如果不可行,则程序终止。分管副行长后提交行长办公会议讨论,如果可行,则继续贷款流程,否则程序终止。在这个过程中的每个人,都必须按照规定的流程做事并承担相应的责任,如遇到违反程序规定的行为,都有责任越级或者直接向公司的董事会、审计委员会汇报。

因此,在屡出大案要案后,中国银行推出了"五问责"制度:问执行者之责,强调拒绝违规操作是每位员工义不容辞的义务责任,对上级下达的违规指示应坚决抵制;强调凡是违法违规操作行为都必须问责,不以是否造成损失为问责条件,不能以没有损失为由就不问责。问管理者之责,对内部控制存在严重问题但长期未能解决、发生大案要案的单位,必须追究上级相关负责人的领导责任。问前任之责,无论责任人调到何处,都应按追溯程序追究责任。问检查者之责,管理部门检查人员检查不力,不能发现已经存在的重要问题,也要问责。问用人者之责,违反规定用人的必须承担责任。

从财务报表的生成过程来看,内部控制对财务报表可以起到一个前卫的作用,保证进入财务会计系统的原始业务和交易数据的真实性、合法性、合规性,即防范错误、虚假或者舞弊业务的发生所产生的虚假、错误、舞弊的原始数据进入财务会计信息处理系统。正因如此,萨班斯法案的核心是内部控制,体现在它的第404节。2001年年底的安然公司倒闭案以及2002年年中的世界通信会计丑闻,导致资本市场陷入空前的信任危机。为扭转资本市场的信任危机,美国总统布什签署了萨班斯法案。业界认为,该法案是自罗斯福总统1933年签署《证券法》和1934年签署《证券交易法》以来美国资本市场最大幅度的变革。

延伸阅读:中国银行上海分行行长刘金宝案

刘金宝,中国银行原副董事长,中银香港副董事长、总裁。但是他一边违纪,一边晋职,使其胆量越来越大,从挑战制度开始,以触犯法律告终。刘金宝腐败时间跨度达7年之久,而且在他的带领下,中银上海市分行和中银香港两地的7名下属官员(其中5人为副厅级干部)也一同栽进监狱,另有4名厅局级银行官员因此案被免职。

2005年8月12日,吉林省长春市中级人民法院判决书显示,刘金宝贪污23起,折合人民币1 428.87万元;受贿3起,折合人民币143.8万元;巨额财产来源不明折合人民币1 451万元,故决定对刘金宝数罪并罚,判处死刑,缓期二年执行,剥夺政治权利终身,并处没收个人全部财产。

1988年,36岁的刘金宝升任中国银行上海分行副行长。1993年5月,任副行长不到5年的刘金宝被任命为上海分行代行长、党组代书记,一年后任分行行长、党组书记。其间,他于1994年12月被中国银行上海信托咨询公司委派为上海浦东国际金融大厦有限公司董事长,时年42岁。任上海分行行长4年后,1997年8月7日,中国银行任命刘金宝为港澳管理处常务副主任兼香港分行总经理。1998年年底,刘金宝被国务院任命为中国银行副董事长。1999年2月,刘金宝接任中国银行港澳管理处主任。2001年6月,中银香港重组方案宣布,刘金宝被任命为筹备组主任,参与了合并的全过程。2001年10月,刘金宝领导在香港已有80年经营历史的中银香港集团,将旗下12家姊妹行及信用卡公司重新组成中国银行(香港)有限公司,总资产为8 200亿港元,作为香港三大发钞银行之一,成为规模仅次于汇丰银行的香港第二大银行集团。刘金宝出任中国银行副董事长、中银香港副董事长、总裁及香港南洋商业银行董事长。作为中银香港重组上市的直接领导者,刘金宝的能力、业绩赢得了业内外的极高评价,并获得"香港2002年度杰出领袖奖"等多个奖项。在港期间,刘金宝还先后身兼中国青联常委、香港银行公会轮值主席等多达20余个社会公职,身份之显赫,一时无双。

据2004年4月中国银行一项调查报告证实:"从1995年12月至2000年12月,万泰集团从上海分行获得贷款累计29笔,其中形成不良贷款28笔,不良贷款本金合计7.7亿元人民币、8 535万美元,本外币折合14.8亿元人民币,全部形成呆滞……"其中,"刘金宝在担任上海分行行长期间,向金利房地产公司违规审批发放1 000万美元按揭贷款,形成2 235.2万美元的不良资产。刘金宝还以接盘为条件,向万泰集团发放

6 000万美元的接盘贷款。刘金宝调香港任职后，仍然通过其上海分行行长和中国银行副董事长等身份多次帮助万泰集团协调在上海分行的贷款事宜，对上海分行继续向万泰集团发放 3 000 万美元和两亿元贷款形成不良贷款并造成利息损失 9 347 万元负有责任。”

刘金宝犯罪历时多年之所以未能及时发现，与其注意每次作案后毁灭证据有直接关系。参与具体办案的检察官指出，刘每次以领取奖金等名义贪污公款，都由别人代为签字，其理由是“万一有关方面查账，我方便解释”；离开上海分行前，他贪污了几十万公款，然后两次指令主管副行长监督财务人员销毁相关账目；在香港贪污“奖金节余款”时，他多次命令财务人员在分钱后将账目当场销毁，并现场监督，同时要求不许外传。

刘金宝深谙“上下同欲者胜”的道理。因此在其数十次犯罪过程中，很少有独吞的时候，绝大多数情况下总是和与他关系密切的少数人分赃。在上海分行时，他通过多支付工程款然后私分的形式，与戴某串通一气，和王政、严庭富、薛章能结伙贪污，与手下亲信建立“利益均沾、风险共担”的利益共同体。

事实上，刘金宝因其地位和特殊贡献，曾经享受到普通人难以企及的优厚待遇。升任港处主任后，他在香港的居所，为中银香港于 1998 年 11 月以 3 404.3 万港币购入的 Mayfair 高层 30 楼 B 单元。即使在富豪如林的香港，这样的居住条件也堪称奢华。他当上中银香港总裁后，中国银行总行专门研究制定了给予他的薪酬方案，“比在欧美各大行一把手还高出一万多美元”。他还享受了比中国银行总行派出的副行长、董事还高的认股权证，被授予 173.52 万股认股权——与总行行长的水平相当。

有关方面明文规定，由中国银行外派到港处、中银香港的员工，其配偶不得在香港当地就职，但刘金宝到香港后，其只有初中文化程度的妻子喻某就被安排在香港力宝集团中宝投资发展有限公司任董事，6 年间工资、奖金收入总计 181 万余元港币。

一位具体参与办理刘金宝案件的检察官认为，刘金宝等人走上犯罪道路固然是其咎由自取，但客观方面原因也不容忽视，如一把手权力过分集中、对一把手的监督不到位、现阶段金融管理体制不完善、银行内部管理制度缺失等。

车同轨，书同文——企业会计准则之于财务报表

我们说会计是一门通用的国际商业语言，那么，会计准则就是这门语言的语法了。

我们把资源委托给公司的经理人员进行管理并创造价值，并在财年结束后由经理人员向我们报告结果，那么怎么来报告这个结果呢？显然，我们需要规定一些通用的标准语言，一是便于沟通和彼此理解；二是防止经理人员滥用手中的权力扭曲对外披露的报告——“屡战屡败”和“屡败屡战”虽然内容差不多，可是对外传递的信息却可能有天壤之别。

会计准则是指记录、分类、汇总、计量和报告发生在企业经济活动中财务数据的标准。财务数据的反映过程是指：(1)以原始凭证记录企业各项经济活动中发生的财务数据；(2)以会计账户对原始凭证进行分类和汇总；(3)以会计政策与会计估计对一定会计期间的经营成果、财务状况及现金流量加以计量；(4)以财务报告的形式报告相应的计量结果。

企业应当根据会计准则，合法、公允、一贯地记录并反映企业各项经济活动，其中：(1)“合法”是指依法履行会计责任与审计责任；(2)“公允”是指确保财务报告的编制与列报满足充分公平竞争前提下的真实性要求；(3)“一贯”是指在企业持续经营期间内一个会计期间与下一个会计期间保持会计行为的前后一致性。

会计信息是证券市场的价值衡量工具，表现在：(1)公司股票、债券发行(包括股票的首次公开发行和以配股、增发新股、可转换债券等形式进行的再融资)以公开披露财务报告为前提条件，发行价格以公司财务报告体现的投资价值为依据；(2)上市公司利润分配、股权转让、资产及债务重组等重大财务活动以财务报告数据为依据；(3)二级市场股票交易价格以上市公司的公允价值为基础，投资者所面临的市场波动实际上是股价受供求关系左右围绕公允价值展开的上下波动。当股价过度背离上市公司公允价值时,无论是过高还是过低,都会向公允价值回归;(4)价值、账面价值、交易价值、市场价值或者股票投资价值,从会计的角度讲,它们的本质都应当是公允价值。因此,作为证券市场最基本的价值衡量工具,会计应当为证券发行人与投资者、债权人记录并反映上市公司的公允价值。

会计准则是从事会计工作必须遵循的标准。如同产品生产必须遵循技术标准的道理一样,公司所提供的财务报告,必须遵循会计标准,否则,就可能是不真实、不公允的。

会计准则是指企业编制财务报告应当遵循的标准。中国境内公司在编制正式财务报告时应当遵循财政部制订、发布的《企业会计准则》(CAS)。2006 年 2 月 15 日,我国发布了一项基本准则和三十八项具体准则,建立了比较完整的会计准则体系,并实现了与国际财务报告准则的趋同。

会计准则对财务报表的影响,体现为两个方面:

首先,是会计准则本身的质量对财务报表的影响。比如,以前的会计准则规定,所有公司用于研究和开发的支出,必须计入当期的费用(从当期收入中扣减从而直接减少当期利润)。假设有两个同一行业的竞争对手,同时对某一技术进行研究和开发,其中一个公司当期投入 4 亿元,可是开发很不顺利,目前看来是否能完成还是未知数,可是根据准则的要求,4 亿元应计入当期费用;另一个公司当期也投入了 4 亿元,开发已经基本完成,根据会计准则 4 亿元也应全部计入当期费用。因此,这两个公司虽然当期投入研究开发的支出相同,其取得的效果却相差万里,但根据会计准则的要求做出的会计处理及财务报表无法体现这种实际存在的差异。从这个例子中,我们可以看出,会计准则本身的质量会直接影响财务报表的质量。在最近的会计准则改革中,国际财务报告准则和各国的会计准则都对研究开发支出的会计处理进行了修订——把研究开发支出划分为研究支出和开发支出,研究支出必须计入当期费用,而满足会计准则规定条件的开发支出允许计入无形资产的价值(作为一项无形资产在未来摊销,但不减少当期的利润)。再如,以前的会计准则规定,要采用历史成本对资产进行计量,但有时候历史成本跟资产的现实价值相差很远,因此,现在会计准则引入了公允价值对资产进行计量。

其次，是会计准则在企业中运用的质量问题。即使会计准则的质量再高，如果企业在实务中没有执行好，那么财务报表的质量还是会不够理想。譬如，我国会计准则中的有些规定，从政府宏观层面来说，无疑是好的，但是在企业执行的过程中，却不经意间被执行歪了。1998 年，我国出台了《股份有限公司会计制度》，要求计提存货跌价准备、应收账款坏账准备、短期投资跌价准备、长期投资减值准备。由于是第一次在政策中明确要求计提，很多企业在实务中不知道如何处理。这些企业咨询政策部门到底应该如何计提坏账准备，政策部门的答复是需要根据企业的历史经验去估计发生坏账的可能性，但是企业还是不明就里。后来财政部编写出版了《股份有限公司会计制度讲解》一书，其中举例说明了如何计提这些准备的问题。结果很多企业根本没有考虑自己企业的实际情况，而是直接按照例子中的标准去计提各项准备，离政策的初衷相差万里。这种情况还算好的，最过分的是当年南京有一家公司。因为经营亏损，公司的总经理想，亏 2 000 万元是亏，亏 2 个亿也是亏，干脆当年把所有的应收账款全部计提为坏账准备，等到来年收回应收账款全部可以确认为利润了——会计准则的出台，反而成了利润操纵的手段！

因此，要产出高质量的财务报表，从会计准则的角度来看，一是要不断完善会计准则，二是要在实务中很好地贯彻执行。

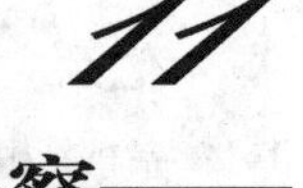

经济警察——第三方审计之于财务报表

现代企业的一个特征是所有权与经营权的分离。因此，公司经理人员需要定期向所有人——股东——提交财务报告，汇报经营情况——财务报告是一个企业经营情况数量化、货币化的总结报告。

那么，经理人员提交的财务报告是否真实呢？会不会向股东说谎呢？为避免经理人说谎，股东需要聘请独立的第三方人员来进行审计。

通常来说，第三方审计指的就是注册会计师审计。其实，除了注册会计师审计以外，政府审计也是第三方审计——例如，国家审计署对政府部门的审计、对企业是否合法合规的审计，税务部门对企业是否依法纳税的审计等等。

第三方审计的核心是第三方的"独立性"问题。注册会计师审计的起源，是在欧美资本主义萌芽时期，贵族、农场主等要享受生活而无暇自己经营手工作坊、农场，因此把手工作坊、农场委托管家管理。管家要定期报告经营管理情况，贵族、农场主害怕管家欺骗自己，所以自己聘请查账人员去查账。查完账以后，查账人员直接向贵族、农场主汇报。汇报以后，贵族、农场主自己向查账人员支付报酬。在这种情形下，查账人员跟管家之间没有任何的利益关系，因此具备了很好的独立性。

而现代社会中，由于企业所有权与经营权的高度分离，让高度分散的股东去聘请注册会计师显然不太现实，所以就形成了目前的做法：由公司董事会或者高管层聘请注册会计师来查账。查谁呢？查董事会和高管层。查完了以后，先向董事会和高管层报告。报告完了以后，董事会和高管层向注册会计师支付报酬。看出来问题在哪里了吗？自己付钱请人来查自己。这个时候查账的人和被查的人已经产生了密切的利益关系——这是目前注册会计师审计制度设计上最大的问题。注册会计师和会计师事务所是以赚钱为目的的。安达信出事，不是第一家，也绝对不会是最后一家，在利益面前总会有铤而走险的人。中国有一句老话："拿人钱财，替人消灾"——中国古人的话，可谓一针见血了。

为了弥补注册会计师审计制度设计上的问题，我们需要行业自律组织——中国注册会计师协会——对注册会计师的执业行为进行监管；我们需要财政部、证监会等部门对注册会计师的职业资格、准入门槛等设置一定的标准。这些弥补措施在一定程度上促进了行业的有序竞争，并增强了注册会计师的独立性，但并不能解决制度设计的缺陷。

前面讲到，除了注册会计师审计以外，还有政府审计也是第三方审计。在中国，刮了多年的"审计风暴"，这是由国家审计署的《审计结果公告》所引起的。为什么国家审计署的审计这么厉害呢？首先是国家审计署的独立性——国家审计署跟被审计单位没有任何的利益往来，审计人员的工资关系在国家审计署，吃饭、住宿费用国家审计署自己承担；其次，国家审计署不是以盈利为目的，其审计方式是账项基础审计。为了盈利，会计师事务所的审计方式是制度基础审计或者风险导向审计。你看到注册会计师出具的审计报告，别以为注册会计师已经查过这个企业所有的账了——他只是查了其中的一部分，甚至只是小部分。

注册会计师为了节约成本，采取抽样审计；而国家审计署在账项基础审计的基础上，还要做很多延伸审计——每一张原始发票都要查看，每一份合同都要审核，这还不够，对于存在疑问的业务和合同，需要对方单位提供进一步的证据。比如建筑工程，不仅要看施工合同、竣工决算报告等基建档案，还要到施工单位查验施工单位的施工记录——既然是建筑工程，那么施工单位必须有每一天的施工记录，每一天领用工程物资的记录，每一天施工监理的签字等。如果这些跟被审计单位的资料不一致，那么，建筑工程就存在舞弊。所以，国家审计署的审计报告，比会计师事务所的审计报告具备更高的可信度。

如果要提高财务报表的质量，就要保证第三方审计的独立性以及严肃性——严格的第三方审计对企业具有威慑性，从而提高了财务报表的质量。

财政、审计、证券监管等部门经常提出这样的疑问：为什么我们能发现的重大财务舞弊和收入操纵问题，“经济警察”却发现不了？在我国，注册会计师的确享有“经济警察”之美誉，然而，盛名之下，其实难副。最主要的原因就在于，“经济警察”不仅要靠“被侦查对象”维持其生计，而且其“侦查范围”往往由“被侦查对象”直接圈定。其结果，在“猫鼠游戏”中，被捉的总是“猫”。而监管部门之所以经常发现一些大案要案，并不表明其审计水平高于注册会计师，关键在于他们拥有了注册会计师所没有的“外调权”。就收入操纵而言，如果被审计单位与其客户或关联方串通舞弊，注册会计师依靠常规的审计方法是无法发现的。相反地，如果赋予注册会计师“外调权”，允许他们将审计范围扩大至被审计单位的客户和关联方，则核实销售收入的真实性就不再困难重重了。例如，某上市公司通过伪造港口费收入虚构了巨额的利润，注册会计师因缺乏“外调权”，在多年的审计中一直上当受骗。这起收入操纵案件的最终曝光，得益于财政部门利用其“外调权”，将检查范围延伸至该上市公司的数十家客户，核实他们是否向该上市公司支付港口费。试想，倘若注册会计师也拥有同样的“外调权”，该上市公司的收入操纵把戏能够得逞吗？既然市场经济秩序的正常运转和社会资源的优化配置离不开真实可靠的高质量会计审计信息，那么，通过立法途径赋予注册会计师相应的“外调权”，不仅有助于防范审计失败，更有利于维护社会公众的正当权益免受不实信息的祸害。诚然，赋予注册会计师的“外调权”可能增加相应的审计成本，甚至可能侵犯被审计单位及其相关当事人的“隐私权”，但在当前会计信息失真已然成为一大社会公害的环境下，只要能够从根本上遏制会计造假，真正发挥高质量会计审计信息在资源配置中的信号显示机制，付出上述代价显然是符合成本效益原则的。

众多审计失败案例表明，不少收入操纵之所以没有被揭露，并非注册会计师缺乏专业胜任能力，而是独立性缺失使然。例如，施乐公司利用所谓的“高层会计调整”操纵收入的手段并不高明，早已被毕马威的注册会计师和合伙人所洞悉，但由于担心失去这一给毕马威带来丰厚收入的客户，毕马威的主审合伙人还是对施乐公司的收入操纵视而不见。可见，只有完善审计聘任机制，确实保证注册会计师的独立性，使会计师事务所真正克服“拿人钱财，替人消灾”的心态，才能从根本上确保注册会计师对发现的收入操纵予以无情地揭露。安然事件后，关于完善审计聘任机制的呼声不绝于耳。例如，纽约大学的 Ronen 教授在“会计丑闻不良后果下的政策改革”一文中，建议由上市公司向保险公司购买财务报表险，再由保险公司出资聘请会计师事务所对上市公司进行审计（Ronen，2002）。这一建议的精华在于利用市场机制引入保险公司作为将会计师事务所与被审计单位隔离开来的“缓冲器”，一劳永逸地终结会计师事务所与被审计单位的直接聘任关系以提高注册会计师的独立性。上述建议对于改革和完善我国的审计聘任机制也极具借鉴意义。笔者认为，还有一种方案是由证券监管部门或证券交易所统一向上市公司收取审计费用，再由他们直接聘请会计师事务所对上市公司进行审计。这种做法对于提高注册会计师的独立性将起到立竿见影的作用，可从根本上抑制收入操纵等财务舞弊行为。要防止证券监管部门或交易所在聘请会计师事务所的过程中滋生“权力腐败”，就必须对监管者加强监管。如果所有上市公司的审计均由证券监管部门或证券交易所进行委托在短期内尚不可行，亦可考虑分阶段实施的方案。如在现阶段，可由证券监管部门或证券交易所委托会计师事务所对拟再融资、ST 和 ST *、提出复市申请以及曾因违反财务规定而受处罚的上市公司进行审计。

延伸阅读:审计的三个阶段

账项基础审计

在审计发展的早期(20 世纪初以前),由于企业组织结构简单,业务性质单一,注册会计师的审计主要是为了满足财产所有者对会计核算进行独立检查,促使受托责任人(通常为经理或下属)在授权经营过程中做出诚实、可靠的行为。注册会计师获取审计证据的方法比较简单,包括检查支持凭证,评估报告资产的价值(通常是成本),确定受托责任人对存货购买和发出核算的正确性。当时的注册会计师在整个审计过程中约四分之三的时间花费在合计和过账上,将大部分精力投向会计凭证和账簿的详细检查,因此,此时的审计方法是详细审计,又称账项基础审计方法。

制度基础审计

19 世纪即将结束时,会计和审计步入了快速发展时期。注册会计师审计的重点从检查受托责任人对资产的有效使用转向检查企业的资产负债表和利润表,判断企业的财务状况、经营成果是否真实和公允。由于企业规模的日益扩大,经济活动和交易事项内容不断丰富、复杂,注册会计师的审计工作量迅速增大,而需要的审计技术日益复杂,使得详细审计难以实施,企业对审计费用难以承受。为了进一步提高审计效率,注册会计师将审计的视角转向企业的管理制度,特别是会计信息赖以生成的内部控制,从而将内部控制与抽样审计结合起来。因为职业界逐渐认识到,设计合理并且执行有效的内部控制可以保证财务报表的可靠性,防止重大错误和舞弊的发生。从 20 世纪 50 年代起,以控制测试为基础的抽样审计在西方国家得到广泛应用。从方法论的角度来讲,该种方法称作制度基础审计方法。

风险导向审计

由于审计风险受到企业固有风险因素的影响,如管理人员的品行和能力、行业所处环境、业务性质、容易产生错报的会计报表项目、容易遭受损失或被挪用的资产等导致的风险,又受到内部控制风险因素的影响,即账户余额或各类交易存在错报，内部控制未能防止、发现或纠正的风险，此外，还受到注册会计师实施审计程序未能发现账户余额或各类交易存在错报风险的影响，职业界很快开发出了审计风险模型。审计风险模型的出现，从理论上解决了注册会计师以制度为基础采用抽样审计的随意性，又解决了审计资源的分配问题，要求注册会计师将审计资源分配到最容易导致会计报表出现重大错报的领域。从方法论的角度，注册会计师以审计风险模型为基础进行的审计，称为风险导向审计方法。

乱世用重典——法律对财务报表的影响

法律对与财务报表有关的责任的规定，会影响到财务报表的质量。美国的萨班斯法案可以充分地说明法律对财务报表质量的影响。

2001 年的“9.11”事件给了美国经济沉重的打击，繁荣的资本市场骤然坍塌进入低迷状态，而掩藏在繁荣经济背后的财务造假案也接二连三地浮出水面。2001 年 12 月，安然公司申请破产保护，其财务造假案曝光，一直以拥有世界上最完善的公认会计准则（GAAP）和最发达的资本市场而骄傲的美国政府顿时目瞪口呆。为了安抚恐慌的投资者并重塑其形象，美国政府迅速采取了一系列行动，众议院于 2002 年 2 提出 HR3763 号提案。然而 2002 年 6 月，世通丑闻曝光给美国政府打下了又一支“强心剂”。2002 年 7 月，美国国会便迅速通过了《2002 年萨班斯—奥克斯利法案》（下文简称萨班斯法案）。萨班斯法案是“乱世用重典”的一个典型例子，大家可以阅读萨班斯法案的内容简介，加深法律对财务报表影响的理解。

中国上市公司财务舞弊现象也比较严重。完善相关法律也是当务之急：一是要进一步加强法律体系的建设，加重对违法的惩罚力度；二是要切实执行法律，让法律落到实处，让违法者无处遁形。我国有《公司法》、《证券法》、《会计法》等与财务舞弊有关的法律，但法律之间的衔接以及惩罚力度还有待完善。相对美国来说,我国对财务舞弊的惩罚是比较轻的,刑法第一百六十一条规定:"依法负有信息披露义务的公司、企业向股东和社会公众提供虚假的或者隐瞒重要事实的财务会计报告,或者对依法应当披露的其他重要信息不按照规定披露,严重损害股东或者其他人利益,或者有其他严重情节的,对其直接负责的主管人员和其他直接责任人员,处三年以下有期徒刑或者拘役,并处或者单处二万元以上二十万元以下罚金。"根据萨班斯法案,美国对类似情形的处理规定是:"如果公司CEO/CFO 事先知道违规事项,但仍提交承诺函,最多可以判处 10 年监禁以及 100 万美元的罚款;对于故意做出虚假承诺的,最多可以被监禁 20 年并判处 500 万美元的罚款。"

延伸阅读:萨班斯法案简介

萨班斯法案即《萨班斯—奥克斯利法案》又称《2002 年公众公司会计改革和投资者保护法》。美国国会为纠正 2001 年安然事件后爆发的连串上市公司会计丑闻,恢复投资者对股票市场的信心,推出此亡羊补牢之举。该法案于 2002 年 7 月由美国总统布什签署发布。

萨班斯法案主要针对公司财务丑闻中揭露出来的问题,修补完善了《1933 年证券法》和《1934 年证券交易法》的有关章节。

萨班斯法案规定:禁止向本公司董事或高管人员提供私人贷款;公司高管、董事或者受益权人 10% 的股权变动必须在两个营业日内披露;在养老金计划管制期内,公司的董事和高层管理人员不能直接或间接交易持有该公司股票或发生从中获益的其他行为;对于有违反证券法规行为的有关人士,美国证监会可以禁止他们担任公司管理人员或者董事等。

上市公司高管人员责任追究机制

(1)明确 CEO/CFO 的会计责任

萨班斯法案要求在上市公司公开披露的信息中,须附有首席执行官(CEO)和首席财务官(CFO)的承诺函,保证所提交的定期信息披露报告的真实性。此前,美国的上市公司定期信息披露并不需要 CEO/CFO 签字,因此一旦其上市公司的财务丑闻被揭发,其 CEO/CFO 往往以自己不知情来开脱个人的法律责任;由于专业性强,程序复杂,一般也很难找到直接证据来证明 CEO/CFO 明知或故意披露虚假财务信息。结果，美国无罪推定的司法原则使监管部门经常无计可施。

萨班斯法案规定：

●上市公司所有定期报告(包括公司依照 1934 年证券交易法规定编制的会计报表)应附有公司首席执行官与首席财务官签署的承诺函；

●承诺函中的内容包括：确保本公司定期报告所含会计报表及信息披露的适当性，并且保证此会计报表及信息披露在所有重大方面都公正地反映了公司的经营成果及财务状况。

这样一来，监管者即使找不到或者不再需要寻找财务欺诈的直接证据，也可以要求其 CEO/CFO 本人承担法律责任。

(2)要求公司 CEO/CFO 本人承担不当行为的法律责任

此前，在那些造成重大危害的上市公司财务欺诈案件中，公司 CEO/CFO 本人仅面临个人职业声誉下降(Reputation Risk)的危险；即使监管者对其采取种种处罚措施，这些惩罚可能也会以各种方式转嫁给上市公司负担，对 CEO/CFO 本人却难以形成有效威慑。

萨班斯法案此次直接明确了公司 CEO/CFO 本人面临的法律责任，为监管机构查处财务欺诈提供了强有力的法律武器，弥补了监管体系上的漏洞，使公司的激励机制与责任追究机制达成某种平衡。

萨班斯法案规定：

●在公司定期报告中若发现因实质性违反监管法规而被要求重编会计报表时，公司的 CEO/CFO 应当返还给公司 12 个月内从公司收到的所有奖金、红利，其他形式的激励性报酬以及买卖本公司股票所得收益；

●如果公司 CEO/CFO 事先知道违规事项，但仍提交承诺函，最多可以判处 10 年监禁，以及 100 万美元的罚款；

●对于故意作出虚假承诺的，最多被监禁 20 年并判处 500 万美元的罚款。

强化内外制衡

安然事件的引爆，并非始于监管机构的稽查行动，而是市场投资机构(主要是对冲基金等)对安然公司的信息披露产生怀疑，即向公司管理层提出一连串的问题要求予以澄清，并大量抛空安然股票所致。因此可以说，提高信息披露义务、加强信息披露，是各国对上市公司进行监管的基本目标。

但一般而言,如何使投资者获得全面、准确、有用的信息以便作出正确的投资决策,并形成对上市公司的监管,还是一个难题。尽管在上市公司信息披露的有关制度方面,美国走在世界前沿,但是萨班斯法案依然提出了更高的要求,似乎有点矫枉必须过正的味道。

萨班斯法案规定:

●进一步缩短财务报告披露的滞后期,提高及时性。其中,未来3年内,年度报告由90天缩短为60天;季度报告由45天缩短为35天。年报及季报都需要注册会计师的审计;

●强化上市公司内控及报告制度,要求公司年度报告中提供"内部控制报告",说明公司内部控制制度及其实施的有效性,"内部控制报告"要附有注册会计师的意见;

●提高对公司信息披露可用性的要求,包括定期报告中披露所有的资产负债表外交易、财务状况的预测性信息、高层财务人员的道德守则、所有由注册会计师出具的实质性的纠正调整、临时报告中公司财务状况或财务经营状况的实质性变化等。

加强内部独立监督能力

与我国上市公司不同,美国上市公司内部设有审计委员会,但不设立监事会。审计委员会的职责是监督该公司的会计及财务报告程序,以及审计该公司的财务报告。2002年上市公司系列财务丑闻表明,公司的审计委员会没有发挥应有的作用,甚至形同虚设。

萨班斯法案规定:

●为保证独立性,审计委员会必须完全由"独立董事"组成,独立董事不得是公司或者其子公司的关联人士,其中至少一人应是财务专家;独立董事不得从公司中接受任何咨询费、顾问费或者其他酬金;

●公司聘用会计师事务所及报酬方式要由审计委员会批准,并接受审计委员会的监督;会计师事务所在审计过程中遇到的重大事项必须及时报告审计委员会;

●为保证审计委员会能够及时发现公司的会计和审计问题,还需要建立一套处理举报或投诉的工作程序以及相应的监测系统和反应机制。

萨班斯法案所提出的措施,是否能确保对会计、审计及公司高管人员的监督，还需要实践检验。但是会计审计本身的专业性较强，即使由审计委员会进行监督，还是能够给注册会计师留有一定的操作空间。

杜绝注册会计师利益瓜葛

美国上市公司的连锁会计丑闻，已使有关会计师事务所深陷其中。然而，负有审计责任的会计师事务所不但没有履行职责，五大会计师事务所之一的安达信甚至为虎作伥，帮助安然销毁证据。

实际上，美国证监会在很早以前就注意到并开始着手纠正会计师事务所与被审计公司之间存在的利益瓜葛问题。例如：若一个事务所长期服务于同一客户，就有可能和客户发生复杂的利害关系，它们会在进行审计业务的同时，再提供企业咨询等非审计业务。而非审计业务的收益，很可能会超过审计业务。

前任美国证监会主席阿瑟·莱维特曾经力主：所有会计师事务所的审计业务与咨询业务必须分拆，但此建议曾遭到五大会计师事务所的抵制。对此，萨班斯法案授予美国证监会一柄尚方宝剑，严格限制会计师事务所可能产生利益冲突的做法。

萨班斯法案规定：

●禁止会计师事务所在进行审计业务的同时提供非审计业务。其中，明确列举了8类被禁止的不适当业务，并授权美国证监会的会计监督委员会可以根据情况对其他类业务作出禁止规定。

●强制实行注册会计师定期轮换制。规定会计师事务所的主审会计师，或者复核审计项目的会计师，为同一公司连续提供审计服务不得超过5年。

●限制注册会计师去被审公司任职。公司的现任CEO/CFO等高管人员，若在一年内曾经受雇于会计师事务所并参与该公司有关的审计工作，则该事务所不得再担任该公司的审计工作。

●实行会计师事务所注册备案制度。从事上市公司审计业务的会计师事务所，必须在会计监督委员会进行注册，并且要定期更新注册信息。

●针对安达信销毁审计档案的问题，萨班斯法案还规定：注册会计师有保管审计工作底稿的责任，要求会计师事务所审计上市公司的工作底稿至少保存7年。

由于此项措施的强制性，到目前为止，五大会计师事务所已经基本完成审计和咨询业务的分拆。例如，毕马威的咨询业务分拆为毕博咨询；普华永道的咨询业务分拆后被 IBM 收购；因为分拆较早，从安达信分拆出来的埃森哲咨询得以从安然事件中幸免。

会计师行业由自律改为监管

以往，美国注册会计师行业的监管与服务职能都集中在美国注册会计师协会（AICPA）。然而，证券市场的系列会计丑闻，已使注册会计师行业自律的有效性遭到空前质疑。

实际上，美国注册会计师协会是依靠会员会费的资助在维持运作，所以少数大型会计师事务所对协会的影响很大，使协会不可避免地会自发维护注册会计师的利益。因此，仅依靠协会自律，很难杜绝丑闻再度发生。

萨班斯法案规定：

●要求美国证券交易委员会（SEC）成立上市公司会计监督委员会（PCAOB），而原来由 AICPA 行使的对注册会计师行业的监管职能，则交给更具公共职能的 PCAOB。

●PCAOB 由五人组成，直接归美国证监会管辖，但不属于其内部雇员。为消除注册会计师事务所对其的影响，该委员会的运行经费不再由会计师事务所承担，而是改为由上市公司分担；

●美国证监会授权该委员会制定审计准则、会计师事务所注册权、日常监督权、调查和处罚权；检查和处理上市公司与会计师之间的会计处理分歧。

尽管此前在 1934 年《证券交易法》中已明确：制定上市公司会计准则的权限属于美国证监会。但是，由于政府机构的效率、经费、专业人才等方面的不足，更由于对行业自律的有效性存在幻想，美国证监会一度将会计准则的制定权委托给了民间自律机构。萨班斯法案要求美国证监会对这个问题进行纠正，并向国会报告有关情况。

确保证券分析师的客观性和独立性

美国证券市场系列会计丑闻中，除了注册会计师外，证券公司在其中也扮演了不光彩的角色。尤其证券公司内部投资银行部门和证券分析师相互勾结，发布虚假分析报告，操纵市场价格，误导投资者。此类情况被揭发后，证券公司面临大量的法律诉讼和监管部门的处罚。

萨班斯法案规定：

●要求美国证监会 SEC 制定相关的规定和细则，以避免证券分析师在其研究报告或公开场合向投资者推荐股票时“见利忘义”，以提高研究报告的客观性，向投资者提供更为有用和可靠的信息。规定的内容包括：禁止公开发布由经纪人和交易商雇佣的从事投资银行业务的人员所提供的研究报告，以及非直接从事投资研究的人员提供的研究报告；由经纪人和交易商雇佣的非从事投资银行业务的官员负责对证券分析师的监管和评价；要求经纪人和交易商，以及他们雇佣从事投资银行业务的人员，不得因证券分析师对发行人证券提出了不利的或相反的研究结论，并因该结论影响到经纪人、交易商同发行人的关系而对证券分析师进行报复和威胁；

●规定一定期限内担任或即将担任公开发行股票承销商或交易商(dealers)的经纪人和证券公司不得公开发布关于该股票或发行人的研究报告；

●在执业的经纪人和交易商内部建立制度架构体系，将证券分析师划分为复核、强制(pressure)、监察等不同的工作部门，以避免参与投资银行业务的人员存有潜在的偏见；

●要求证券分析师、经纪人和交易商在研究报告公布的同时，披露已知的和应当知晓的利益冲突事项。

萨班斯法案还注意到纠正各种干扰证券分析人员独立性的问题，如来自公司内部投资银行部门的威逼利诱等。

加强刑事处罚

由于上市公司会计丑闻给投资者造成极大损失，人们迫切要求将犯罪分子绳之以法。因此，除了对 CEO/CFO 的处罚规定外，萨班斯法案中还制定了严厉处罚证券犯罪的法规。

萨班斯法案规定：

●任何人通过信息欺诈或价格操纵在证券市场获取利益，最多可被监禁 25 年或处以罚款；对违法的注册会计师可被判处 10 年以下监禁或处以罚款；

●延长了对证券欺诈的追诉期，起诉时间可以延长至非法行为发现的两年内，或者非法行为实施后的五年内；

●新的规定将保护检举揭发公司的员工，对举报者进行打击报复的，最高可判处10年监禁，还规定了对举报者的具体的补偿措施，比如恢复职务、补发报酬及其他损失等。

萨班斯法案是匆忙出台的产物，这与美国特定的政治背景有关。

从目前情况看，萨班斯法案提出的措施，对于稳定美国股市起到了一定作用。但要使投资者全面恢复信心，解决证券市场深层次的问题，还需要一定的时间，也并非制定几条法律法规那么简单。

13

激进、保守还是平滑？——会计战略对财务会计报表的影响

不同的公司会采用不同的会计战略，有的采用激进的会计策略，有的采用保守的会计策略，也有一些采用盈余平滑的策略。不同的策略对公司财务报表会产生不同的影响。

例如，我国证监会规定，连续亏损两年，公司将被ST。因此，有一些公司的财务报表就表现为盈利一年，亏损一年，再盈利一年，亏损一年，如此循环反复，以避免被ST的命运。其实，对类似的公司报表不用做任何的财务比率分析，基本上可以判断该公司存在着财务报表的舞弊。

激进会计政策指在法律法规允许范围之内，公司管理层对财务数据进行激进的操纵，来达到某种有利于当前管理层的目的。虽然此类会计操纵多数不违法违规，但却很有可能违反了审慎、公允、可持续等会计精神，使得公司的会计数据不能真实地反映公司的经营状况。常见的激进会计政策包括过于乐观的收入确认，随意更改折旧政策、坏账政策和资产减值准备政策等。比如四川长虹（600839）新管理层在2004年上任后大举计提了40亿出口合同坏账，导致当年公司巨亏，但第二年由于确认实际损失减少，又使得账面业绩实现高速增长，新管理层甩掉包袱得以轻装上阵。投资者如果明了公司此类操作业绩的意图，可以发掘到短期的交

易机会。但大多数情况下，公司采取激进会计政策多表明其真实经营状况遭遇较大困难，甚至是危机，不得不靠改变会计政策来粉饰账面利润，投资这样的公司显然风险很大。

保守会计政策指在法律法规允许范围之内，公司管理层对财务数据进行保守的操纵，来达到某种有利于当前管理层的目的。保守会计政策对于会计期间内可能发生的各种耗费、损失列入当期成本（费用），对于可能发生的各种收益则不列入当期收益。保守会计政策在会计实务中的具体体现：应预计一切可能发生的损失，而不应预计任何可能获得的收益；资产的计价只要有一定的依据，就应该“宁低毋高”；某些界于资产和费用之间的支出，宁作费用而不作资产处理；某些界于负债和收益之间的收入，宁作负债而不作收益处理；某些难以具体确定其效益期限的支出，即使明知其可以给企业带来未来经济利益，也应一次计入当期费用而不作递延项目处理；某些长期资产的折旧或摊销期限，宁可缩短，也不作毫无根据的延长。这一方面是为了排除会计估计的随意性和防止出现虚夸不实的情况，另一方面是为了回避企业日益突出的经营风险，增强企业持续发展的能力。

平滑会计政策指在法律法规允许范围之内，管理者充分预测未来盈利水平，以丰补歉，均匀各期会计报告收益，从而给利益相关者造成企业稳定增长的印象。有很多公司的业绩跟宏观经济周期或行业景气度有密切的关系，因此其业绩比较合理的是随着宏观经济或行业的波动而波动。但是很多公司的业绩体现出来的却是平稳增长，例如净资产收益率每年保持在10%左右。

有研究表明，上市公司的净资产收益率跟中国证监会的再融资政策有密切关系。以会计信息为基础的配股政策是中国证券市场诸多政策的一个典型缩影，在市场发展的十余年间历经数次变迁。证监会为了保护投资者和股东的利益，抑制上市公司为获得配股资格而进行盈余管理行为的发生，曾先后数次对上市公司配股政策进行修改：

（1）1994年配股政策变更

1994年12月20日将1993年12月17日规定的上市公司配股条件由“上市公司连续两年盈利”才能申请配股的条件改为“须最近三年连续

盈利,公司净资产税后利润率三年平均在10%以上,属于能源、原材料、基础设施类的公司可以略低于10%"。

(2)1996年配股政策变更

1996年1月24日,中国证监会下达了《关于一九九六年上市公司配股工作的通知》,1994年12月20日规定的"须最近三年连续盈利,公司净资产税后利润率三年平均在10%以上,属于能源、原材料、基础设施类的公司可以略低于10%",改为"最近三年内ROE每年都在10%以上,属于能源、原材料、基础设施类的公司可以略低,但不低于9%"。

(3)1999年配股政策变更

为了规范证券市场的秩序,中国证监会于1999年3月27日发布了《关于上市公司配股工作有关问题的通知》将原来的"公司净资产税后利润率(ROE)三年平均在10%以上",改为"三年平均ROE不低于10%,每年ROE不低于6%"。

(4)2001年配股政策变更

为了进一步规范资本市场和证券市场的秩序,降低上市公司的配股资格,抑制上市公司的盈余管理行为,中国证监会于2001年3月15日公布了《上市公司新股发行管理办法》,办法规定,上市公司配股的条件再一次降低为"最近3个会计年度加权平均ROE不低于6%"。

(5)2006年配股政策变更

为了进一步规范资本市场和证券市场的秩序,降低上市公司的配股资格,抑制上市公司的盈余管理行为,中国证监会于2006年5月7日公布了《上市公司新股发行管理办法》,办法规定,上市公司配股的条件再一次降低为"最近3个会计年度连续盈利,扣除非常性损益后的净利润与扣除前的净利润相比,以较低者作为计算标准",即连续三年ROE不低于0。

针对1996年配股政策的变更,我国学者蒋义宏和魏刚1998年以1993~1997年深沪上市公司年度报告披露的净资产收益率(ROE)为研究对象,采用描述性统计的方法,发现上市公司的ROE集中分布在[10%,11%]区间,从而指出了盈余管理的存在性。陈小悦、肖星、过晓艳(1999)利用修正的Jones模型,对ROE的分区间[5%,9%]、[10%,12%]、[12%,+∞]进行了回归研究,发现上市公司的ROE分布的异常现象是发生在符合配股要求的[10%,12%]ROE区间上,从而提出了著名的"10%现象"。

针对1999年配股政策变更,我国学者阎达五、耿建新和刘文鹏(2001)在《我国上市公司配股融资行为的实证研究》指出,1999年年报披露的净资产收益率在[6%,7%]区间的上市公司数目大增,而净资产收益率在[10%,11%]区间的上市公司数目明显减少,出现了年净资产收益率保6%、三年净资产收益率之和保30%的现象。杜斌等2004年在其工作研究"Earnings Management at Thresholds - Evidence from Rights Issues in China"中发现,随着1999年新配股政策的出台,1999~2001年上市公司净资产收益率的分布存在着明显的6%和10%的现象。

针对2001年配股政策变更,刘星、徐腾(2003)选取了在2001年配股的上市公司作为研究样本,对这些公司在配股年份及其之前年度是否采取了盈余管理行为,以达到可以配股的情况,进行了经验验证。研究结果显示,上市公司普遍存在着为达到配股而在配股前的年份作出调增收益的操控性应计会计处理。杨旭东、莫小鹏(2006)运用直方图法和概率密度函数法研究得出,配股政策对盈余管理具有一定的导向作用。每一次配股政策的变化会引起盈余管理现象发生变化,即这两种变化存在着一定的"前呼后应"性。当配股政策对上市公司连续三年中的每一年的ROE都有限制时(如前两次配股政策),上市公司单独一年的盈余管理现象便十分明显,如6%、10%现象;当配股政策放宽对上市公司连续三年中每一年ROE的限制,而改为对连续几年ROE之和的定量规定时(如2001年的新配股政策),上市公司单独一年的盈余管理现象减弱了,如6%、10%现象的弱化与消失,但上市公司以连续三年作为盈余管理期间的现象出现了。

压力、机会和借口——为什么财务报表舞弊?

对财务信息作出虚假报告的可能原由,是管理层希望误导财务报表使用者对公司业绩或盈利能力的判断。对财务信息作出虚假报告通常出于下列重要动机:

(1)迎合市场预期或特定监管要求。例如,迎合资本市场上财务分析师对公司业绩的预期,或者迎合监管机构所设定的作为特定行为先决条件的"门槛"指标。比如,某些上市公司为了避免被 ST 的命运操纵报表利润,表现为连续的一年亏损一年盈利;为了达到再融资的要求,操纵净资产收益率。

(2)牟取以财务业绩为基础的私人报酬最大化。例如,在管理层的私人报酬与公司的财务业绩直接挂钩的情况下,往往会导致管理层出于追求私人报酬最大化的动机而歪曲财务业绩数据和指标。为什么美国会发生安然、世界通信等重大的会计丑闻呢?即是跟管理层的私人报酬有关。在这些公司管理层的私人报酬中,固定的工资只占一少部分,更多的是来自于股票期权收入。我们做一个股票期权收入的最简单的说明:A 公司今天的股票价格是 10 元每股,我们跟管理层约定,管理层可以在三年以后的今天,用 12 元每股的价格购买 A 公司 200 万股的股票——如果 3 年到期以后的股票价格低于 12 元,那么我们给予管理层的期权就没有任何价值了,所以我们希望通过期权让管理层跟我们的利益保持一致,好好经营公司,提高公司业绩,从而促进股票价格上涨——管理层为了确保自己在股票期权上的利益,必须保证股票价格的上涨。如果 3 年以后股票价格是 18 元每股,那么管理层就取得了 1 200 万元的激励。股票价格的上涨必须有业绩的支撑——问题是,如果管理层无法通过经营管理提高业绩的话怎么办?那就剩下华山一条路——做假账了。

(3)偷逃或骗取税款。例如,公司通过故意少记、漏记作为计税依据的业务收入、当期利润等财务信息,以达到少交或不交税金的目的,或者通过伪造业务和财务信息,达到骗取出口退税或不当享受税收优惠政策的目的。

(4)骗取外部资金。例如,公司不符合相应条件或资质要求,但为了达到增资扩股、取得银行贷款或商业信用等融资目的,通过粉饰财务信息的方式来掩盖事实真相,骗取投资者、债权人的资金。我曾经遇到过一个总会计师,那个时候正在"先进性教育",总会计师跟我开玩笑说自己编的报表是"安定团结报表"——如果财务报表指标不好看,银行不给贷款,生产线停工,工人回家没事做,就会到广场集体散步,就会影响到安定团结,所以自己编的报表就是"安定团结报表"——还蛮有逻辑的。

(5)掩盖侵占资产的事实。侵占资产是指被审计单位的管理层或员工非法占用公司的资产。侵占资产的常用手段包括:贪污收入款项,例如侵占收回的货款、将汇入已注销账户的收款转移至个人银行账户;盗取货币资金、实物资产或无形资产,例如窃取存货自用或售卖、通过向公司竞争者泄露技术资料以获取回报;使公司对虚构的商品或劳务付款,例如向虚构的供应商支付款项、收受供应商提供的回扣并提高采购价格、虚构员工名单并支取工资;将公司资产挪为私用,例如将公司资产作为个人贷款或关联方贷款的抵押。

对财务信息作出虚假报告的重要表现形式,包括对会计记录或相关文件记录的操纵、伪造或篡改,对交易、事项或其他重要信息在财务报表中的不真实表达或故意遗漏,以及对会计政策和会计估计的故意误用。对财务信息作出虚假报告的行为往往是受到公司管理层的授意和掌控的,因此通常与管理层凌驾于控制之上有关。管理层通过凌驾于控制之上实施舞弊的重要手段有:

(1)编制虚假的会计分录,特别是在临近会计期末时;

(2)滥用或随意变更会计政策;

(3)不恰当地调整会计估计所依据的假设及改变原先作出的判断;

(4)故意漏记、提前确认或推迟确认报告期内发生的交易或事项;

(5)隐瞒可能影响财务报表金额的事实;

(6)构造复杂的交易以歪曲财务状况或经营成果;

(7)篡改与重大或异常交易相关的会计记录和交易条款。

延伸阅读:舞弊三角理论

关于企业舞弊行为的成因,理论界提出了企业舞弊形成的三角理论、GONE 理论和企业舞弊风险因子理论等许多著名的理论。舞弊三角理论由美国注册舞弊审核师协会(ACFE)的创始人、现任美国会计学会会长史蒂文·阿尔布莱特(W. Steve Albrecht)提出,他认为,企业舞弊的产生由压力、机会和自我合理化三要素组成,就像必须同时具备一定的热度、燃料、氧气这三要素才能燃烧一样,缺少了上述任何一项要素都不可能真正形成企业舞弊。压力可能是经营或财务上的困境以及对资本的急切需求。

压力要素是企业舞弊者的行为动机。刺激个人为其自身利益而进行企业舞弊的压力大体上可分为四类:经济压力,恶癖的压力,与工作相关的压力和其他压力。

机会要素是指可进行企业舞弊而又能掩盖起来不被发现或能逃避惩罚的时机,主要有六种情况:缺乏发现企业舞弊行为的内部控制,无法判断工作的质量,缺乏惩罚措施,信息不对称,能力不足和审计制度不健全。

真正形成企业舞弊还有最后一个要素——借口(自我合理化),即企业舞弊者必须找到某个理由,使企业舞弊行为与其本人的道德观念、行为准则相吻合,无论这一解释本身是否真正合理。企业舞弊者常用的理由有:这是公司欠我的,我只是暂时借用这笔资金、肯定会归还的,我的目的是善意的、用途是正当的等等。

压力、机会和借口三要素,缺少任何一项都不可能真正形成企业舞弊行为。

高屋建瓴——公司财务报告的分析框架

由于管理者的内部信息优势是会计数据具有价值或发生歪曲的根源,财务报表的外部使用者很难把正确信息与歪曲和“噪音”区别开来。由于不能完全消除会计歪曲,投资者只好对公司报告的会计业绩打“折扣”,即他们会对公司报告数据反映经济现实的程度进行计估。因此,投资者只能得到有关单个公司业绩的不准确评估结果。我们可以通过财务报表分析来加深对公司当前业绩和未来前景的了解。

有效的财务报表分析可以从公开的财务报表数据中提取管理者的内部信息,因此分析是很有价值的。由于中介机构不能直接或完全得到内部信息,它们依靠对公司所在行业及其竞争战略的了解来解释财务报表。成功的中介机构必须像公司管理者一样了解行业经济特征,而且应很好地把握公司的竞争战略。尽管相对于公司管理者,外部分析师处于信息劣势,但他们在评价公司投资和经营决策的经济结果时更加客观。图1-6给出了运用财务报表完成四个主要步骤分析的示意图:(1)经营战略分析;(2)会计分析;(3)财务分析;(4)前景分析。

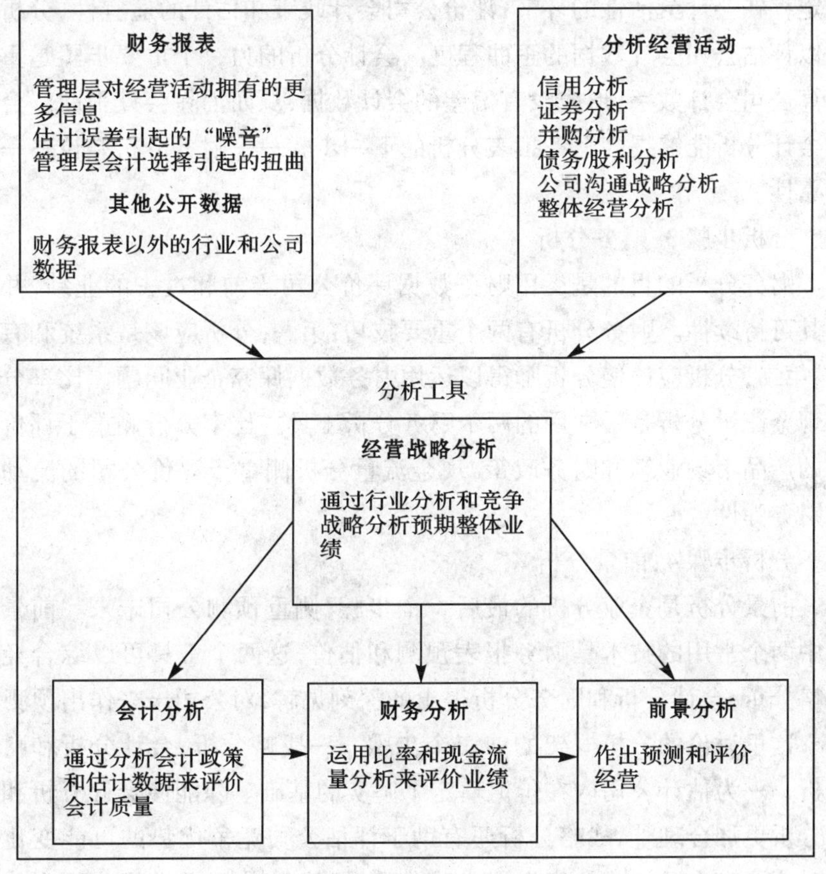

图1-6　财务报表完成步骤分析图

分析步骤1:经营战略分析

经营战略分析的目的在于确定主要利润动因和经营风险,以及定性评估公司的盈利潜力。经营战略分析包括分析公司所在行业和公司创造的持续竞争优势的战略。定性分析是分析的首要步骤,它能使分析师更好地设计随后的会计和财务分析。例如,确定主要成功因素和经营风险后,可以据之确定主要会计政策。对公司竞争战略的分析有助于评价当前盈利能力的可持续性。最后,经营战略分析能使分析师在预测公司未来业绩时,作出合理的假设。

分析步骤2:会计分析

会计分析的目的在于评价公司会计反映基本经营现实的程度。通过确定存在会计灵活性的环节,评价公司会计政策和估计的适宜性,分析师可以评估公司会计数据的歪曲程度。会计分析的另一个重要步骤是重新计算公司会计数字,形成没有偏差的会计数据,从而消除会计歪曲。合理的会计分析能够提高财务报表分析的下一步骤——财务分析结论——的可靠性。

分析步骤3:财务分析

财务分析的目的是运用财务数据评价公司当前和过去的业绩,并评估其可持续性。财务分析有两个重要技巧:第一,分析应该是系统和有效的;第二,分析应该使分析师得以运用财务数据探究企业问题。比率分析和现金流量分析是最常用的两个财务分析工具。比率分析侧重于评价公司的产品市场业绩和财务政策,现金流量分析侧重于评价公司的流动性和财务弹性。

分析步骤4:前景分析

前景分析是企业分析的最后一个步骤,侧重预测公司未来。前景分析中两个常用的技术是财务报表预测和估价,这两个工具可以综合经营战略分析、会计分析和财务分析得出的深刻见解,对公司未来作出预测。

这里讨论的分析框架的前三个步骤——战略分析、会计分析和财务分析——为估计公司内在价值奠定了坚实的基础。除能使会计分析和财务分析更加合理外,战略分析还有助于评估公司竞争优势的可能变化及其对公司未来股权收益率和增长率的影响;会计分析提供了公司当前账面价值和股权收益率的无偏估计值;财务分析则有助于深入了解公司当前股权收益率的影响因素。

基于合理的企业分析的预测对各方参与者均有用，且可应用于各种不同的情境。分析的精确性取决于不同的情境，恰当使用这些工具需要熟悉与这些情境相关的经济理论和制度因素。

16

磨刀不误砍柴工——整理公司的信息

当我们分析一个公司的财务报告时，必须有相应的信息来源。信息来源很多，比如国家统计局关于宏观经济的统计数据、公司所处行业的统计数据、本公司及同行业公司的财务报告、媒体报道等。在上海、深圳证券交易所上市的公司越来越多，上市公司财务报告分析最主要的信息来源就是公司的信息披露，本书后面的例子主要以上市公司的资料为主，因此我们有必要了解上市公司的信息披露制度。

信息披露制度，也称公示制度、公开披露制度，是上市公司为保障投资者利益、接受社会公众的监督而依照法律规定将其自身的财务变化、经营状况等信息和资料向证券管理部门和证券交易所报告，并向社会公开或公告，以便使投资者充分了解情况的制度。它既包括发行前的披露，也包括上市后的持续信息公开。它主要由招股说明书制度、定期报告制度和临时报告制度组成。

(1)招股说明书、募集说明书与上市公告书

发行人编制招股说明书应当符合中国证监会的相关规定。凡是对投资者作出投资决策有重大影响的信息，均应当在招股说明书中披露。公开发行证券的申请经中国证监会核准后，发行人的董事、监事、高级管理人员，应当对招股说明书签署书面确认意见，保证所披露的信息真实、准确、完整。招股说明书应当加盖发行人公章。

发行人申请首次公开发行股票的，中国证监会受理申请文件后，发行审核委员会审核前，发行人应当将招股说明书申报稿在中国证监会网站

预先披露。预先披露的招股说明书申报稿不是发行人发行股票的正式文件,不能含有价格信息,发行人不得据此发行股票。证券发行申请经中国证监会核准后至发行结束前,发生重要事项的,发行人应当向中国证监会书面说明,并经中国证监会同意后,修改招股说明书或者作相应的补充公告。

申请证券上市交易,应当按照证券交易所的规定编制上市公告书,并经证券交易所审核同意后公告。发行人的董事、监事、高级管理人员,应当对上市公告书签署书面确认意见,保证所披露的信息真实、准确、完整。上市公告书应当加盖发行人公章。

招股说明书、上市公告书引用保荐人、证券服务机构的专业意见或者报告的,相关内容应当与保荐人、证券服务机构出具的文件内容一致,确保引用保荐人、证券服务机构的意见不会产生误导。

(2)定期报告

上市公司应当披露的定期报告包括年度报告、中期报告和季度报告。凡是对投资者作出投资决策有重大影响的信息,均应当披露。年度报告中的财务会计报告应当经具有证券、期货相关业务资格的会计师事务所审计。

年度报告应当在每个会计年度结束之日起4个月内,中期报告应当在每个会计年度上半年结束之日起2个月内,季度报告应当在每个会计年度第3个月、第9个月结束后的1个月内编制完成并披露。年度报告应当记载以下内容:①公司基本情况;②主要会计数据和财务指标;③公司股票、债券发行及变动情况,报告期末股票、债券总额、股东总数、公司前10大股东持股情况;④持股5%以上股东、控股股东及实际控制人情况;⑤董事、监事、高级管理人员的任职情况、持股变动情况、年度报酬情况;⑥董事会报告;⑦ 管理层讨论与分析;⑧报告期内重大事件及对公司的影响;⑨财务会计报告和审计报告全文;⑩中国证监会规定的其他事项。

中期报告应当记载以下内容:①公司基本情况;②主要会计数据和财务指标;③公司股票、债券发行及变动情况、股东总数、公司前10大股东持股情况、控股股东及实际控制人发生变化的情况;④管理层讨论与分析;⑤报告期内重大诉讼、仲裁等重大事件及对公司的影响;⑥财务会计报告;⑦中国证监会规定的其他事项。

季度报告应当记载以下内容:①公司基本情况;②主要会计数据和财务指标;③中国证监会规定的其他事项。

公司董事、高级管理人员应当对定期报告签署书面确认意见,监事会应当提出书面审核意见,说明董事会的编制和审核程序是否符合法律、行政法规和中国证监会的规定,报告的内容是否能够真实、准确、完整地反映上市公司的实际情况。董事、监事、高级管理人员对定期报告内容的真实性、准确性、完整性无法保证或者存在异议的,应当陈述理由和发表意见,并予以披露。

上市公司预计经营业绩发生亏损或者发生大幅变动的,应当及时进行业绩预告。定期报告披露前出现业绩泄露,或者出现业绩传闻且公司证券及其衍生品种交易出现异常波动的,上市公司应当及时披露本报告期相关财务数据。定期报告中财务会计报告被出具非标准审计报告的,上市公司董事会应当针对该审计意见涉及事项作出专项说明。定期报告中财务会计报告被出具非标准审计意见,证券交易所认为涉嫌违法的,应当提请中国证监会立案调查。

上市公司未在规定期限内披露年度报告和中期报告的,中国证监会应当立即立案稽查,证券交易所应当按照股票上市规则予以处理。

(3)临时报告

发生可能对上市公司证券及其衍生品种交易价格产生较大影响的重大事件,投资者尚未得知时,上市公司应当立即披露,说明事件的起因、目前的状态和可能产生的影响。重大事件包括:①公司的经营方针和经营范围的重大变化;②公司的重大投资行为和重大购置财产的决定;③公司订立重要合同,可能对公司的资产、负债、权益和经营成果产生重要影响;④公司发生重大债务和未能清偿到期重大债务的违约情况,或者发生大额赔偿责任;⑤公司发生重大亏损或者重大损失;⑥公司生产经营的外部条件发生的重大变化;⑦公司的董事、1/3 以上监事或者经理发生变动,董事长或者经理无法履行职责;⑧持有公司 5% 以上股份的股东或者实际控制人,其持有股份或者控制公司的情况发生较大变化;⑨公司减资、合并、分立、解散及申请破产的决定,或者依法进入破产程序、被责令关闭;⑩涉及公司的重大诉讼、仲裁,股东大会、董事会决议被依法撤销或者宣告无效;⑪公司涉嫌违法违规被有权机关调查,或者受到刑事处罚、重大行政处罚,公司董事、监事、高级管理人员涉嫌违法违纪被有权机关调查或者采取强制措施;⑫新公布的法律、法规、规章、行业政策可能对公司产生重大影响;⑬董事会就发行新股或者其他再融资方案、股权激励方案形成相关决议;⑭法院裁决禁止控股股东转让其所持股份,任一股东所持公司5%以上股份被质押、冻结、司法拍卖、托管、设定信托或者被依法限制表决权;⑮主要资产被查封、扣押、冻结或者被抵押、质押;⑯主要或者全部业务陷入停顿;⑰对外提供重大担保;⑱获得大额政府补贴等可能对公司资产、负债、权益或者经营成果产生重大影响的额外收益;⑲变更会计政策、会计估计;⑳因前期已披露的信息存在差错、未按规定披露或者虚假记载,被有关机关责令改正或者经董事会决定进行更正;㉑中国证监会规定的其他情形。

上市公司应当在最先发生的以下任一时点,及时履行重大事件的信息披露义务:①董事会或者监事会就该重大事件形成决议时;②有关各方就该重大事件签署意向书或者协议时;③董事、监事或者高级管理人员知悉该重大事件发生并报告时。在规定的时点之前出现下列情形之一的,上市公司应当及时披露相关事项的现状、可能影响事件进展的风险因素:①该重大事件难以保密;②该重大事件已经泄露或者市场出现传闻;③公司证券及其衍生品种出现异常交易情况。

上市公司披露重大事件后,已披露的重大事件出现可能对上市公司证券及其衍生品种交易价格产生较大影响的进展或者变化的,应当及时披露进展或者变化情况以及可能产生的影响。上市公司控股子公司发生规定的重大事件,可能对上市公司证券及其衍生品种交易价格产生较大影响的,上市公司应当履行信息披露义务。上市公司参股公司发生可能对上市公司证券及其衍生品种交易价格产生较大影响的事件的,上市公司应当履行信息披露义务。

涉及上市公司的收购、合并、分立、发行股份、回购股份等行为导致上市公司股本总额、股东、实际控制人等发生重大变化的,信息披露义务人应当依法履行报告、公告义务,披露权益变动情况。上市公司应当关注本公司证券及其衍生品种的异常交易情况及媒体关于本公司的报道。证券及其衍生品种发生异常交易或者在媒体中出现的消息可能对公司证券及其衍生品种的交易产生重大影响时，上市公司应当及时向相关各方了解真实情况，必要时应当以书面方式问询。

上市公司控股股东、实际控制人及其一致行动人应当及时、准确地告知上市公司是否存在拟发生的股权转让、资产重组或者其他重大事件，并配合上市公司做好信息披露工作。

公司证券及其衍生品种交易被中国证监会或者证券交易所认定为异常交易的，上市公司应当及时了解造成证券及其衍生品种交易异常波动的影响因素，并及时披露。

第二篇

战略分析篇

17

认识庐山真面目——公司行业分析的框架

公司经营策略的分析是研究公司的重要始点,通过经营策略分析,研究人员可以确定公司的利润动因和主要风险,进而正确评估公司运作的可持续性,并对未来的公司经营作出合理的预测。它是公司财务报表(历史业绩)分析、公司前景分析的基础。

公司价值取决于超出资本成本的资本回报能力。那么究竟是什么决定公司是否有能力完成此目标呢?当企业的资本成本取决于资本市场时,其策略选择决定了其盈利潜力:(1)行业选择,即企业从事的某一特定行业或一系列行业;(2)竞争定位或竞争战略,即企业在其选定的行业中准备与其他企业进行竞争的方法。因此,经营策略分析包括行业分析和竞争策略分析。它既是历史业绩分析的基础,也是预测未来业绩的基础。

行业分析是对影响行业盈利能力的各种经济因素的确认。分析一家公司的盈利潜力时,应当首先评估公司正参与竞争的行业盈利潜力,因为各行业的盈利能力是不同的而且是有规律、可预测的。例如,在1995~1997年我国通信设备制造业的投资资本收益率平均为12.5%,而纺织业则平均接近零乃至负数。是什么引起这些行业盈利能力的差别呢?

1980年代,美国著名的管理战略学家迈克·波特教授的研究表明,某行业的平均利润率受五种因素的影响,即现有企业间的竞争、新加入企业的竞争威胁、替代产品的威胁、买方的议价能力和供应商的议价能力。按照这种理论,竞争强度决定了一个行业中的公司能否创造出超常利润。一个行业能否保持其利润水平取决于该行业的公司、消费者和供应商的相对议价能力。因此,行业分析实际上就是要求我们搞清楚这五种竞争因素对行业的影响程度。图2-1列示了五种因素对行业盈利能力的影响,下面我们对五种因素进行详细分析。

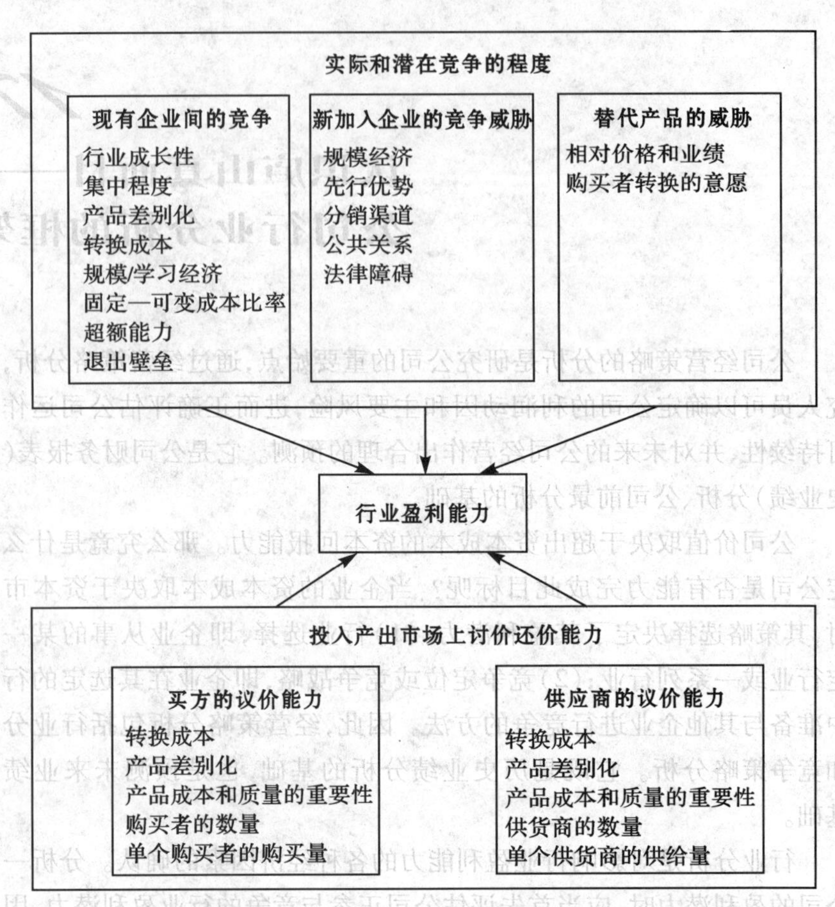

图 2－1　五要素对行业能力影响分析图

18 群雄逐鹿——现有企业间的竞争

在最基本的条件下，一个行业的利润是由消费者愿意向该行业的产品或服务支付的最高价格所决定的。决定价格的最主要的一个因素是提供相同或相似产品的供应商之间的竞争程度。有两种极端的情况，一种是完全竞争状况:即微观理论认为的价格等于边际成本,几乎没有超额利润的可能;另一种情况是垄断经营,即该行业由一家公司控制,有可能赚取垄断利润。实际上,大多数行业的竞争程度介于完全竞争和垄断之间。

一个行业中有三种潜在的竞争因素:①现有企业间的竞争;②新加入企业的竞争威胁;③替代品或服务的威胁。

我们首先来看一下现有企业间的竞争。

在大多数行业中,平均利润水平主要取决于该行业现有企业间的竞争状况。一个行业现有企业间的竞争程度受下列几个因素影响:

行业成长性:如果某行业增长迅速,那么现有企业不必为自身发展而相互争夺市场份额。相反,在停滞的行业中,现有企业增长的唯一办法是夺取其他竞争对手的市场份额。这种情况下,企业间将爆发价格战。

竞争者的集中程度:一个行业中企业数量的多少及其规模大小决定了该行业的集中程度,这种集中程度影响着企业调整定价和其他竞争措施的力度。例如,美国软饮料行业基本上由可口可乐和百事可乐控制,它们可以心照不宣地进行相互合作以避免破坏性的价格竞争。中国的石油行业也基本上由中国石油和中国石化垄断,不会出现激烈的价格战。反之,如果行业处于分庭割据状态(如国内的家电业),那么价格竞争通常十分残酷。

产品差异化和转换成本:同一行业中的企业能在多大程度上避免正面竞争,取决于它们所提供的产品和服务的差异程度。一般来说,对于标准化的产品比较难以体现差异程度。

转换成本也决定着消费者产品的选择倾向。当转换成本较低时,企业间被迫进行价格竞争。笔者当年在证券公司工作时接触过一个企业,这个企业生产鞋用胶水,其盈利能力很好。我仔细分析了一下原因,其中很重要的就是客户的转换成本——如果它的客户想转换其他企业的鞋用胶水,会担心新企业产品的质量问题,而鞋用胶水的好坏不是很快就能看出来的,需要生产出皮鞋销售给消费者、消费者使用数月甚至更长的时间才能知道鞋用胶水的质量,因此它的客户黏度和忠诚度就非常高——这保证了这个企业的盈利能力。

规模/学习经济和固定—变动成本比率:如果学习曲线很陡峭,或同一行业存在其他类型的规模经济,那么企业规模将是一个决定性因素。在这种情况下,企业为争夺市场份额将展开激烈竞争。

同样,如果固定—变动成本比率很高,企业将积极降低价格以充分利用现有生产能力。固定成本是指成本总额在一定时期和一定业务量范围内,不受业务量增减变动影响而能保持不变的成本;变动成本是指那些成本的总发生额在相关范围内随着业务量的变动而呈线性变动的成本。航空业即是一个典型例证,其价格战非常普遍。笔者曾经以 2.5 折的价格购买机票,机票价格低跟航空业的成本结构是密切相关的——航空业的主要成本对于乘客来说是固定成本,不受乘客数量的多少影响,包括飞机折旧、航油、地勤等;而随着乘客数量的变动而变动的成本很少,只有乘客在飞机上接受的服务(喝点饮料、吃个快餐的成本太低了),如果变动成本是 30 元,那么理论上来说只要机票价格高于 30 元,航空公司就应该把机票卖给乘客,因为高于 30 元的部分,可以用来弥补固定成本。这就是为什么全球的航空业竞争都非常激烈的重要原因。

超额能力和退出壁垒:如果行业的生产能力大于消费者的需求,企业将被迫削减价格以使生产能力满负荷。如果企业退出该行业有巨大障碍(如有特殊用途的固定资产),那么企业的超额能力问题将变得更加严重。这一点也适用于对航空业的分析,因为航空公司最主要的资产——飞机,具有很强的专用性。

笔者在一个上市公司担任董事会独立董事兼审计委员会主任,公司的盈利能力不佳,因为这个公司的主要业务板块是纺织板块。纺织行业的资产具有很强的专用属性,在产能过剩的情况下,所有的企业无法退出,在这种情况下,部分企业在销售产品的时候,把机器折旧、厂房折旧等固定成本视同为零,根本不考虑产品中的折旧成本,只要销售价格高于产品的变动成本就可以,所以价格战愈演愈烈,行业也就只好在亏损中过日子,连带着我所在公司的纺织业务也只好连年亏损了。

19

构建“护城河”——进入壁垒

获取超额利润的潜力会不断吸引新企业加入该行业,新加入企业的竞争威胁是对现有企业定价的潜在限制。因此,新企业加入一个行业的容易程度是决定该行业盈利能力的主要因素。下面几个因素决定了加入某行业的难度大小:

规模经济:如果一个行业中存在规模经济,那么新加入的企业就面临两种选择:要么一开始就得投资建设巨大的产销能力,要么投资达不到行业的平均效益。无论哪种情况,新加入企业至少在同现有企业竞争的开始阶段处于成本劣势。

规模经济几乎体现在一个企业经营的每一职能环节中:如制造、采购、研究开发、市场营销、售后服务网等。例如,面对计算机主机行业的迅猛发展,著名的施乐公司和通用电器公司也想进入这一行业,但他们沮丧地发现:生产、研究、市场开发及服务方面的规模经济是进入计算机主机行业的关键壁垒。规模经济在中国最成功的例子就是格兰仕。

先行优势:在很多情况下,早期加入的企业可能阻碍未来企业的加入。比如,首先行动的企业能够制定行业标准,或与廉价的原材料供应商签订独家协议;它们也可以获得在某些受管制行业从事经营活动的数量有限的政府许可证;还可能比后加入企业具有绝对的成本优势。特别是,当消费者开始使用现有产品而且替代成本很高时,首先行动的优势将变得更大。例如,微软公司的办公软件和后来的 Windows 操作系统的使用者所面临的替代成本,使其他软件公司很难再上市推广另一种操作系统。

进入分销渠道和关系网:现有分销渠道的能力有限和发展新渠道的高成本是企业加入行业的一个巨大障碍。例如,很多新的消费品生产商发现要在超市的货架上争到一席之地是何等困难,要花费多大的代价。一个行业中厂家和消费者之间的现有关系网也增加了新企业入行的难度,比如审计业、银行投资业和广告业等。

法律障碍:许多行业的法规制约着新企业的加入,如技术密集型行业的专利权和版权；广播和电信业中存在许可证进入的限制；有些行业的政策保护限制等。

延伸阅读：公司要有一条经济护城河？

巴菲特认为："对于投资来说，关键不是确定某个产业对社会的影响力有多大，或者这个产业将会增长多少，而是要确定所选择的任何一家企业的竞争优势，而且更重要的是确定这种优势的持续性。那些所提供的产品或服务具有很强竞争优势的企业能为投资者带来满意的回报。"因此，投资者投资的上市公司最好要有一条经济护城河，只有这样，才能确保该股票获得超额业绩回报。

巴菲特在1999年给《财富》杂志撰写的文章中认为："投资的关键是要看这家企业是否具有竞争优势，并且这种优势是否具有持续性。只有该企业提供的产品和服务具有很强的竞争优势，才能给投资者带来满意的回报。至于该公司所在行业对社会的影响力有多大、整个产业将会增长多少倒不是最关键的。因为归根到底，你投资的是一家具体的上市公司，而不是整个行业。"

巴菲特非常重视考察投资对象是否具有竞争优势，他把这种竞争优势壁垒比喻成保护企业经济城堡的护城河。他毫不讳言地说："我们喜欢拥有这样的城堡：有很宽的护城河，足以抵挡外来的闯入者——有成千上万的竞争者想夺走我们的市场。我们认为所谓的护城河是不可能跨越的，并且每一年我们都让我们的管理者进一步加宽他们的护城河，即使这样做不能提高当年的盈利。我们认为我们所拥有的企业都有着又宽又大的护城河。"

在2000年4月举行的伯克希尔公司股东大会上，巴菲特在回答企业竞争优势研究权威、哈佛大学商学院教授迈克尔·波特的提问时说，企业持续竞争优势的分析和判断，是股票投资中最关键的环节。他说，长期的可持续竞争优势是任何企业经营的核心，而要理解这一点，最佳途径就是研究、分析那些已经取得长期的、可持续竞争优势的企业。

那么，巴菲特又是怎样做到这一点的呢？有一次他和一群学生交流时说，在某一个时期内，他会选择某一个行业，从而对其中的六七家企业进行仔细研究。这种研究是通过独立思考来得出结论的，而不是听取任何关于这个行业的陈词滥调。例如，巴菲特要研究一家保险公司或纸业公司，通常的方法是，他会把自己沉浸于想象之中，想象自己如果刚刚继承了这家公司，并且这家公司是整个家族准备永远持有的唯一财产，这时候自己会如何管理这家公司，应该考虑哪些因素的影响，主要的担心是什么，竞争对手是谁，客户在哪里……为了找到这一系列答案，他会走出办公室与别人交流、探讨，然后从与别人的谈话中得出结论，发现该企业和其他同行相比优势在哪里、问题又在哪里。

他说，如果你能进行这样一番分析研究，那么完全可以说，你比这家公司的管理层更深刻地了解该公司。巴菲特最喜欢把可口可乐公司、吉列公司作为具有经济护城河的典范。他在伯克希尔公司 1993 年年报致股东的一封信中说，可口可乐公司和吉列公司近年来不断增加全球市场占有率，品牌的巨大吸引力、产品的出众特质、销售渠道的强大实力等，都使得它们拥有超强的竞争力，这就好像在它们的经济城堡周围形成了一条护城河。相比之下，其他公司由于没有这样一条经济护城河，所以不得不在没有任何保障的情况下浴血奋战，情况当然就要困难得多了。

可以说，巴菲特对价值投资理论的最大贡献就是意识到了经济护城河的作用和价值。尤其是在 1929 年经济大萧条之后，当他的老师本杰明·格雷厄姆小心翼翼地寻找以资产价值为基础的安全边际时，巴菲特对经济护城河和特许经营权价值的挖掘，极大地拓展了价值投资内涵。巴菲特在伯克希尔公司 2005 年年报致股东的一封信中说，伯克希尔公司旗下的那些经理人特别专注于拓宽经济护城河，并且乐此不疲，在这方面表现得才华横溢。究其原因在于，这些经理人对他们的企业充满热情。要知道，在伯克希尔公司收购这些企业之前，这些经理人往往已经管理这家公司很长时间了。伯克希尔公司收购这些企业后，唯一要做的就是继续坚持原来的方向，让这些经理人继续拓宽经济护城河，从而使得这些投资对象的竞争优势越来越大。

巴菲特幽默地说，这些人的态度与一位成为商业大亨独生女的乘龙快婿的年轻小伙子截然相反——在婚礼刚刚结束之后，这位商业大亨把女婿叫过来说，孩子啊，现在我们已经成为一家人了，你就是我一直在寻找的产业继承人。你看，这是我公司 50% 的股权，从现在开始，你就是和我平起平坐的合伙人了。而这位乘龙快婿说,谢谢你,岳父大人。可是当商业大亨要他负责公司销售、人事管理等什么时,他一样也拿不起来,而是一味地催促岳父大人"买断"他那 50% 的股权。巴菲特举这个例子是想说明,经济护城河这种竞争优势主要应该依靠公司管理层来争取和扩大。伯克希尔公司旗下的那些经理人之所以优秀,表现之一就在于善于不断扩大经济护城河,而不是躺在那里吃老本。这是他感到最满意的地方之一。

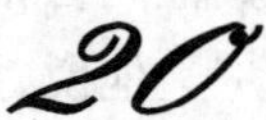

千万不要被替代——替代品的威胁

行业竞争的第三方面是替代产品或服务的威胁。相关的替代产品不一定是形式相同的,而是那些具有同样效用的产品。替代品设置了产业中公司可谋取利润的定价上限,从而限制了一个产业的潜在收益。替代品所提供的价格/性能比越有吸引力,产业的利润上限就越低。

例如,对于短距离旅行来说,火车与出租客车服务可以互相替代;饮料业中,作为包装物的塑料瓶和金属罐可以相互替代。在某些情况下,替代品的威胁不是来自消费者主动转向另一种产品,而是利用科技使他们不用或少用现有产品。例如,光盘和 IC 卡存储技术的发展使消费者逐渐减少了对软磁盘的消费需求。通常,替代品的威胁程度取决于参与竞争的产品或服务的相对价格和效用,以及消费者使用替代品的主观意愿。

过去喝茶,现在年轻一代喝可乐这类软饮料。这里软饮料就是一个替代品,替代品也构成了一种威胁。市场价值的转移,就是由于替代品的出现造成了原有产品的价值被替代品转移。例如,可乐的包装,最开始是玻璃瓶,后来被铝罐代替,后来又出现塑料包装。由于包装材料的不同,原来做玻璃瓶的企业受到铝业和塑料业的威胁,价值发生了转移。也就是说,玻璃行业的价值转移到铝业和塑料业上来,所以替代品的出现对行业现有企业来讲,就构成了威胁。

在北京，现在比较流行星巴克，星巴克在美国是一个经营成功的典型案例。咖啡过去是放在超级市场，以低廉的价格出售。西雅图的一个叫星巴克的公司，出于一种精品屋的考虑，把欧洲的咖啡文化——大家在咖啡馆里休闲、看书、聊天——引进到北美，价格一杯一个多美元。对当地的居民来讲，这个价格并不高，即便咖啡一袋或者是一公斤很贵，但消费一杯，大家还支付得起，而且味道口感很好，所以就逐渐产生了精品屋这种文化，并很快推动了咖啡业的销售。现在中国也引进了这些洋快餐、洋饮料，对传统饮料产生了很大的冲击。替代品的威胁实质就是一个市场价值的转移，它和你现有的竞争、现有行业的竞争是不一样的。

决定替代品威胁有以下因素：

(1)替代品的效用/价格比

替代品与同行业现有产品一样，都是为了满足顾客相同或相似的需要。顾客在接受产品和服务时就会比较，哪一种产品的效用/价格比更高一些。如果替代品的效用/价格比高于现有产品的话，替代品就更具竞争力，替代能力就更强。因此，一旦替代品降价或是提高效用，会给现有产品带来很大的竞争压力。例如，航空、铁路、长途汽车相互之间是客运服务的替代竞争者，航空公司票价的打折，给铁路、汽车带来很大压力，有很多客户转向接受航空公司的服务，迫使铁路、汽车提高自己的服务质量来同航空公司展开竞争。

但是消费者的消费偏好变化，还要看对价格的敏感程度。谈到价格敏感时，常以盐和糖为例，这两个弹性不大，糖可能便宜，大家消费得多一点；而盐的价格不管怎么变化，都是刚性的——就是说它的消费量是一定的，不可能盐便宜了，大家多消费，盐贵了，大家就少消费。价格对于替代品来讲起到很大的作用，但也要看到一个弹性和刚性的问题。

(2)替代竞争者的生产率发展

替代品之间生产率发展状况的不同会影响将来的效用/价格比。如果生产替代品的企业的生产率发展速度快于本企业，则会增加它的替代能力，对本企业构成威胁。

(3)转换成本

转换成本就是不使用原来的产品而使用替代产品转换的代价怎么样。以可乐的包装为例，过去是玻璃瓶，现在用铝，这个转换成本代价高不高？加工、生产用别的材料，别的设备、技术是不是需要重新更换？如果需要，代价也很高的话，可能替代品就不会构成很大的威胁。

(4)顾客使用替代品的倾向

顾客是否愿意使用替代品，对于替代品的偏好如何？北京传统的中式快餐现在被洋快餐替代了很大一部分，这就表示顾客在选择快餐上出现了新的倾向，更多地采用过去没有的替代品。

(5)技术发展的方向

这是由技术因素造成的不可逆转的改变，企业只能顺应它发展的趋势，最多也只能延缓技术全面更新的速度。在这种情况下，替代的力量是最强大的，比如内燃机对蒸汽机的替代。试图排挤替代品的推广是徒劳无益的，企业能做的是如何充分开发新技术，为我所用，找出和替代品之间的切入点。又如数码照相机对传统照相机的替代已是不可避免，像爱克发这样的老牌传统照相产品制造商已经宣布退出传统彩扩服务领域，而柯达也宣布自己由影像服务转向提供数码影像服务。

延伸阅读：网络革命颠覆证券经纪业

多年以来，只有专业的证券经纪人才可以进行在线交易，因为这需要昂贵的硬件设备。提供全方位服务的证券公司里，这样的服务可能收取委托单价值2.5%的佣金，客户可以获得详细的研究报告、个股推荐和财务规划服务。也就是说，一张1万美元的委托单可能要支付250美元的佣金。

1994年，这一局面被一家小型经纪公司——K. Aufhouser公司打破了。该公司利用新技术成为第一家通过互联网向顾客提供在线交易服务的经纪商。这不过是一个新奇的动作，但是，接下来发生的事情令局面发生了重大变化。

首先，互联网开始接入美国居民家庭。其次，在很短的时间内，通过互联网发布的投资信息急剧增加。个人投资者不需要再给经纪公司打电话寻求投资决策所需要的信息了。再次，一大批小公司迅速仿制了K. Aufhouser公司的做法，而佣金费率远远低于提供全方位服务的线下企业。最后，美国股市长期处于牛市，吸引了越来越多的人进入股市，新来者越来越多地开设了网上交易账户。

这些趋势的效果是惊人的。到2000年年中,有150家企业提供在线交易服务,许多公司的成立不到六年。互联网降低了证券经纪产业的进入壁垒,使小企业有机会进入这一产业同现有的大公司竞争。

佣金大幅度下降了。到1999年早期,E * Trade这样的经纪公司向顾客提供大幅度的折扣,对于不超过5 000股的交易委托人,费用仅为14.85美元。如果一张委托单要求按每股20美元交易1 000股,在原来提供全方位服务的经纪商那里需要支付500美元佣金,而在E * Trade只需支付14.85美元。

一开始,提供全方位服务的经纪公司贬低在线交易,说他们是不安全的,而且自己可以提供可靠的财务分析和专门的研究报告,高收费是合理的。然而,考虑到证券经纪人中有40%无经验者,以及互联网上提供的投资信息的高速增长,这种辩解的说服力根本不值一提。到1999年年初,情况已经变得很明显,除非这些提供全方位服务的经纪公司适应新技术,否则他们将眼睁睁地看着自己的客户基础迅速消失。

1999年6月,是证券经纪产业的一个里程碑。全球最大的提供全方位服务的证券经纪公司美林公司终于面对现实,宣布它很快将向自己的客户提供在线交易服务,不超过1 000股的交易只收取29.95美元。同时,美林公司改变了面向个人投资者的收费结构,从以前的按交易量收费改为统一费率,允许投资者进行不限次数的交易。美林公司的一份内部报告估计,这一举措将立即导致其14 800名主要依靠佣金收入、待遇优厚的经纪人的收入下降18%。美林公司知道自己将面临经纪人大量流失的局面,但它别无选择。结果立即显现出来,美林公司似乎作出了正确的选择。在线交易服务推出后不久,客户外流的现象停止了。顾客们认识到在线交易和研究报告的结合能够比像E * Trade这样的折扣在线经纪商提供更高的价值,后者缺乏美林公司在研究方面的深度和广度。

21

客大欺店——买方的议价能力

行业的竞争程度决定了获取超额利润的潜力,而行业供应商和消费者的议价能力决定了行业的实际利润水平。在投入方面,企业与提供原材料和部件以及融资服务的供应商进行交易;在产出方面,企业或者直接向最终消费者销售,或者与分销链上的中间商签订销售合同。在所有这些交易中,双方经济实力的对比决定了行业的整体盈利能力。

决定买方议价能力的基本因素有两个:价格敏感度和相对议价能力。价格敏感度决定买方讨价还价的欲望有多大;相对议价能力决定买方能在多大程度上成功压低价格。

价格敏感度:买方对价格是否敏感取决于产品对买方的成本结构是否重要。当该产品占买方成本的大部分时(如软饮料生产商使用的包装材料),买方就会更关心是否有成本较低的替代品;当然,该产品对买方产品质量的重要性也决定着价格是否能成为影响购买决策的重要因素。

例如,鞋用胶水的生产商,由于鞋用胶水在其客户——制鞋厂商的成本中所占的比重较低,因此制鞋厂商对其价格就不是十分敏感。如果制鞋厂商想降低原材料成本,由于鞋用胶水在原材料成本中所占的比重太低,与其他原材料供应商进行议价效果更好。

买方的集中度:首先,相对于卖方的销量,如果销售额的很大部分由某一特定买方购买,这将提高买方业务的重要性。此时集中度高,买方的讨价还价能力也强。产业是否有生产能力过剩的趋势,如果有过剩生产能力的话,会提供买方讨价还价的筹码。例如,长虹、海尔这样的大型电器生产厂商,是电子元件或是显像管的重要买方,因而其具有较强的讨价还价能力,甚至可以从供应商那里取得很长时间的信用期。再如,在汽车行业中,汽车生产商对零部件制造商的议价能力很强,因为汽车公司是大买家,而通常有好多个供应商可供选择,其替代成本相对较低。而在个人电脑业,由于较高的替代成本,电脑生产商相对操作系统软件提供商微软公司的议价能力就很低。

产品的标准化程度和非差异化：产品标准化程度越高，且购买者对产品的质量性能要求并不高时，购买者选择的范围就越大，产品竞争力就越差。同时，差异化程度低时，转换成本也较低。低转换成本使买方对卖方的依赖程度减轻，提高了讨价还价的能力。如果卖方也存在转化成本的话，这也会增强买方的力量。

购买者后向整合的可能性：如果购买者实行了部分整合或是存在后向整合的威胁，则他们就可以在谈判中迫使对手进一步让步。同时，后向整合还可以使买方掌握更多的信息，因而提高其谈判能力。

延伸阅读：马士基并购案带来的震撼

2010 年 5 月 11 日，世界最大航运巨头——A. P. 穆勒—马士基（Maersk）宣布收购第三大航运巨头——铁行渣华（P&O）。这是航运史上最大的一次收购案，其对世界航运格局的影响以及对中国的震动都极为巨大。货运业人士担忧，两个"巨无霸"合二为一成为"超级巨无霸"后，中国的货主企业可能会因此面临更艰难的处境。

截至 2010 年 4 月 1 日，马士基全球市场份额达到 12.3%，排名世界第一；而铁行渣华市场份额为 5.3%，与长荣海运相当。马士基与铁行渣华合并后，全球市场份额将达到 17% 左右。目前，马士基船队规模是 103.7 万 TEU，加上手持订单，总运力为 154.7 万 TEU，而铁行渣华的船队规模是 45.9 万 TEU，加上手持订单，总运力为 67.9 万 TEU。合并成功后，两公司将形成一个拥有船舶 550 余艘、运力规模在 150 万 TEU 以上的"超级航母"，占全球总运力 20% 以上，是运力排名全球第二的地中海航运（68 万 TEU）的两倍多，是排名第三的长荣海运（43.8 万 TEU）的三倍多。如果再加上手持订单，新公司运力规模将达到 222.6 万 TEU，而位于其后的地中海航运、长荣海运以及达飞海运则分别是 101 万 TEU、65.3 万 TEU、70.1 万 TEU。今后很长一段时间内马士基都将当之无愧地处于航运"龙头"地位，其他班轮公司难以望其项背。

并购后的马士基极有可能在某些航线上形成垄断优势，从而实现市场份额的再分配。马士基和铁行渣华的合并案对中国市场的震撼尤为巨大，国内一些货主甚至做出了近乎绝望的反应。一位业内人士表示，近年来马士基利用自己的强势地位不断压榨中国货主和货代的利润空间。马士基和铁行渣华合并后,两者在中国的市场份额将达到30%左右。在马士基和货主的博弈中,天平已经明显倾斜到马士基一方。

近年来,马士基在中国一直纷争不断。从向货主收取THC(码头作业费),到降低货代佣金,到今年的“铅封费风波”,均引发了中国货主和货代的大规模抵制。马士基宣布2010年5月1日起将同时在中国内地八大港口统一征收“设备操作管理费”。对此,代表深圳500多家企业的深圳市物流协会和集装箱拖车运输协会表示了强烈反对和不满,呼吁马士基公司撤销此项决定,并称会保留采取行动的权力。

马士基在中国是典型的“客大欺店”,主要原因是它的市场强势地位。中国对外贸易经济合作企业协会、中国货主协会副会长蔡家祥指出,我国贸易出口约80%都采用FOB(船上交货)合同条款,即由国外买主指定班轮公司并付运费,买方往往指定实力雄厚的马士基进行运输。为了留住和吸引客户,马士基从不轻易向买主提价甚至让利给买主,却通过向中国货主和货代收取各种费用来增加利润。马士基收购成功后货主的弱势地位更加突出。目前全球运力紧张强化了班轮公司的行业优势地位,货主有货找不到船的情况相当普遍。如果货主不付清马士基所要求的费用,提单就会被扣押,使货主不能到银行结汇等。货主对其做法虽有怨言但无力抵制。

22

店大欺客——供应商的议价能力

在同一行业,上述对买方相对议价能力的分析也适用于对卖方相对议价能力的分析。当供应商较少时,或当供方的产品或服务对买方企业至关重要时,供应商的议价能力较强。例如,当前的办公软件供应商微软公司就具有很强的议价能力。

供应商可以通过提高供应价格,降低相应产品或服务的质量,向产业中的某个企业施加压力。供应商的压力可以迫使产品的价格无法跟上成本的增长从而使行业利润下降。供应商的议价能力的强弱主要取决于以下四个因素：

(1)供应商的集中程度和本行业的集中程度及供应品对本行业的重要性

首先，如果供应商集中程度较高，即本行业原材料的供应商完全由少数几家公司控制，且下游行业的集中程度较差，即由少数几家企业供应给众多分散的企业，则供应商通常会在价格、质量和供应条件上对购买者施加较大的压力。其次，如果本行业是供应商的重要用户，供应商的命运将和本行业密切相关，则来自供应商的压力就较小；反之，供应商会对本行业施加较大的压力。另外，如果供应品对本行业的生产起关键性作用，则会提高供应商讨价还价的能力。例如，水、电、煤、电话的供应商高度集中，用户非常分散，而这些供应品又对用户的生产、生活有着至关重要的作用，因此用户在定价的过程中几乎没有发言权，也无法发言，也正因如此，国内打破公用事业垄断的呼声越来越高。

(2)供应品的可替代程度

若存在着合适的可替代品，那么即使供应商再强大，它们的竞争能力也会受到牵制。

(3)供应品的特色和转换成本

如果供应品具有特色并且转换成本很大时，则供应商讨价还价的能力也会增强，会对本行业施加较大的压力。

(4)供应者前向一体化的能力

如果供应商有可能前向一体化，这样就增强了它们对本行业的讨价还价能力；反之，如果本行业内的企业有可能后向一体化，这样就会降低它们对供应者的依赖程度，从而减弱了供应商对本行业的讨价还价能力。

上述行业分析实际上是指行业的结构分析，即从行业外部来观察影响行业盈利的因素，但行业的界限如何划分却不是那么严格的一件事情，比如，是仅仅考虑国内厂商还是应把国外生产商也考虑进去？具体的行业分析中应视情况对待。不恰当的行业定义将导致不完全的分析和不准确的预测。

延伸阅读：超市收取进场费的思考

2003 年，炒货协会因高额进场费而怒“炒”家乐福，如一石激起千层浪,各类大大小小的供货商纷纷“大倒苦水”,指责大小土洋各类超市,将供货商的进场费越抬越高,几乎已达到承受的极限。

超市收取供货商的进场费,从供货商的角度说,是竞争造成的——你不给他给,最终你也要给;从市场规律的角度说,此事一定程度上体现着供求关系——商品太多,厂家太多,商家相对较少;从市场利益规则的角度说——以上的特定背景,总能使商家不自觉地形成默契,谁也不愿当“正人君子”这样的“异类”。所以从经济规律来说,“天下乌鸦一般黑”其实并不奇怪。

逐年加码的进场费令供货商头痛,的确令人同情;商家欲壑难填,着实让人切齿。但我们认识问题,不能仅停留在感性层面上,更应该多一些理性的思考。市场上历来就有“客大欺店”一说,但是,客大为什么欺店?答案其实就是品牌上的恃强凌弱现象。商家的品牌、规模做到了那个份儿上,当然就不愁名牌商品不上门,所以对于小品牌或连商标都没有的“作坊商品”又怎么能有好脸色?你硬要巴结着往里挤,他当然要用高额进场费来吓退你。而你如果硬是不退,那除了掏钱又能怎样?这几年,从表面上看,我们的商品市场琳琅满目,可仔细看却是商品虽多,但一般化甚至伪劣商品占了相当的比重,真正底气足、叫得响、品牌价值高的商品并不多。供货商如果不注意研究消费者需求、不下大力气开放新产品、忽视品牌建设,又总想走捷径、快发财,你有什么理由不被人“欺”?毕竟,这是一个充满竞争的商品社会!

进场费风波中,有一个令人深思的现象,国内的“土超市”在可口可乐、宝洁这样的洋供货商面前,不仅不敢要进店费,不敢索红包,而且还唯恐得罪了人家。而像沃尔玛这样的洋超市,却又能把可口可乐、宝洁这样的洋供货商整治得一点脾气没有。无论是土供货与洋超市打交道,还是土超市与洋品牌打交道,土的对洋的都是“既恨又佩服人家”。

供货商们纷纷认定这样一个观点:政府应该加强监管。言下之意就是政府应该下一道命令,谁收进场费就算谁违规,谁就要受到制裁。但是指望政府干预解决供货商的进场费问题,我看还不太现实。原因也很简单,此事从根本上说还是市场行为,政府就算想管,也有些“无从下手”。就算下手了,效果也不可能好。想想看,政府可以命令商家不收进场费,可政府管得了商家的进货选择权吗?人家不收你的费,可也不进你的货了,你又得到了什么?再说,明着不收进场费了,暗中“愿打愿挨”的谁又管得了?所以我觉得供货商们还是应该卧薪尝胆,做强品牌,有朝一日来个“店大欺客”才是正途。

23 田忌赛马——竞争策略分析

一家公司的利润水平不仅受其产业结构的影响,而且受公司在行业中的定位策略的影响。竞争策略(或竞争战略)可以概括为:采取进攻性或防守性行动,在产业中建立起进退有据的地位,成功地对付五种竞争作用力,从而为公司赢得超常收益。

在企业经营的现实中经常碰到两种困境:一是在一个非常具有吸引力的行业里,企业如果选择了不利的竞争策略,依然得不到令人满意的利润;二是与此相反的情况,即一个具有竞争优越的企业,由于栖身于前景黯淡的行业里,结果获利甚微,即便努力改善其地位也无济于事。由此,对企业的经营者提出了两个非常严峻的问题,即如何选择企业经营的行业和如何选择企业在一个行业中的竞争策略。这也正是企业竞争战略要解决的问题。

我们在前面分析了行业吸引力的问题,接下来分析竞争战略的第二个中心问题——竞争策略。在大多数行业中,不管其平均盈利能力怎样,总是有一些企业因其有利的竞争策略而获得比行业平均利润更高的收益。行业吸引力部分地反映了一个企业几乎无法施加影响的那些外部因素,但通过竞争策略的选择,企业却可以增强或削弱其在一个行业的吸引力;同样,一个企业也可以通过对其竞争战略的选择显著地改善或减弱自己在行业内的地位。因此,竞争战略不仅应是企业对环境作出的反应,而且应是企业从对自己有利的角度去改变环境。

国内外的学者研究发现,在市场竞争中获得成功的企业都具有明显的竞争优势,这种竞争优势集中表现在低成本和产品差异上,由此他们提出了两种基本的竞争战略,即总成本领先和差异化战略。对于行业内的特定企业而言,其战略目标可能是全行业范围,如从事无差异产品生产的企业和追求规模经济的企业，其目标往往对准全行业范围；也可能仅仅是针对某一特定市场面。针对这一特定现象，波特教授又提出了第三种竞争战略，即目标集聚战略，即企业的目标是全行业范围的还是集中于某一特定市场面，决定于企业的现有资源条件和行业的市场竞争结构。成本优势和差异性优势可由行业结构所左右，并且取决于企业是否能够比它的对手更有效地在市场上进行竞争。竞争优势的这两种基本形式与企业的战略目标范围相结合，就可以引导出在行业中创造高于平均经营业绩水平的三个基本战略：总成本领先、差异化和目标集聚战略。

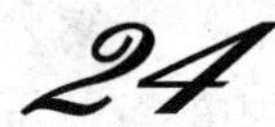

薄利多销——总成本领先战略

总成本领先战略也称为低成本战略，是指企业通过有效途径降低成本，使企业的全部成本低于竞争对手的成本，甚至是在同行业中最低的成本，从而获取竞争优势的一种战略。在那些属于基本产品或服务的行业，成本领先是最可能的竞争策略。低成本优势不但能获得超出行业平均水平的收益率，而且可能迫使竞争对手因不能忍受过低的收益率而逐步退出该行业。达到总成本领先的方式有多种，如规模经济、改进经济、高效生产、产品设计优化、低投入成本以及有效的组织实施等，它贯穿于投融资、产品设计、生产、销售等各个经营层面。“邯钢经验”即“成本领先”竞争策略的典型。一般来说，总成本领先战略执行好的公司，其在财务报表中体现出来的毛利率比差异化战略的公司要低。总成本领先战略的公司，其在管理中更加关注的是对于成本和费用的控制，将不为客户带来附加价值的产品、服务予以简化。

（1）根据企业获取成本优势的方法不同，我们把成本领先战略概括为如下几种主要类型：

1）简化产品型成本领先战略，就是使产品简单化，即将产品或服务中添加的花样全部取消；

2）改进设计型成本领先战略；

3）材料节约型成本领先战略；

4)人工费用降低型成本领先战略;

5)生产创新及自动化型成本领先战略;

6)规模经济型成本领先战略。

(2)成本领先战略的适用条件与组织要求

1)现有竞争企业之间的价格竞争非常激烈;

2)企业所处产业的产品基本上是标准化或者同质化的;

3)实现产品差异化的途径很少;

4)多数顾客使用产品的方式相同;

5)消费者的转换成本很低;

6)消费者具有较大的降价谈判能力。

企业实施成本领先战略,除具备上述外部条件之外,企业本身还必须具备如下技能和资源:

1)持续的资本投资和获得资本的途径;

2)生产加工工艺技能;

3)认真的劳动监督;

4)设计容易制造的产品;

5)低成本的分销系统。

(3)成本领先战略的收益与风险

采用成本领先战略的收益在于:

1)抵挡住现有竞争对手的对抗;

2)降低了购买商讨价还价的能力;

3)更灵活地处理供应商的提价行为;

4)形成进入障碍;

5)树立相对于替代品的竞争优势。

采用成本领先战略的风险主要包括:

1)降价过度引起利润率降低;

2)新加入者可能后来居上;

3)丧失对市场变化的预见能力;

4)技术变化降低企业资源的效用;

5)容易受外部环境的影响。

延伸阅读:格兰仕的战略

在中国也许找不出第二个像微波炉这样品牌高度集中甚至可以说是进入了寡头垄断的行业:第一军团格兰仕一下占去市场份额的60%左右,第二军团LG占去市场份额的25%左右,而排第三、第四的松下和三星都只有5%左右的市场份额。因为这种特殊性,微波炉行业的"成本壁垒"站到了"技术壁垒"的前面。年生产能力达1 500万台的格兰仕以其总成本的领先优势,高筑了行业的门槛。目前格兰仕垄断了国内60%、全球35%的市场份额,成为中国乃至全世界的"微波炉大王"。格兰仕成功的战略主要是专业化战略和规模化战略。

格兰仕在成长时期的总体战略是以"集中一点"为核心的,即将原有行业的经营资源大规模地转移到新选择的"微波炉"项目上,从原有行业中撤离出来,集中全部资源来经营这个新的点,走专业化道路。建立进入壁垒是这种集中一点战略的重要内容。格兰仕集团在这方面的表现是非常突出的,主要包括:第一,在总成本不变或降低的前提下,不断开发新产品和专有技术;第二,利用总成本领先的优势,向市场推出质优价廉的产品,扩大市场占有率;第三,在上述基础之上,格兰仕开始利用自己的技术力量开发关键元器件,并投入生产,进一步降低总制造成本。

格兰仕明确的定位、对于自身核心制造能力的专注和执著打造是其成功的根本。虽然市场占有率高能够提高企业的经营安全系数,但市场占有率只是衡量企业健康和可持续发展的一个指标。

格兰仕奉行专业化战略,没有采取"两面作战"的多元化,而是集中全部资源,朝认定的方向以规模化重点发展单一的微波炉行业。对此,格兰仕副总经理俞尧昌说:"就格兰仕的实力而言,什么都干,则什么都完了,所以我们集中优势兵力于一点。"

因为专注,格兰仕在微波炉市场上具有成本优势,近十年来,格兰仕的核心竞争力在于价格。集中在少数产品、大批量、低成本,通过价格战迅速占领市场是格兰仕成功的法宝。格兰仕利用从OEM搬来的设备,大批量生产,低劳动成本,大的管理跨度,采购方垄断等,为企业在很长时间内的发展赢得了成本优势。

格兰仕集团采取“薄利多销”的策略来实现规模最大化和行业生产集中度最高化，从而提高了市场竞争力，降低了企业风险；然后再用“规模最大化”的良性效应反作用“薄利多销”策略的推进，这两者相互促进，相互推动，使得企业呈现出良性循环的发展态势，这对于格兰仕而言无疑是一种十分正确的营销战略。

格兰仕的核心竞争力归纳起来就四个字：规模制造。格兰仕进入微波炉行业始终坚持了总成本领先战略，而它之所以如此频繁地大幅度降价，就在于其成本比竞争对手低许多，有足够大的利润空间。一方面，迅速扩大生产能力，实现规模经济；另一方面，通过降价和立体促销来扩大市场容量，提高市场占有率，从而在短期内使自己的实力获得迅猛提高。而实施规模化战略的根本目的就在于市场的迅速扩大，通过规模效应，降低经营成本；通过规模效应，增加技术投入；通过规模效应，提高国际竞争力，等等。格兰仕通过几年的努力，在微波炉领域真正实现了规模化经营，专业化、集约化生产，使企业走上了良性发展的轨道。

格兰仕的规模经济首先表现在生产规模上，其次表现在销售、科研和管理等方面。格兰仕集团利用微波炉经营的资源和能力积累，来开拓电饭煲和电风扇产品和市场。

在成本领先策略的指引下，格兰仕的价格战打得比一般企业都出色，规模每上一个台阶，就大幅下调价格。格兰仕降价的特点之一是目的十分明确，如当自己的规模达到 125 万台时，就把出厂价定在规模为 80 万台的企业的成本价以下。此时，格兰仕还有利润，而规模低于 80 万台的企业，多生产一台就多亏损一台。如此循环，让竞争对手逐渐淘汰出局。格兰仕降价的特点之二是狠，价格不降则已，要降就要比别人低 30% 以上。

从严格意义上讲，格兰仕是一个制造型企业，制造规模越大，平均成本就越低。格兰仕在 1996 年 8 月和 1997 年 10 月分别进行的两次降价降幅均在 40% 左右，都是基于规模制造的结果。但是格兰仕在 1998 年之后的降价风暴有减弱的趋势，究其原因，是制造的规模越大，成本下降的空间就越有限，使得降价的潜在优势逐渐衰弱。

此外，格兰仕在降低采购成本、行政管理成本、营销成本和流通成本方面做了巨大努力，使得各种成本不断降低；加上低廉的劳动力，使格兰仕在综合成本竞争中占据了很大优势。

25
培育客户忠诚度——差异化战略

所谓差异化战略，是指为使企业产品与竞争对手产品有明显的区别，形成与众不同的特点而采取的一种战略。这种战略下，必须让企业产品成为客户眼中的“西施”，让客户心有所属，不会轻易更换为其他企业的产品。

这种战略的核心是取得某种对顾客有价值的独特性。这种战略要求比竞争对手更好地满足消费者需求的一个特定方面，其成本虽有所增加，但不超过消费者愿意支付的最高价格，这就可以使企业免受各种竞争作用力的威胁从而形成竞争优势。奉行差异策略的公司组织机构和控制系统的特点就是鼓励创造和革新。然而，追求差异有时会与争取更大市场份额相矛盾。在系统集成行业，软件企业的主要竞争策略就是追求差异——为用户提供个性化、创新性的软件服务，但就不易形成大规模的经营。差异化战略执行好的公司，其商品或服务的毛利率会比较高，因为这一战略更多的是关注产品或服务的差异程度，所以往往在研发、品牌、营销渠道等方面要投入巨额资金，而产品或者服务本身的成本在营业收入当中所占的比重反而比较低。对于一个采用差异化战略的企业，我们可以用毛利率的高低来衡量其战略执行是否成功。

(1)差异化战略的类型

企业要突出自己产品与竞争对手之间的差异性，主要有四种基本的途径：

1)产品差异化战略

产品差异化的主要因素有特征、工作性能、一致性、耐用性、可靠性、易修理性、式样和设计。

2)服务差异化战略

服务的差异化主要包括送货、安装、顾客培训、咨询服务等因素。

3)人事差异化战略

训练有素的员工应能体现出下面的六个特征：胜任、礼貌、可信、可靠、反应敏捷、善于交流。

4)形象差异化战略

(2)差异化战略的适用条件与组织要求

1)可以有很多途径创造企业与竞争对手产品之间的差异,并且这种差异被顾客认为是有价值的;

2)顾客对产品的需求和使用要求是多种多样的,即顾客需求是有差异的;

3)采用类似差异化途径的竞争对手很少,即真正能够保证企业是"差异化"的;

4)技术变革很快,市场上的竞争主要集中在不断推出新的产品特色。

除上述外部条件之外,企业实施差异化战略还必须具备如下内部条件:

1)具有很强的研究开发能力,研究人员要有创造性的眼光;

2)企业具有以其产品质量或技术领先的声望;

3)企业在这一行业有悠久的历史或吸取其他企业的技能并自成一体;

4)具有很强的市场营销能力;

5)研究与开发、产品开发以及市场营销等职能部门之间要具有很强的协调性;

6)企业要具备能吸引高级研究人员、创造性人才和高技能职员的物质设施;

7)各种销售渠道强有力的合作。

(3)差异化战略的收益与风险

实施差异化战略的意义在于:

1)建立起顾客对企业的忠诚。

2)形成强有力的产业进入障碍。

3)增强了企业对供应商讨价还价的能力。这主要是由于差异化战略提高了企业的边际收益。

4)削弱购买商讨价还价的能力。企业通过差异化战略,使得购买商缺乏与之可比较的产品选择,降低了购买商对价格的敏感度。另一方面,通过产品差异化使购买商具有较高的转换成本,使其依赖于企业。

5）由于差异化战略使企业建立起顾客对企业的忠诚，所以这使得替代品无法在性能上与之竞争。

差异化战略也包含一系列风险：

1）可能丧失部分客户。如果采用成本领先战略的竞争对手压低产品价格，使其与实行差异化战略的厂家的产品价格差距拉得很大，用户为了大量节省费用，可能放弃取得差异的厂家所拥有的产品特征、服务或形象，转而选择物美价廉的产品。

2）用户所需的产品差异的因素下降。当用户变得越来越老练时，对产品的特征和差别体会不明显时，就可能发生忽略差异的情况。

3）大量的模仿缩小了感觉得到的差异。特别是当产品发展到成熟期时，拥有技术实力的厂家很容易通过逼真的模仿，减少产品之间的差异。

4）过度差异化，导致目标用户群体缩小。

延伸阅读：差异化的高手 LV——制造圣坛

提到奢侈品，第一个联想到的品牌是什么？不少人的答案会是LV——路易威登（Louis Vuitton）。

不管过去哪一刻，也不管 LV 从宫廷走向贵族又走向大众，每一款 LV 都是那个时代风尚的缩影，LV 与生俱来的宫廷印记正是整个奢侈品品牌历史的精华所在。

对于奢侈品品牌来说，之所以奢侈，一个很重要的原因就是其具有的稀缺性：少，生产的少，买得起的人少，能经常买的人更少。要让大家知道尊贵和奢侈，但又不能用太大众的方式，于是没有什么比建立一个奢侈精致而又有创意的旗舰店更有效果了。

LV 绝对是做有创意的旗舰店的高手。2004 年，为庆祝 LV 创立 150 周年，LV 将香榭丽舍大道的旗舰店规模扩增两倍。

出人意料的是，LV 特地制作两个超大的招牌旅行箱，架在旗舰店的大楼外面，赚足了过往行人的眼球。这里不仅展出了 LV 历史上 28 件珍贵的古董行李箱，而且位于旗舰店七层的 LV 美术馆，也首次选用了一群顶端艺术家的作品，在店内做永久性的陈列。其中一件由白女人裸体构成的字母“L”和黑女人裸体构成的“V”组成的图案颇为打眼。

徘徊在 LV 旗舰店的长廊，你将发现美国艺术家 JAMES 的灯饰雕塑，以及丹麦概念艺术家 OLAFUR 专门为 LV 设计的作品。你完全可以把这样的旗舰店视为当代艺术馆。这样的效果正是 LV 所追求的，比起 LV 的许多竞争对手主要为了满足购买者的虚荣心而设置旗舰店，LV 的这个店面每天有 3~5 千人前来膜拜，据说在巴黎是排在埃菲尔铁塔和巴黎圣母院之后最有人气的旅游胜地。LV 将自己的旗舰店塑造成了一个城市的地标性的建筑，其尊贵地位，奢华姿态，不着一字，尽得风流。

在这样的一间旗舰店里徜徉，以参观艺术馆般的态度来参观 LV 的精致皮具，这当中甚至有了某种朝拜的嫌疑。试想一下，你能把罗浮宫里的《蒙娜丽莎的微笑》买下来，还能天天背在身上在繁华的都市中漫步吗？《蒙娜丽莎的微笑》不行，但 LV 的包却可以满足你的这个奢侈的体验。

从 LV 官方网站的几次细微改变你能看出其在中国市场的上升态势来。1997 年，LV 首次开设正式官方网站时，设置了最初的中文网页，这时是 LV 进入中国内地的第五个年头。四年后，LV 又设立了一个有英语、法语、日语和繁体中文四种不同语言版本的新网站。同年 7 月，LV 中文版的网页中增添了“大中华焦点”栏目，主要涵盖 LV 在中国的香港和台湾地区以及中国内地的动向。

LV 中国董事、总经理施安德先生承认：“这的确是因为 Louis Vuitton 的中国消费者，尤其是中国内地消费者数量增长而设立的。”而 LV 的一个新计划是开设简体中文版网站和增加更贴近内地市场的内容。这个试图进军中国奢侈品行业的豪华品牌放下架子去聆听客户的心声，去感受这个新兴市场的时代脉动。

“过去，在奢侈品业取得成功的黄金法则是高贵优雅、始终如一和积极有效：不要问客户他们想要什么，而要告诉他们应该拥有什么。”如今，面对一个陌生的市场，以自我为中心的方法将不再奏效。你必须了解你的客户，深入把握他们的高端价值诉求。“不仅仅是让你的客户知道你，而是要努力了解他们。”贝恩咨询公司（Bain）在 2005 年奢侈品报告中这样说。

LV 在中国取得令人瞩目的成功清楚地证明，只有清楚推动奢侈品购买行为的原因，奢侈品公司才能获得建设品牌方面的新想法，触摸到目标市场的情感需求，并卖出更多产品。

全新的奢侈品文化已登陆中国，中国奢侈品消费者的平均年龄在40岁以下。奢侈品不仅仅属于上流社会，新新人类主张人人有权拥有奢侈品，年轻的中国消费者喜欢将奢侈品与街头时尚品牌混搭的做法。于是，基于对中国消费者的研究基础上，LV已开始向中国客户提供创新服务：

1）由于当季商品的数量及范围不断增加，每一季奢侈品的货架期都相应缩短了。在华奢侈品品牌推出时尚商品的频率越来越高，数量也越来越多。

2）正如LV在中国提供较小（因此不太昂贵）商品的策略所体现的，“可得到的奢侈品”或“价值导向奢侈品”的主要目标在于吸引年轻的新会员。

LV做出的低姿态不仅没有损害其尊贵的形象，反而因此抓住了中国消费者的特性，了解了他们购买的动因和能够承受的范围，在中国奢侈品市场独占鳌头。

咬住青山不放松——集中化战略

集中化战略也称为聚焦战略，是指企业或事业部的经营活动集中于某一特定的购买者集团、产品线的某一部分或某一地域市场上的一种战略。这种战略的核心是瞄准某个特定的用户群体、某种细分的产品线或某个细分市场。在这种战略下，企业的财报中体现出来的特征是，其营业收入的来源比较单一。目前我国创业板的上市公司中，大多数采用的就是集中化战略——由于业务的单一，相对来说，其风险和收益也要比多元化的集团公司高得多。

（1）集中化战略的类型

具体来说，集中化战略可以分为产品线集中化战略、顾客集中化战略、地区集中化战略和低占有率集中化战略。

（2）集中化战略的适用条件、收益与风险

具备下列四种条件，采用集中化战略是适宜的：

1)具有完全不同的用户群,这些用户或有不同的需求,或以不同的方式使用产品;

2)在相同的目标细分市场中,其他竞争对手不打算实行重点集中战略;

3)企业的资源不允许其追求广泛的细分市场;

4)行业中各细分部门在规模、成长率、获利能力方面存在很大差异,致使某些细分部门比其他部门更有吸引力。

集中化战略的收益主要表现在:

1)集中化战略便于集中使用整个企业的力量和资源,更好地服务于某一特定的目标;

2)将目标集中于特定的部分市场,企业可以更好地调查研究与产品有关的技术、市场、顾客以及竞争对手等各方面的情况,做到"知彼";

3)战略目标集中明确,经济效果易于评价,战略管理过程也容易控制,从而带来管理上的简便。

集中化战略的风险主要表现在:

1)由于企业全部力量和资源都投入了一种产品或服务或一个特定的市场,当顾客偏好发生变化、技术出现创新或有新的替代品出现时,就会发现这部分市场对产品或服务需求下降,企业就会受到很大的冲击;

2)竞争者打入了企业选定的目标市场,并且采取了优于企业的更集中化的战略;

3)产品销量可能变小,产品要求不断更新,造成生产费用的增加,使得采取集中化战略的企业成本优势得以削弱。

延伸阅读:向联合利华学习集中化战略

集中化战略在联合利华得到了充分体现:一是企业集中化,1999 年,把 14 个独立的合资企业合并为 4 个由联合利华控股的公司,使经营成本下降了 20%,外籍管理人员减少了 3/4;二是产品集中化,果断退出非主营业务,专攻家庭及个人护理用品、食品及饮料和冰淇淋三大优势系列,取得了重大成功;三是品牌集中化,虽然拥有 2 000 多个品牌,但在中国推广不到20个,都是一线品牌;四是厂址集中化,2002年5至8月,通过调整、合并,减少了3个生产地址,节约了30%的运行费用。

我国的企业不但要与著名的跨国公司竞争,更要自觉地向他们学习。联合利华的集中化战略就很值得我国的企业学习。集中化是经营智慧的突出体现。企业无论大小、强弱,能力、财力和精力都是有限的,在经济全球化和竞争激烈化的形势下,为了向客户提供值价比(即价值与价格之比)较高的产品或服务,必须在各个方面善于集中,善于争取和发展相对优势,在任何时候都不要拉长战线、分散资源,不要搞无原则的多元化,更不要盲目进入非擅长的领域。

27

骑虎难下——夹在中间

一个公司未能沿三个基本战略方向中的任何一个方向制定自己的竞争战略,即被夹在中间,就常常会处于极其糟糕的战略地位。夹在中间的公司几乎注定是低利润的,除非产业结构非常理想,并且其竞争对手也都处在夹在中间的境地。然而,产业的成熟会加大采取基本战略的企业和夹在中间的企业之间的差距,夹在中间的企业面对具有成本优势的竞争对手,会失去大量的低价格偏好客户;而对于高利润业务,又无法战胜那些做到了全面产品差异的公司,最终只能寻找市场空隙,在夹缝中生存。夹在中间的企业是不折不扣的二流企业,其失败的原因是由于模糊不清的企业文化、相互冲突的组织结构、矛盾而无效的激励机制所致。拉克航空公司是一个典型的例子。它最初在北大西洋市场采取不提供不必要服务的非常明确的成本聚集战略,其目的是针对那些对价格极为敏感的客户。然而,一段时间后,拉克航空公司又开始提供不必要的花样,增设新的服务,开设新的航线。这种变化使原有形象受损而变得含糊不清,使服务和交货系统由优变劣。结果是灾难性的,拉克航空公司最终破产了。

但是,总成本领先、差异化和目标聚集战略的竞争策略并不是对立的,以追求差异为目标的企业必须在可承受的成本基础上获得差异优势。

同样,成本领先者除非能在质量和服务等方面比竞争对手领先(哪怕是细微的),否则它们无法参与竞争。而且,重大技术和业务方式的变更有可能把高质量、优良服务和低价格结合起来,如日本汽车制造商、沃尔玛零售商等的成功之路。一个企业选择了某种竞争策略并不会自动取得竞争优势,要取得竞争优势,企业必须具备实施并保持所选定策略的能力。无论是哪一种策略都要求企业具备所需的基本能力,并以适当方式规划企业的价值链。基本能力是指公司所拥有的经济财产,而价值链是指企业将投入转换为产出的各类环节及经济活动组合。企业的基本能力、价值链的独特性和竞争对手对它们进行模仿的难易程度,决定了企业的竞争优势能否保持。

延伸阅读:当心!别像诺基亚一样被“夹在中间”

2007 年的时候,大概很少有人能想象手机霸主诺基亚会沦落到如今日薄西山的境地!

先是 2009 年第三季度,这家素以业绩卓越著称的公司出现了十年来的首次亏损,紧接着 2010 年第二季度,利润又同比狂泻 40%。在投资者愤怒的声讨声中,老帅康培凯下台了,而对接棒的史蒂芬·埃洛普——这位微软公司的前高管,舆论似乎也不大看好。有媒体质疑诺基亚“此举或许为时已晚”;还有人担心:美式 CEO 能否带领这家芬兰公司走出困境?

至少,迟至 2007 年,诺基亚看上去依然保持着旺盛的增长态势。当年,其在全球市场的占有率首次突破 40%,推动全年运营利润增长 46%,达到了 79 亿欧元(合 116 亿美元)。昔日的老对手如摩托罗拉、爱立信已被它挑落马下,后起之秀如三星、LG 也难以望其项背,循着老路,几乎不太可能有哪家手机厂商再超越它,除非——除非像后来发生的那样:出现颠覆者!

今天我们知道,颠覆者几乎清一色是“新手”,除了 RIM,其余大都是 2007 年前后才加入战团。最张扬的当属苹果。2007 年年初首次展示 iPhone 时,史蒂夫·乔布斯的讲话就足以让诺基亚寝食难安,他说:“我们今天将创造历史。1984 年 Macintosh 改变了计算机业,2001 年 iPod 改变了音乐产业,2007 年 iPhone 要改变通信产业。”几个月后,互联网搜索巨头 Google 发布了其“Android”开源移动操作系统。随后,Android 通过联盟的形式拉拢了诺基亚的大部分竞争者:摩托罗拉、LG、三星、索尼爱立信、京瓷……在亚洲,“代工之王”宏达电在一片质疑声中推出了自有品牌 HTC,而中兴通讯的两款低价手机也已悄然进入沃达丰的柜台……

不过短短三四年间,市场格局便骤然大变,行业老大诺基亚竟被逼得只有招架之功,而无还手之力,究竟发生了什么?

业界普遍的观点认为,诺基亚衰退的主要原因在于它没有很好地抓住“移动互联网时代”到来的机遇,在行业变革的转折点上屡屡反应迟滞,步履蹒跚,最终丧失了引领潮流的地位而陷入困境。比如,诺基亚的 Symbian 操作系统多年来一直没有大的改变,它在后来成为主流的触摸技术上也慢人一拍,尤其受人诟病的是在智能手机战场,它至今都没有拿出一款能够对抗 iPhone 的“杀手型”产品。看起来,诺基亚的问题似乎出在战略的短视上。然而事实却并非如此,这家富有远见的公司甚至在十年前便已着手为“移动互联网时代”做准备:2000 年,它推出了一个供用户下载小段音乐铃声的网站,这样的业务在当时被认为应该由运营商来做。

到 2006 年,诺基亚对 3C(计算机、通讯、消费电子产品)融合大势的判断已经异常清晰。当年上任的 CEO 康培凯就曾对外宣称,互联网的未来与手机的未来将不可避免地交织在一起,与互联网的融合将驱动手机成为下一代主流的移动计算设备;而诺基亚的目标是:“站在这一新时代的前沿,成为真正融合互联网和移动性的公司。”彼时,苹果、Google 等公司在这一领域刚刚起步甚至还没有起步,大家都站在“移动互联网时代”的门口。按说,在移动通讯领域浸淫多年的诺基亚应该更具优势,可结果却是它先败下阵来。原因何在?

有分析人士指出,诺基亚在战略上并没有什么可挑剔的,问题出在具体的战术上,由于屡屡出现战术失误而在竞争中失掉先机,最终导致它陷入了今日之困局。果真如此,我倒以为对刚刚履新的埃洛普而言,未尝不是一个好消息。战术问题固然重要,但短期内却无关全局。诺基亚虽然先败一阵,但只需找出原因,调整战术,凭借其强大的实力,下一战的胜算应该很大。可这真是问题的要害吗?

还是让我们回到战场上去看看——商业竞争的战场在哪里？在用户的头脑里，在他们的心智中，因此，获胜的关键甚至不是更好的产品，而是更好的认知。正如《财富》所指出的那样，诺基亚长期以来一直在制造出色的手机产品，在很多国家，“诺基亚”几乎就是手机的代名词。但需要指出的是，随着技术的进步，“手机”在不断进化，逐渐融入了新的功能，产生了新的应用，“手机”变得不再是“手机”，新的“战场”也随之浮现：RIM仅仅凭借黑莓“收发电子邮件”这项功能，就开辟了一个新的“战场”，切走了全球智能手机18%的份额；苹果的iPhone无疑是到目前为止进化得最成功的产品，它在某种程度上重新定义了什么是手机，引领了产业发展的潮流……至于诺基亚，很遗憾，它拖着传统的尾巴，尽管使出浑身解数，也无法让人刮目相看。从这个意义上说，诺基亚陷入今天的困境，是由于它过去的成功。越是抱着过去的成功不放，也就越难解决今天的问题。

这几年，康培凯一直致力于推动诺基亚进行转型，用他的话来讲，“公司将从整体上转向互联网，诺基亚不再是一家纯粹的手机公司”。应该说，这不仅切合了行业发展的趋势，而且对一家在全球市场占有率已高达40%、但利润率却不断下降的公司而言，从低利润的“硬”（设备制造与销售）走向高利润的“软”（互联网应用与服务），不失为一条保持企业持续增长的道路。当年IBM不就是这样做的吗？诺基亚的策略不可谓不凌厉，它甚至图谋实现对高、中、低端用户的全面覆盖，尤其打算“通过低价位的具备上网功能的手机提高渗透率，以此提高诺基亚在互联网增值应用上的卡位”。如果成功，诺基亚将在商业史上留下又一个经典案例。可结果已如我们所知，转型的效果不尽如人意，反而进一步模糊了用户对诺基亚的认知。

在失掉高端智能手机这个“山头”后，诺基亚的处境顿时变得艰难起来。目前，如何夺取这块“阵地”似乎成了诺基亚的当务之急，舆论关注的焦点也大都集中在诺基亚将如何迎战苹果和Google上。而另一方面，或许是由于诺基亚曾经成功地应对过来自低成本竞争对手的挑战，因此很少有人再讨论，像中兴这样通过低成本创新而崛起的厂商会给诺基亚带来怎样的威胁？2010年上半年，中兴在全球的手机销量已达2 800万部,稳居行业前六。显然,一个不可忽视的问题是:如果在与"苹果"们的角逐中失利,诺基亚还能退守中低端吗?它是否会陷入"夹在中间、进退维谷"的更加糟糕的境地?

大凡成功的企业都有自己独特的战略定位和明确的取舍。过去,诺基亚在我们心目中曾长时间占据着"最好手机"的阵地,然而现在,这块阵地已因外敌的入侵而瓦解。也许对于埃洛普来说,当前最重要的不是找到一款"伟大的产品",而是重获用户认知,甚至不惜像一名"新手"那样重新起步。

无法模仿——核心能力分析

上述行业和竞争策略分析是以这样的认识为基础的,即行业的结构因素是盈利性的主要决定因素。然而,事实表明,行业内公司之间利润水平就像行业之间的利润水平那样,存在着很大的差异。另一种基于能力的竞争优势理论认为,竞争优势首先产生于对公司现有资源和核心能力的分析,然后评价由于市场机会可能产生的潜在利润,并且根据对机会与利润的评价结果选择相应的战略。例如,可以进行一系列决策来增强公司的相应能力和资源,或与其他具有互补能力的公司联合或者收购一家这样的公司。如果没有实际的核心能力,即使暂时由于市场机会带来较高的盈利,也是不能长久的。因此,分析一家公司的核心能力对把握该公司是否具有可持续的竞争优势是很直观的。形成公司可持续竞争优势的关键战略资源和核心能力可从下述四个方面来考察:

(1)占用性,是指由公司内部某些战略资产产生的、不能归公司所有而被某些个人据为己有的利润占有程度。这种占有程度越低,公司持续盈利能力就越高。例如,一个公司是由团队的优异表现而不是某著名人士的个人能力所致,就表明公司未来收益保持的程度就越高。

(2)耐久性,主要是指其作为利润源泉的持久程度而不是指其物理耐久性。只要公司的创新、多产和高质量等最基本特点没有明显不利变化，其商誉就不会随时间流逝而受到侵蚀。

(3)转移性，即核心能力和资源越容易转移，公司竞争优势的可持续性就越差。真正的战略资产和核心能力的一个基本特征是它对公司的专有程度，即扎根于公司组织之中，融入公司的文化和管理模式之中。

(4)复制性，其含义是如果某个公司核心能力或资源虽不能被轻易转移，但竞争者经过适当的投资或者直接购置相同的资产，就可以形成几乎相同的生产能力，那么这个公司就不拥有真正持久的竞争优势。

第三篇

会计分析篇

29

会计分析的步骤和方法

在公司财务报告分析框架中的会计分析,其目的是判断公司的会计质量,评价公司会计反映其实际业务的程度(财务数据的真实程度)。会计分析是财务分析结论可靠性的保障和前提。在中国目前情况下,只有高质量的会计分析,才能确保财务分析得出正确的结论。那么,应该如何进行会计分析,评估公司的会计质量呢?其主要步骤与方法如下:

步骤一:确定关键会计政策

企业的行业特点和自身的竞争策略决定了其关键的成功因素和主要风险。所以在会计分析中研究人员应当确定并评价企业用于测定关键因素和风险的政策和核算。

这就像选美比赛,我们首先要看选手的主要优势和主要缺点,也许选手在比赛的时候把这个主要的缺点稍微做一些修饰,可能表现出来的效果就完全不一样了。某些公司把主要的会计政策或会计估计略作调整,其财务指标就可能与其实际情况完全不一样了。因此,很多教材中把资产负债表比喻为一张照片,我个人认为不是一般的照片而是艺术照,照片和艺术照的差异,可大可小,这取决于拍照片的目的。

例如,银行业成功的关键因素之一就是利息和信贷风险的管理,因此商业银行的一个很重要的会计政策就是贷款损失准备金的计提。

又如,在零售业和电脑行业中,库存管理是成功的关键因素;对一些高新技术企业来说,售后产品的缺陷情况是关键所在,而相应的会计测定方法是产品保修费和保修准备金;对于石油类和矿藏资源类公司,资源储量是该类公司的最主要资产,这些资产的会计确认与计量就是关键的会计政策。对于钢铁等资本密集型的公司,则固定资产的折旧是非常重要的,因此在阅读宝钢股份的年度报告时,要特别关注其固定资产折旧。

步骤二:评价会计灵活性

会计政策的选择是所有企业都要面对的,如折旧政策(直线法和加速折旧法)、库存会计政策(先进先出法或平均成本法)、摊销商誉政策和关于职工福利的会计政策等。但并非所有的企业在选择各自的主要会计政策时都有同等的灵活性。一些企业的会计政策选择受到会计标准和惯例的严格限制。

例如,虽然市场营销和树立品牌是消费品生产商成败的关键,但是生产商必须将所有的市场营销开支计入当期费用。相反,信贷风险管理是银行成功的关键因素之一,银行管理人员却可以自由地估计对其贷款的违约行为。如此种种,就造成在了解企业的经营情况时,会计数据失去了直接意义(这也造成不同行业的利润指标缺乏可比性)。所以,关键会计政策的灵活性分析对于把握这类企业的真实业绩是非常必要的。

会计灵活性还跟行业特征有关系。例如,对于农业类公司,其生物资产的确认、价值计量,也是一个非常棘手的问题。当年中国资本市场上"赫赫有名"的蓝田股份出事后,有人在分析蓝田股份的存货后,开玩笑说:"如果蓝田股份的存货——养在洪湖里的鱼和王八是真的话,那蓝田股份的养殖池里就全是鱼和王八,一点水都没有了。"注册会计师去审计的时候,根本无法对蓝田股份的存货进行盘点。同样的,锦州港也曾经被处罚——虚增了三个亿的利润同时虚增了三个亿的固定资产——虚增的固定资产在港口的海水下面,不太容易证实。

步骤三:评价会计政策

在分析管理人员如何运用会计灵活性时,下面一些问题是必要的:

公司的会计政策与行业标准相比较,如果不一样,是否因为该企业的竞争策略是独一无二的?例如,一家企业的研发费用率低于行业的平均水平却又总是取得较好的经营业绩,一种解释是企业拥有独特的技术,但可能高估了该项技术的壁垒,虽然目前竞争处于较有利地位,但未来的利润率风险将很大。还有一种解释,即企业有意把有关费用隐瞒(方式另当别论),虚构利润。

管理部门是否有利用会计随意性进行收入管理的强烈动机?

企业改变了任何一项政策或估计了吗?理由是什么?这些变化的影响是什么?比如,如果保修费下降了,是因为企业进行大量投资以提高产品质量了吗?

公司的政策和估计过去实现过吗?是否为达到一定的会计目的而进行所需的经营业务结构调整?例如,有些企业中期报告和年度报告相差万里,有些企业一到年终就在做变卖资产的无聊游戏以“做”到一定的利润。

步骤四:评价披露质量

会计准则只对财务报告披露的最低限度提出了要求,这就给管理人员提供了很大的选择余地。所以披露质量是体现企业会计质量的一个重要方面。下述问题在评价披露质量时是重要的:

公司是否披露了充分的资料以评估企业的经营策略和经济效果?

会计报表附注是否足以解释主要的会计政策和假设以及相关财务数据的变化?

企业是否能充分解释其当前的经营状况?如果一段时间的利润率下降了,那么是因为价格竞争,还是因为生产成本上升?若销售和日常管理费用上升,那么是因为企业正在根据追求差别策略进行投资,还是因为非生产性间接费用攀升?

如果会计准则制约着企业适当地测定其成功的关键因素,那么企业是否能够透露额外的信息,帮助外界人士了解企业是如何管理这些因素的?例如,如果企业在产品质量和顾客服务方面进行投资,会计准则不允许将这些开销资本化,即使在未来明显能产生收益的情况下也不行。在这样的情况下,报告是否会说明这些开销是如何管理的,其经营结果如何?

报告透露坏消息的及时性如何,处理方法如何?管理人员处理坏消息的方法可以清楚地反映披露的质量。例如,是否可以充分地解释经营状况不佳的原因?公司是否可以使其策略清晰明了,以解决公司的经营问题?

步骤五:确定潜在的危险信号

通过上述分析,分析人员应当对有关的、严重影响会计质量的特定事项作出标记——危险信号,常见的危险信号有:

未加解释的会计政策或会计估计的变化,尤其是经营很糟糕的时候,这表明管理人员可能正在利用会计随意性“打扮”其财务报表。

引起销售增长的应收账款及库存非正常增长。一般情况下,应收账款的非正常增长意味着公司可能过度放松其信用政策,这使企业在随后的时间里将面临由于顾客违约而注销应收账款的可能性。如果加速向销售渠道发货,那么企业可能在随后的时间里面临退货或发货量下降的局面。就库存增加而言,若库存增加是由于产成品存货增加,那么这是企业产品需求下降的信号,表明企业可能被迫削价或减计存货价值;半成品存货的增加,需要结合公司生产能力的变化予以分析:如果公司生产能力没有扩张,则半成品存货的增加,意味着公司生产效率降低,或者有可能是本期低转销售成本以提高利润。如果原料增加,那么表明有可能是生产和采购的效率低下,将导致销售货物的成本增加。

企业销售收入与营业现金流量及税务收支之间的差距扩大。应该说,权责发生制下会计数据与现金流量和税务收支不一致是正常的。不过,若公司会计政策保持不变时,它们之间的关系通常是稳定的。如果它们的关系发生变化,则可能表明企业应计核算中的变化。举一例子,一家建设商通常情况下使用一种完工百分比方法记录收入,若这家企业通过采用一种激进的完工百分比方法,就会使一个阶段的收入增长。虽然利润上升了,但现金流量却不受影响。企业会计核算的这个变化就会通过企业收入和现金流量的关系明显表现出来。如果企业的现金净流量长期低于净利润,将意味着与已经确认为利润相对应的资产可能属于不能转化为现金流量的虚拟资产;若反差数额极为强烈或反差持续时间过长,必然说明有关利润项目可能存在挂账利润或虚拟利润问题。

未预计到的大量资产注销。这表明管理部门对经营环境的变化未能或未能及时并入企业会计核算过程中。

年度报告相对于中期报告的大量调整。企业年度报告由审计人员进行审计,但中期报告通常仅是复核一下而已。如果企业的管理人员不愿意在中期报告中作出恰当的会计估算,那么必须在年终作出调整。这种调整往往表明企业中期报告的会计倾向。

缺少市场客观判断的关联交易。通俗地说,就是为了一定的会计目的而在集团内的公司间“调账”。这种情况下,随意性和主观性很大。这类公司股票的市盈率通常都比同一板块的股票低,这是市场的正确定位,而绝不是低估了它们。投资者对这些价位“明显偏低”的股票(也往往被有些人称为“最有投资价值”)应格外注意。

高管人员的频繁更换,尤其是关键岗位高管人员的频繁更换,比如财务总监、独立董事、监事人员频繁更换,会计师事务所的频繁更换等等,也是非常危险的信号。

大股东或者高管人员不断减持公司的股票。因为大股东和高管人员往往具有内部信息优势,不断减持公司股票意味着他们不看好公司的前景。

频繁的资产重组和剥离、股权转让,除非是投资公司,实业类公司如果频繁地进行上述运作,往往也是危险的信号。

步骤六:消除会计扭曲

由于报告数据存在误导,所以要重新列示报告数据以减少扭曲程度。综合现金流量表和财务报表附注可以帮助分析人员鉴别报告中数据的误导性。例如,现金流量表提供了关于利润表中单个支出项目如何同基本现金流量区分的资料,如果研究人员担心企业将本应计为费用的成本资本化了,那么现金流量表中的信息提供了进行必要调整的依据。又如,当企业改变会计政策时,如果变化是实质性的,那么企业提供的附注可以说明变化产生的影响。

上述的危险信号是进一步分析的起点而不是终点,在得出结论前应进行深入分析。因为这些问题可能有多种解释:一些解释确实是基于经营原因,而另一些则可能是会计质量问题。应注意的几个问题是:第一,保守会计和“激进”会计一样不是好会计。保守会计经常为管理人员提供“平滑收益”的机会,而平滑收益可能阻碍分析人员识别较差的经营状况。第二,不能将非正常会计与有问题的会计相混淆。采取非正常会计选择的企业经营与其他企业经营是不可比的,但是,若企业的经营本身有特殊性,则这种会计选择也是合理的。例如,奉行某种追求差异策略的企业,可能采取非正常的会计决策,以恰当地反映经营情况。所以,应根据经营策略评价公司的会计选择,不能一概而论。第三,不能把会计政策和应计项目的所有变化都归因于追求收益这个动机上。也许,会计变化可能仅仅反映出经营环境的变动。例如,库存异常增加,可能表明企业正准备引进新产品;同样,应收账款的异常增长可能是企业销售政策变化的结果;坏账准备的异常减少可能反映出企业改变了顾客重点。综上所述,对分析人员来说,重要的是,考虑产生会计变化的所有可能理由,利用财务报表中其他信息来调查这些变化。

30

会计分析基础之资产负债表

资产负债表是反映企业在某一特定日期财务状况的会计报表。例如,每年公历12月31日的财务状况,它反映的就是该日的情况。资产负债表遵循了“资产=负债+所有者权益”这一会计恒等式,把企业在特定时日所拥有的经济资源和与之相对应的企业所承担的债务及偿债以后属于所有者的权益充分反映出来。

资产负债表主要提供有关企业财务状况方面的信息,即某一特定日期关于企业资产、负债、所有者权益及其相互关系。资产负债表的作用包括:第一,可以提供某一日期资产的总额及其结构,表明企业拥有或控制的资源及其分布情况,使用者可以一目了然地从资产负债表上了解企业在某一特定日期所拥有的资产总量及其结构;第二,可以提供某一日期的负债总额及其结构,表明企业未来需要用多少资产或劳务清偿债务以及清偿时间;第三,可以反映所有者所拥有的权益,据以判断资本保值、增值的情况以及对负债的保障程度。

资产负债表中的资产反映由过去的交易、事项形成并由企业在某一特定日期所拥有或控制的、预期会给企业带来经济利益的资源。资产应当按照流动资产和非流动资产两大类别在资产负债表中列示,在流动资产和非流动资产类别下进一步按性质分项列示。

(1)流动资产和非流动资产的划分

资产负债表中的资产应当分别流动资产和非流动资产列报,因此,区分流动资产和非流动资产十分重要。资产满足下列条件之一的,应当归类为流动资产:

1)预计在一个正常营业周期中变现、出售或耗用。这主要包括存货、应收账款等资产。需要指出的是,变现一般针对应收账款等而言,指将资产变为现金;出售一般针对产品等存货而言;耗用一般指将存货(如原材料)转变成另一种形态(如产成品)。

2)主要为交易目的而持有。这主要是指根据《企业会计准则第22

号——金融工具确认和计量》划分的交易性金融资产。

3）预计在资产负债表日起一年内（含一年）变现。

4）自资产负债表日起一年内，交换其他资产或清偿负债的能力不受限制的现金或现金等价物。

（2）正常营业周期

值得注意的是，判断流动资产、流动负债时所称的一个正常营业周期，是指企业从购买用于加工的资产起至实现现金或现金等价物的期间。

正常营业周期通常短于一年，在一年内有几个营业周期。但是，也存在正常营业周期长于一年的情况。如房地产开发企业开发用于出售的房地产开发产品，造船企业制造的用于出售的大型船只等，从购买原材料进入生产，到制造出产品出售并收回现金或现金等价物的过程，往往超过一年。在这种情况下，与生产循环相关的产成品、应收账款、原材料尽管是超过一年才变现、出售或耗用，仍应作为流动资产列示。

当正常营业周期不能确定时，应当以一年（12 个月）作为正常营业周期。

（3）流动负债与非流动负债

资产负债表中的负债反映在某一特定日期企业所承担的、预期会导致经济利益流出企业的现时义务。负债应当按照流动负债和非流动负债在资产负债表中进行列示，在流动负债和非流动负债类别下再进一步按性质分项列示。

流动负债的判断标准与流动资产的判断标准相类似。负债满足下列条件之一的，应当归类为流动负债：①预计在一个正常营业周期中清偿；②主要为交易目的而持有；③自资产负债表日起一年内到期应予以清偿；④企业无权自主地将清偿推迟至资产负债表日后一年以上。

值得注意的是，有些流动负债，如应付账款、应付职工薪酬等，属于企业正常营业周期中使用的营运资金的一部分。尽管这些经营性项目有时在资产负债表日后超过一年才到期清偿，但是它们仍应划分为流动负债。

（4）所有者权益

资产负债表中的所有者权益是企业资产扣除负债后的剩余权益。资产负债表中的所有者权益类一般按照净资产的不同来源和特定用途进行分类，应当按照实收资本（或股本）、资本公积、盈余公积、未分配利润等项目分项列示。

资产负债表的结构一般是指资产负债表的组成内容及各项目在表内的排列顺序。就组成内容而言,资产负债表包括表头、基本内容和补充资料等。其中:表头部分提供了编报上市公司的名称、报表的名称、报表所反映的日期、金额单位及币种等内容。基本内容部分则列示了资产、负债及所有者权益等内容。补充资料则列示或反映了一些在基本内容中未能提供的重要信息或未能充分说明的信息。这部分资料或在资产负债表基本内容下部列示,或在报表附注中列示。资产负债表格式如下:

资产负债表

会企01表

编制单位:××有限公司　20×8年12月31日　单位:元

资产	期末余额	年初余额	负债和所有者权益（或股东权益）	期末余额	年初余额
流动资产:			流动负债:		
货币资金			短期借款		
交易性金融资产			交易性金融负债		
应收票据			应付票据		
应收账款			应付账款		
预付款项			预收款项		
应收利息			应付职工薪酬		
应收股利			应交税费		
其他应收款			应付利息		
存货			应付股利		
一年内到期的非流动资产			其他应付款		
其他流动资产			一年内到期的非流动负债		
流动资产合计			其他流动负债		
非流动资产:			流动负债合计		
可供出售金融资产			非流动负债:		
持有至到期投资			长期借款		

续表

资产	期末余额	年初余额	负债和所有者权益（或股东权益）	期末余额	年初余额
长期应收款			应付债券		
长期股权投资			长期应付款		
投资性房地产			专项应付款		
固定资产			预计负债		
在建工程			递延所得税负债		
工程物资			其他非流动负债		
固定资产清理			非流动负债合计		
生产性生物资产			负债合计		
油气资产			所有者权益（或股东权益）：		
无形资产			实收资本（或股本）		
开发支出			资本公积		
商誉			减：库存股		
长期待摊费用			盈余公积		
递延所得税资产			未分配利润		
其他非流动资产			所有者权益（或股东权益）合计		
非流动资产合计					
资产总计			负债和所有者权益（或股东权益）总计		

（5）资产项目的列报说明

"货币资金"项目，反映企业库存现金、银行结算户存款、外埠存款、银行汇票存款、银行本票存款、信用卡存款、信用证保证金存款等的合计数。

"交易性金融资产"项目，反映企业持有的以公允价值计量且其变动计入当期损益的为交易目的所持有的债券投资、股票投资、基金投资、权证投资等金融资产。

“应收票据”项目,反映企业因销售商品、提供劳务等收到的商业汇票,包括银行承兑汇票和商业承兑汇票。

“应收账款”项目,反映企业因销售商品、提供劳务等经营活动应收取的款项。本项目应根据“应收账款”和“预收账款”科目所属各明细科目的期末借方余额合计数,减去“坏账准备”科目中有关应收账款计提的坏账准备期末余额后的金额填列,如“应收账款”科目所属明细科目期末有贷方余额的,应在资产负债表“预收款项”项目内填列。

“预付款项”项目,反映企业按照购货合同规定预付给供应单位的款项等。本项目应根据“预付账款”和“应付账款”科目所属各明细科目的期末借方余额合计数,减去“坏账准备”科目中有关预付款项计提的坏账准备期末余额后的金额填列,如“预付账款”科目所属各明细科目期末有贷方余额的,应在资产负债表“应付账款”项目内填列。

“应收利息”项目,反映企业应收取的债券投资等的利息。本项目应根据“应收利息”科目的期末余额,减去“坏账准备”科目中有关应收利息计提的坏账准备期末余额后的金额填列。

“应收股利”项目,反映企业应收取的现金股利和应收取其他单位分配的利润。本项目应根据“应收股利”科目的期末余额,减去“坏账准备”科目中有关应收股利计提的坏账准备期末余额后的金额填列。

“其他应收款”项目,反映企业除应收票据、应收账款、预付账款、应收股利、应收利息等经营活动以外的其他各种应收、暂付的款项。本项目应根据“其他应收款”科目的期末余额,减去“坏账准备”科目中有关其他应收款计提的坏账准备期末余额后的金额填列。

“存货”项目,反映企业期末在库、在途和在加工中的各种存货的可变现净值。本项目应根据“材料采购”“原材料”“低值易耗品”“库存商品”“周转材料”“委托加工物资”“委托代销商品”“生产成本”等科目的期末余额合计,减去“受托代销商品款”、“存货跌价准备”科目期末余额后的金额填列。材料采用计划成本核算以及库存商品采用计划成本核算或售价核算的企业,还应按加或减材料成本差异、商品进销差价后的金额填列。

“一年内到期的非流动资产”项目,反映企业将于一年内到期的非流动资产项目金额。本项目应根据有关科目的期末余额填列。

"其他流动资产"项目,反映企业除货币资金、交易性金融资产、应收票据、应收账款、存货等流动资产以外的其他流动资产。本项目应根据有关科目的期末余额填列。

"可供出售金融资产"项目,反映企业持有的以公允价值计量的可供出售的股票投资、债券投资等金融资产。本项目应根据"可供出售金融资产"科目的期末余额,减去"可供出售金融资产减值准备"科目期末余额后的金额填列。

"持有至到期投资"项目,反映企业持有的以摊余成本计量的持有至到期投资。本项目应根据"持有至到期投资"科目的期末余额,减去"持有至到期投资减值准备"科目期末余额后的金额填列。

"长期应收款"项目,反映企业融资租赁产生的应收款项、采用递延方式具有融资性质的销售商品和提供劳务等产生的长期应收款项等。本项目应根据"长期应收款"科目的期末余额,减去相应的"未实现融资收益"科目和"坏账准备"科目所属相关明细科目期末余额后的金额填列。

"长期股权投资"项目,反映企业持有的对子公司、联营企业和合营企业的长期股权投资。本项目应根据"长期股权投资"科目的期末余额,减去"长期股权投资减值准备"科目期末余额后的金额填列。

"投资性房地产"项目,反映企业持有的投资性房地产。企业采用成本模式计量投资性房地产的,本项目应根据"投资性房地产"科目的期末余额,减去"投资性房地产累计折旧(摊销)"和"投资性房地产减值准备"科目期末余额后的金额填列;企业采用公允价值模式计量投资性房地产的,本项目应根据"投资性房地产"科目的期末余额填列。

"固定资产"项目,反映企业各种固定资产原价减去累计折旧和累计减值准备后的净额。本项目应根据"固定资产"科目的期末余额,减去"累计折旧"和"固定资产减值准备"科目期末余额后的金额填列。

"在建工程"项目,反映企业期末各项未完工程的实际支出,包括交付安装的设备价值、未完建筑安装工程已经耗用的材料、工资和费用支出、预付出包工程的价款等的可收回金额。本项目应根据"在建工程"科目的期末余额,减去"在建工程减值准备"科目期末余额后的金额填列。

"工程物资"项目,反映企业尚未使用的各项工程物资的实际成本。

本项目应根据“工程物资”科目的期末余额填列。

“固定资产清理”项目,反映企业因出售、毁损、报废等原因转入清理但尚未清理完毕的固定资产的净值,以及固定资产清理过程中所发生的清理费用和变价收入等各项金额的差额。本项目应根据“固定资产清理”科目的期末借方余额填列,如“固定资产清理”科目期末为贷方余额,以“-”号填列。

“生产性生物资产”项目,反映企业持有的生产性生物资产。本项目应根据“生产性生物资产”科目的期末余额,减去“生产性生物资产累计折旧”和“生产性生物资产减值准备”科目期末余额后的金额填列。

“油气资产”项目,反映企业持有的矿区权益和油气井及相关设施的原价减去累计折耗和累计减值准备后的净额。本项目应根据“油气资产”科目的期末余额,减去“累计折耗”科目期末余额和相应减值准备后的金额填列。

“无形资产”项目,反映企业持有的无形资产,包括专利权、非专利技术、商标权、著作权、土地使用权等。本项目应根据“无形资产”科目的期末余额,减去“累计摊销”和“无形资产减值准备”科目期末余额后的金额填列。

“开发支出”项目,反映企业开发无形资产过程中能够资本化形成无形资产成本的支出部分。本项目应根据“研发支出”科目中所属的“资本化支出”明细科目期末余额填列。

“商誉”项目,反映企业合并中形成的商誉的价值。本项目应根据“商誉”科目的期末余额,减去相应减值准备后的金额填列。

“长期待摊费用”项目,反映企业已经发生但应由本期和以后各期负担的分摊期限在一年以上的各项费用。长期待摊费用中在一年内(含一年)摊销的部分,在资产负债表“一年内到期的非流动资产”项目填列。本项目应根据“长期待摊费用”科目的期末余额减去将于一年内(含一年)摊销的数额后的金额填列。

“递延所得税资产”项目,反映企业确认的可抵扣暂时性差异产生的递延所得税资产本项目应根据“递延所得税资产”科目的期末余额填列。

“其他非流动资产”项目,反映企业除长期股权投资、固定资产、在建工程、工程物资、无形资产等资产以外的其他非流动资产。本项目应根据有关科目的期末余额填列。

(6)负债项目的列报说明

"短期借款"项目,反映企业向银行或其他金融机构等借入的期限在一年以下(含一年)的各种借款。本项目应根据"短期借款"科目的期末余额填列。

"交易性金融负债"项目,反映企业承担的以公允价值计量且其变动计入当期损益的为交易目的所持有的金融负债。本项目应根据"交易性金融负债"科目的期末余额填列。

"应付票据"项目,反映企业购买材料、商品和接受劳务供应等而开出、承兑的商业汇票,包括银行承兑汇票和商业承兑汇票。本项目应根据"应付票据"科目的期末余额填列。

"应付账款"项目,反映企业因购买材料、商品和接受劳务供应等经营活动应支付的款项。本项目应根据"应付账款"和"预付账款"科目所属各明细科目的期末贷方余额合计数填列;如"应付账款"科目所属明细科目期末有借方余额的,应在资产负债表"预付款项"项目内填列。

"预收款项"项目,反映企业按照购货合同规定预付给供应单位的款项。本项目应根据"预收账款"和"应收账款"科目所属各明细科目的期末贷方余额合计数填列。如"预收账款"科目所属各明细科目期末有借方余额,应在资产负债表"应收账款"项目内填列。

"应付职工薪酬"项目,反映企业根据有关规定应付给职工的工资、职工福利、社会保险费、住房公积金、工会经费、职工教育经费、非货币性福利、辞退福利等各种薪酬。外商投资企业按规定从净利润中提取的职工奖励及福利基金,也在本项目列示。

"应交税费"项目,反映企业按照税法规定计算应交纳的各种税费,包括增值税、消费税、营业税、所得税、资源税、土地增值税、城市维护建设税、房产税、土地使用税、车船使用税、教育费附加、矿产资源补偿费等。企业代扣代交的个人所得税,也通过本项目列示。企业所交纳的税金不需要预计应交数的,如印花税、耕地占用税等,不在本项目列示。本项目应根据"应交税费"科目的期末贷方余额填列;如"应交税费"科目期末为借方余额,应以"-"号填列。

"应付利息"项目,反映企业按照规定应当支付的利息,包括分期付息到期还本的长期借款应支付的利息、企业发行的企业债券应支付的利息等。本项目应当根据“应付利息”科目的期末余额填列。

“应付股利”项目，反映企业分配的现金股利或利润。企业分配的股票股利，不通过本项目列示。本项目应根据“应付股利”科目的期末余额填列。

“其他应付款”项目，反映企业除应付票据、应付账款、预收款项、应付职工薪酬、应付股利、应付利息、应交税费等经营活动以外的其他各项应付、暂收的款项。本项目应根据“其他应付款”科目的期末余额填列。

“一年内到期的非流动负债”项目，反映企业非流动负债中将于资产负债表日后一年内到期部分的金额，如将于一年内偿还的长期借款。本项目应根据有关科目的期末余额填列。

“其他流动负债”项目，反映企业除短期借款、交易性金融负债、应付票据、应付账款、应付职工薪酬、应交税费等流动负债以外的其他流动负债。本项目应根据有关科目的期末余额填列。

“长期借款”项目，反映企业向银行或其他金融机构借入的期限在一年以上（不含一年）的各项借款。本项目应根据“长期借款”科目的期末余额填列。

“应付债券”项目，反映企业为筹集长期资金而发行的债券本金和利息。本项目应根据“应付债券”科目的期末余额填列。

“长期应付款”项目，反映企业除长期借款和应付债券以外的其他各种长期应付款项。本项目应根据“长期应付款”科目的期末余额，减去相应的“未确认融资费用”科目期末余额后的金额填列。

“专项应付款”项目，反映企业取得政府作为企业所有者投入的具有专项或特定用途的款项。本项目应根据“专项应付款”科目的期末余额填列。

“预计负债”项目，反映企业确认的对外提供担保、未决诉讼、产品质量保证、重组义务、亏损性合同等预计负债。本项目应根据“预计负债”科目的期末余额填列。

“递延所得税负债”项目，反映企业确认的应纳税暂时性差异产生的所得税负债。本项目应根据“递延所得税负债”科目的期末余额填列。

“其他非流动负债”项目，反映企业除长期借款、应付债券等负债以外的其他非流动负债。本项目应根据有关科目的期末余额减去将于一年内(含一年)到期偿还数后的余额填列。非流动负债各项目中将于一年内(含一年)到期的非流动负债,应在"一年内到期的非流动负债"项目内单独反映。

(7)所有者权益项目的列报说明

"实收资本(或股本)"项目,反映企业各投资者实际投入的资本(或股本)总额。本项目应根据"实收资本"(或"股本")科目的期末余额填列。

"资本公积"项目,反映企业资本公积的期末余额。本项目应根据"资本公积"科目的期末余额填列。

"库存股"项目,反映企业持有尚未转让或注销的本公司股份金额。本项目应根据"库存股"科目的期末余额填列。

"盈余公积"项目,反映企业盈余公积的期末余额。本项目应根据"盈余公积"科目的期末余额填列。

"未分配利润"项目,反映企业尚未分配的利润。本项目应根据"本年利润"科目和"利润分配"科目的余额计算填列。未弥补的亏损在本项目内以"－"号填列。

会计分析基础之利润表

见到企业的会计报表之后,我们在脑子里的第一个问题往往是:企业是否盈利,盈利多少？利润表就要回答这个问题。利润表是反映企业在一定会计期间的经营成果的会计报表。例如,反映某年的利润表,它反映的就是该年1月1日至12月31日的经营成果情况。

利润表的列报必须充分反映企业经营业绩的主要来源和构成,有助于使用者判断净利润的质量及其风险,有助于使用者预测净利润的持续性,从而做出正确的决策。通过利润表,可以反映企业一定会计期间收入的实现情况,如实现的营业收入有多少、实现的投资收益有多少、实现的营业外收入有多少等;可以反映一定会计期间的费用耗费情况,如耗费的营业成本有多少、营业税金及附加有多少及销售费用、管理费用、财务费用各有多少、营业外支出有多少等；可以反映企业生产经营活动的成果，即净利润的实现情况，据以判断资本保值、增值等情况。将利润表中的信息与资产负债表中的信息相结合，还可以提供进行财务分析的基本资料，如将赊销收入净额与应收账款平均余额进行比较，计算出应收账款周转率；将销货成本与存货平均余额进行比较，计算出存货周转率；将净利润与资产总额进行比较，计算出资产收益率等，可以反映企业资金周转情况及企业的盈利能力和水平，便于报表使用者判断企业未来的发展趋势，做出经济决策。

根据我国企业会计准则的规定，对于费用的列报，企业应当采用“功能法”列报，即按照费用在企业所发挥的功能进行分类列报，通常分为从事经营业务发生的成本、管理费用、销售费用和财务费用等，并且将营业成本与其他费用分开披露。就企业而言，其活动通常可以划分为生产、销售、管理、融资等。每一种活动上发生的费用所发挥的功能并不相同，因此，按照费用功能法将其分开列报，有助于使用者了解费用发生的活动领域。例如，企业为销售产品发生了多少费用、为一般行政管理发生了多少费用、为筹措资金发生了多少费用等。这种方法通常能向报表使用者提供具有结构性的信息，能更清楚地揭示企业经营业绩的主要来源和构成，提供的信息更为相关。

由于关于费用性质的信息有助于预测企业未来现金流量，企业可以在附注中披露费用按照性质分类的利润表补充资料。费用按照性质分类，指将费用按其性质分为耗用的原材料、职工薪酬费用、折旧费、摊销费等，而不是按照费用在企业所发挥的不同功能分类。

我国企业会计准则规定，企业应当将不同性质的收入和费用类进行配比，从而可以得出一些中间性的利润数据，以便于使用者理解企业经营成果的不同来源。企业可以按如下三个步骤编制利润表：

第一步，以营业收入为基础，减去营业成本、营业税金及附加、销售费用、管理费用、财务费用、资产减值损失，加上公允价值变动收益（减去公允价值变动损失）和投资收益（减去投资损失），计算出营业利润；

第二步，以营业利润为基础，加上营业外收入，减去营业外支出，计算出利润总额；

第三步,以利润总额为基础,减去所得税费用,计算出净利润(或净亏损)。

普通股或潜在普通股已公开交易的企业,以及正处于公开发行普通股或潜在普通股过程中的企业,还应当在利润表中列示每股收益信息。

利润表一般由表首、表身和补充资料三部分构成。利润表的表首,主要填制编制单位、报表日期、货币计量单位等。由于利润表说明的是某一时期的经营成果,因而利润表的表首必须写明某一时期的起讫日期,如"某年某月份"或"某年某月某日结束的会计年度"。例如2000年9月,指的是2000年1月到9月的这段期间。表身是利润表的主体部分,主要反映收入、费用和利润各项目的具体内容及其相互关系。我国利润表栏目一般设有"本月数"和"本年累计数"两栏,"本月"栏反映表中各项目的本月实际发生数,在编制中期财务会计报告时,应将"本月数"改成"上年数",填列上年同期累计实际发生数,在编报年度财务会计报告时,填列上年累计实际发生数。"本年累计数"栏反映各项目自年初起至报告期末止的累计实际发生数。利润表的基本格式如下:

利润表

会企02表

编制单位:　　　　　　　年　　月　　　　　　　单位:元

项目	本期金额	上期金额
一、营业收入		
减:营业成本		
营业税金及附加		
销售费用		
管理费用		
财务费用		
资产减值损失		
加:公允价值变动收益(损失以"－"号填列)		
投资收益(损失以"－"号填列)		
其中:对联营企业和合营企业的投资收益		

续表

项目	本期金额	上期金额
二、营业利润(亏损以“-”号填列)		
加:营业外收入		
减:营业外支出		
其中:非流动资产处置损失		
三、利润总额(亏损总额以“-”号填列)		
减:所得税费用		
四、净利润(净亏损以“-”号填列)		
五、每股收益:		
(一)基本每股收益		
(二)稀释每股收益		

“营业收入”项目,反映企业经营主要业务和其他业务所确认的收入总额。

“营业成本”项目,反映企业经营主要业务和其他业务所发生的成本总额。

“营业税金及附加”项目,反映企业经营业务应负担的消费税、营业税、城市建设维护税、资源税、土地增值税和教育费附加等。

“销售费用”项目,反映企业在销售商品过程中发生的包装费、广告费等和为销售本企业商品而专设的销售机构的职工薪酬、业务费等经营费用。

“管理费用”项目,反映企业为组织和管理生产经营发生的管理费用。

“财务费用”项目,反映企业筹集生产经营所需资金等而发生的筹资费用。

“资产减值损失”项目,反映企业各项资产发生的减值损失。

“公允价值变动收益”项目,反映企业应当计入当期损益的资产或负债公允价值变动收益。如为净损失,本项目以“-”号填列。

“投资收益”项目,反映企业以各种方式对外投资所取得的收益。如为投资损失,本项目以“-”号填列。

“营业利润”项目,反映企业实现的营业利润。如为亏损,本项目以“-”号填列。

“营业外收入”项目,反映企业发生的与经营业务无直接关系的各项收入。

“营业外支出”项目,反映企业发生的与经营业务无直接关系的各项支出。

“利润总额”项目,反映企业实现的利润。如为亏损,本项目以“-”号填列。

“所得税费用”项目,反映企业应从当期利润总额中扣除的所得税费用。

“净利润”项目,反映企业实现的净利润。如为亏损,本项目以“-”号填列。

“基本每股收益”和“稀释每股收益”项目的列报按我国每股收益准则的规定计算。

32

会计分析基础之现金流量表

现金流量表,是反映企业一定会计期间现金和现金等价物流入和流出的报表。编制现金流量表的主要目的,是为财务报表使用者提供企业一定会计期间内现金和现金等价物流入和流出的信息,以便于财务报表使用者了解和评价企业获取现金和现金等价物的能力,并据以预测企业未来现金流量。现金流量表的作用主要体现在以下几个方面:一是有助于评价企业支付能力、偿债能力和周转能力;二是有助于预测企业未来现金流量;三是有助于分析企业收益质量及影响现金净流量的因素,掌握企业经营活动、投资活动和筹资活动的现金流量,可以从现金流量的角度了解净利润的质量,为分析和判断企业的财务前景提供信息。

现金流量表以现金及现金等价物为基础编制,划分为经营活动、投资活动和筹资活动,按照收付实现制原则编制,将权责发生制下的盈利信息调整为收付实现制下的现金流量信息。

(1)现金

现金,是指企业库存现金以及可以随时用于支付的存款。不能随时用于支付的存款不属于现金。现金主要包括:

1)库存现金。库存现金是指企业持有可随时用于支付的现金,与"现金"科目的核算内容一致。

2)银行存款。银行存款是指企业存入金融机构、可以随时用于支取的存款,与"银行存款"科目核算内容基本一致,但不包括不能随时用于支付的存款。例如,不能随时支取的定期存款等不应作为现金;提前通知金融机构便可支取的定期存款则应包括在现金范围内。

3)其他货币资金。其他货币资金是指存放在金融机构的外埠存款、银行汇票存款、银行本票存款、信用卡存款、信用证保证金存款和存出投资款等,与"其他货币资金"科目核算内容一致。

(2)现金等价物

现金等价物,是指企业持有的期限短、流动性强、易于转换为已知金额现金、价值变动风险很小的投资。其中,"期限短"一般是指从购买日起3个月内到期,例如可在证券市场上流通的3个月内到期的短期债券等。

现金等价物虽然不是现金,但其支付能力与现金的差别不大,可视为现金。例如,企业为保证支付能力,手持必要的现金,为了不使现金闲置,可以购买短期债券,在需要现金时,随时可以变现。

现金等价物的定义本身,包含了判断一项投资是否属于现金等价物的四个条件,即:①期限短;②流动性强;③易于转换为已知金额的现金;④价值变动风险很小。其中,期限短、流动性强,强调了变现能力,而易于转换为已知金额的现金、价值变动风险很小,则强调了支付能力的大小。现金等价物通常包括3个月内到期的短期债券投资。权益性投资变现的金额通常不确定,因而不属于现金等价物。

(3)现金及现金等价物范围的确定和变更

不同企业现金及现金等价物的范围可能不同。企业应当根据经营特点等具体情况,确定现金及现金等价物的范围。商业银行与一般工商企业的现金及现金等价物的范围可能不同,如某商业银行的现金及现金等价物包括库存现金、存放中央银行可随时支取的备付金、存放同业款项、拆放同业款项、同业间买入返售证券、短期国债投资等。根据现金流量表准则及其指南的规定,企业应当根据具体情况,确定现金及现金等价物的范围,一经确定不得随意变更。如果发生变更,应当按照会计政策变更处理。

现金流量指企业现金和现金等价物的流入和流出。在现金流量表中,现金及现金等价物被视为一个整体,企业现金(含现金等价物,下同)形式的转换不会产生现金的流入和流出。例如,企业从银行提取现金,是企业现金存放形式的转换,并未流出企业,不构成现金流量。同样,现金与现金等价物之间的转换也不属于现金流量,如企业用现金购买 3 个月内到期的国库券。

根据企业业务活动的性质和现金流量的来源,现金流量表准则将企业一定期间产生的现金流量分为三类:经营活动现金流量、投资活动现金流量和筹资活动现金流量。

1)经营活动是指企业投资活动和筹资活动以外的所有交易和事项。各类企业由于行业特点不同,对经营活动的认定存在一定差异。对于工商企业而言,经营活动主要包括销售商品、提供劳务、购买商品、接受劳务、支付税费等;对于商业银行而言,经营活动主要包括吸收存款、发放贷款、同业存放、同业拆借等;对于保险公司而言,经营活动主要包括原保险业务和再保险业务等;对于证券公司而言,经营活动主要包括自营证券、代理承销证券、代理兑付证券、代理买卖证券等。

2)投资活动是指企业长期资产的购建和不包括在现金等价物范围内的投资及其处置活动。长期资产是指固定资产、无形资产、在建工程、其他资产等持有期限在一年或一个营业周期以上的资产。这里所讲的投资活动,既包括实物资产投资,也包括非实物资产投资。这里之所以将“包括在现金等价物范围内的投资”排除在外,是因为已经将包括在现金等价物范围内的投资视同现金。不同企业由于行业特点不同,对投资活动的认定也存在差异。

3)筹资活动是指导致企业资本及债务规模和构成发生变化的活动。这里所说的资本,既包括实收资本(股本),也包括资本溢价(股本溢价);这里所说的债务,指对外举债,包括向银行借款、发行债券以及偿还债务等。通常情况下,应付账款、应付票据等属于经营活动,不属于筹资活动。

对于企业日常活动之外特殊的、不经常发生的特殊项目，如自然灾害损失、保险赔款、捐赠等，应当归并到相关类别中，并单独反映。比如，对于自然灾害损失和保险赔款，如果能够确指属于流动资产损失，应当列入经营活动产生的现金流量；属于固定资产损失，应当列入投资活动产生的现金流量。如果不能确指，则可以列入经营活动产生的现金流量。捐赠收入和支出，可以列入经营活动。如果特殊项目的现金流量金额不大，则可以列入现金流量类别下的“其他”项目，不单列项目。

编制现金流量表时，列报经营活动现金流量的方法有两种：一是直接法，一是间接法。

所谓直接法，是指按现金收入和现金支出的主要类别直接反映企业经营活动产生的现金流量，如销售商品、提供劳务收到的现金；购买商品、接受劳务支付的现金等就是按现金收入和支出的类别直接反映的。在直接法下，一般是以利润表中的营业收入为起算点，调节与经营活动有关的项目的增减变动，然后计算出经营活动产生的现金流量。

所谓间接法，是指以净利润为起算点，调整不涉及现金的收入、费用、营业外收支等有关项目，剔除投资活动、筹资活动对现金流量的影响，据此计算出经营活动产生的现金流量。由于净利润是按照权责发生制原则确定的，且包括了与投资活动和筹资活动相关的收益和费用，将净利润调节为经营活动现金流量，实际上就是将按权责发生制原则确定的净利润调整为现金净流入，并剔除投资活动和筹资活动对现金流量的影响。

采用直接法编报的现金流量表，便于分析企业经营活动产生的现金流量的来源和用途，预测企业现金流量的未来前景；采用间接法编报现金流量表，便于将净利润与经营活动产生的现金流量净额进行比较，了解净利润与经营活动产生的现金流量差异的原因，从现金流量的角度分析净利润的质量。所以，现金流量表准则规定企业应当采用直接法编报现金流量表，同时要求在附注中提供以净利润为基础调节到经营活动现金流量的信息。

现金流量表的项目主要有：经营活动产生的现金流量、投资活动产生的现金流量、筹资活动产生的现金流量、汇率变动对现金及现金等价物的影响、现金及现金等价物净增加额、期末现金及现金等价物余额等项目。

(1)经营活动产生的现金流量有关项目的编制

1)销售商品、提供劳务收到的现金

本项目反映企业销售商品、提供劳务实际收到的现金,包括销售收入和应向购买者收取的增值税销项税额,具体包括:本期销售商品、提供劳务收到的现金,以及前期销售商品、提供劳务本期收到的现金和本期预收的款项,减去本期销售本期退回的商品和前期销售本期退回的商品支付的现金。企业销售材料和代购代销业务收到的现金,也在本项目反映。本项目可以根据“库存现金”“银行存款”“应收票据”“应收账款”“预收账款”“主营业务收入”“其他业务收入”科目的记录分析填列。

2)收到的税费返还

本项目反映企业收到返还的各种税费,如收到的增值税、营业税、所得税、消费税、关税和教育费附加返还款等。

3)收到的其他与经营活动有关的现金

本项目反映企业除上述各项目外,收到的其他与经营活动有关的现金,如罚款收入、经营租赁固定资产收到的现金、投资性房地产收到的租金收入、流动资产损失中由个人赔偿的现金收入、除税费返还外的其他政府补助收入等。其他与经营活动有关的现金,如果价值较大的,根据“库存现金”“银行存款”“管理费用”“营业费用”等科目的记录分析填列。

4)购买商品、接受劳务支付的现金

本项目反映企业购买材料、商品、接受劳务实际支付的现金,包括支付的货款以及与货款一并支付的增值税进项税额,具体包括:本期购买商品、接受劳务支付的现金,以及本期支付前期购买商品、接受劳务的未付款项和本期预付款项,减去本期发生的购货退回收到的现金。为购置存货而发生的借款利息资本化部分,应在“分配股利、利润或偿付利息支付的现金”项目中反映。本项目可以根据“库存现金”“银行存款”“应付票据”“应付账款”“预付账款”“主营业务成本”“其他业务支出”等账户的记录分析填列。

5)支付给职工以及为职工支付的现金

本项目反映企业实际支付给职工的现金以及为职工支付的现金,包括企业为获得职工提供的服务,本期实际发放的各种形式的报酬以及其他相关支出,如支付给职工的工资、奖金、各种津贴和补贴等,以及为职工支付的其他费用，不包括支付给在建工程人员的工资。支付的在建工程人员的工资，在“购建固定资产、无形资产和其他长期资产所支付的现金”项目中反映。

企业为职工支付的医疗、养老、失业、工伤、生育等社会保险基金、补充养老保险、住房公积金，企业为职工交纳的商业保险金，因解除与职工劳动关系给予的补偿，现金结算的股份支付，以及企业支付给职工或为职工支付的其他福利费用等，应根据职工的工作性质和服务对象，分别在“购建固定资产、无形资产和其他长期资产所支付的现金”和“支付给职工以及为职工支付的现金”项目中反映。

6）支付的各项税费

本项目反映企业按规定支付的各项税费，包括本期发生并支付的税费，以及本期支付以前各期发生的税费和预交的税金，如支付的营业税、增值税、消费税、所得税教育费附加、印花税、房产税、土地增值税、车船使用税等。不包括本期退回的增值税、所得税。本期退回的增值税、所得税等，在“收到的税费返还”项目中反映。本项目可以根据“应交税费”“库存现金”“银行存款”等账户分析填列。

7）支付的其他与经营活动有关的现金

本项目反映企业除上述各项目外，支付的其他与经营活动有关的现金，如罚款支出、支付的差旅费、业务招待费、保险费、经营租赁支付的现金等。其他与经营活动有关的现金，如果金额较大的，应单列项目反映。本项目可以根据有关科目的记录分析填列。

（2）投资活动产生的现金流量有关项目的编制

1）收回投资收到的现金

本项目反映企业出售、转让或到期收回除现金等价物以外的交易性金融资产、持有至到期投资、可供出售金融资产、长期股权投资等而收到的现金。不包括债权性投资收回的利息、收回的非现金资产，以及处置子公司及其他营业单位收到的现金净额。债权性投资收回的本金，在本项目反映，债权性投资收回的利息，不在本项目中反映，而在“取得投资收益所收到的现金”项目中反映。处置子公司及其他营业单位收到的现金净额单设项目反映。本项目可以根据“交易性金融资产”“持有至到期投资”“可供出售金融资产”“长期股权投资”“现金”“银行存款”等账户的记录分析填列。

2)取得投资收益收到的现金

本项目反映企业因股权性投资而分得的现金股利,因债权性投资而取得的现金利息收入。股票股利由于不产生现金流量,不在本项目中反映。包括在现金等价物范围内的债券性投资,其利息收入在本项目中反映。本项目可以根据“应收股利”“应收利息”“投资收益”“库存现金”“银行存款”等账户的记录分析填列。

3)处置固定资产、无形资产和其他长期资产收回的现金净额

本项目反映企业出售固定资产、无形资产和其他长期资产(如投资性房地产)所取得的现金,减去为处置这些资产而支付的有关费用后的净额。处置固定资产、无形资产和其他长期资产所收到的现金,与处置活动支付的现金,两者在时间上比较接近,以净额反映更能准确反映处置活动对现金流量的影响。由于自然灾害等原因所造成的固定资产等长期资产报废、毁损而收到的保险赔偿收入,在本项日中反映。如处置固定资产、无形资产和其他长期资产所收回的现金净额为负数,则应作为投资活动产生的现金流量,在“支付的其他与投资活动有关的现金”项目中反映。本项目可以根据“固定资产清理”“现金”“银行存款”等账户的记录分析填列。

4)处置子公司及其他营业单位收到的现金净额

本项目反映企业处置子公司及其他营业单位所取得的现金减去子公司或其他营业单位持有的现金和现金等价物以及相关处置费用后的净额。本项目可以根据有关账户的记录分析填列。

企业处置子公司及其他营业单位是整体交易,子公司和其他营业单位可能持有现金和现金等价物。这样,整体处置子公司或其他营业单位的现金流量,就应以处置价款中收到现金的部分,减去子公司或其他营业单位持有的现金和现金等价物以及相关处置费用后的净额反映。

处置子公司及其他营业单位收到的现金净额如为负数,则将该金额填列至“支付其他与投资活动有关的现金”项目中。

5)收到的其他与投资活动有关的现金

本项目反映企业除上述各项目外,收到的其他与投资活动有关的现金。其他与投资活动有关的现金,如果价值较大的,应单列项目反映。本

项目可以根据有关账户的记录分析填列。

6）购建固定资产、无形资产和其他长期资产支付的现金

本项目反映企业购买、建造固定资产，取得无形资产和其他长期资产（如投资性房地产）支付的现金，包括购买机器设备所支付的现金、建造工程支付的现金、支付在建工程人员的工资等现金支出，不包括为购建固定资产、无形资产和其他长期资产而发生的借款利息资本化部分，以及融资租入固定资产所支付的租赁费。为购建固定资产、无形资产和其他长期资产而发生的借款利息资本化部分，在"分配股利、利润或偿付利息支付的现金"项目中反映；融资租入固定资产所支付的租赁费，在"支付的其他与筹资活动有关的现金"项目中反映，不在本项目中反映。本项目可以根据"固定资产""在建工程""工程物资""无形资产""现金""银行存款"等账户的记录分析填列。

7）投资支付的现金

本项目反映企业进行权益性投资和债权性投资所支付的现金，包括企业取得的除现金等价物以外的交易性金融资产、持有至到期投资、可供出售金融资产而支付的现金，以及支付的佣金、手续费等交易费用。

企业购买股票和债券时，实际支付的价款中包含的已宣告但尚未领取的现金股利或已到付息期但尚未领取的债券利息，应在"支付的其他与投资活动有关的现金"项目中反映；收回购买股票和债券时支付的已宣告但尚未领取的现金股利或已到付息期但尚未领取的债券利息，应在"收到的其他与投资活动有关的现金"项目中反映。

本项目可以根据"交易性金融资产""持有至到期投资""可供出售金融资产""投资性房地产""长期股权投资""库存现金""银行存款"等账户的记录分析填列。

8）取得子公司及其他营业单位支付的现金净额

本项目反映企业取得子公司及其他营业单位购买出价中以现金支付的部分，减去子公司或其他营业单位持有的现金和现金等价物后的净额。本项目可以根据有关科目的记录分析填列。

整体购买一个单位，其结算方式是多种多样的，如购买方全部以现金支付或一部分以现金支付而另一部分以实物清偿。同时，企业购买子公司及其他营业单位是整体交易，子公司和其他营业单位除有固定资产和

存货外，还可能持有现金和现金等价物。这样，整体购买子公司或其他营业单位的现金流量，就应以购买出价中以现金支付的部分减去子公司或其他营业单位持有的现金和现金等价物后的净额反映，如为负数，应在“收到其他与投资活动有关的现金”项目中反映。

9）支付的其他与投资活动有关的现金

本项目反映企业除上述各项目外，支付的其他与投资活动有关的现金。其他与投资活动有关的现金，如果价值较大的，应单列项目反映。本项目可以根据有关账户的记录分析填列。

（3）筹资活动产生的现金流量有关项目的编制

1）吸收投资收到的现金

本项目反映企业以发行股票、债券等方式筹集资金实际收到的款项净额（发行收入减去支付的佣金等发行费用后的净额）。以发行股票等方式筹集资金而由企业直接支付的审计、咨询等费用，在“支付的其他与筹资活动有关的现金”项目中反映；项目可以根据“实收资本（或股本）”“资本公积”“现金”“银行存款”等账户的记录分析填列。

2）借款收到的现金

本项目反映企业举借各种短期、长期借款而收到的现金，以及发行债券实际收到的款项净额（发行收入减去直接支付的佣金等发行费用后的净额）。本项目可以根据“短期借款”“长期借款”“交易性金融负债”“应付债券”“现金”“银行存款”等账户的记录分析填列。

3）收到的其他与筹资活动有关的现金

本项目反映企业除上述各项目外，收到的其他与筹资活动有关的现金。其他与筹资活动有关的现金，如果价值较大的，应单列项目反映。本项目可根据有关账户的记录分析填列。

4）偿还债务所支付的现金

本项目反映企业以现金偿还债务的本金，包括：归还金融企业的借款本金、偿付企业到期的债券本金等。企业偿还的借款利息、债券利息，在“分配股利、利润或偿付利息所支付的现金”项目中反映。本项目可以根据“短期借款”“长期借款”“交易性金融负债”“应付债券”“库存现金”“银行存款”等账户的记录分析填列。

5)分配股利、利润或偿付利息支付的现金

本项目反映企业实际支付的现金股利、支付给其他投资单位的利润或用现金支付的借款利息、债券利息。不同用途的借款,其利息的开支渠道不一样,如在建工程、财务费用等,均在本项目中反映。本项目可以根据“应付股利”“应付利息”“利润分配”“财务费用”“在建工程”“制造费用”“研发支出”“现金”“银行存款”等账户的记录分析填列。

6)支付的其他与筹资活动有关的现金

本项目反映企业除上述各项目外,支付的其他与筹资活动有关的现金,如以发行股票、债券等方式筹集资金而由企业直接支付的审计、咨询等费用,融资租赁各期支付的现金、以分期付款方式构建固定资产、无形资产等各期支付的现金。其他与筹资活动有关的现金,如果价值较大的,应单列项目反映。本项目可以根据有关科目的记录分析填列。

(4)汇率变动对现金的影响

现金流量表准则规定,外币现金流量以及境外子公司的现金流量,应当采用现金流量发生日的即期汇率或即期汇率的近似汇率折算。汇率变动对现金的影响额应当作为调节项目,在现金流量表中单独列报。

汇率变动对现金的影响,指企业外币现金流量及境外子公司的现金流量折算成记账本币时,所采用的是现金流量发生日的汇率或即期汇率的近似汇率,而现金流量表“现金及现金等价物净增加额”项目中外币现金净增加额是按资产负债表日的即期汇率折算。这两者的差额即为汇率变动对现金的影响。

现金流量表“现金及现金等价物净增加额”项目数额与现金流量表补充资料中“现金及现金等价物净增加额”数额相等,应当核对相符。在编制现金流量表时,对当期发生的外币业务,也可不必逐笔计算汇率变动对现金的影响,可以通过现金流量表补充资料中“现金及现金等价物净增加额”数额与现金流量表中“经营活动产生的现金流量净额”“投资活动产生的现金流量净额”“筹资活动产生的现金流量净额”三项之和比较,其差额即为“汇率变动对现金的影响额”。

33 会计分析基础之附注

附注是财务报表不可或缺的组成部分,是对在资产负债表、利润表、现金流量表和所有者权益变动表等报表中列示项目的文字描述或明细资料,以及对未能在这些报表中列示项目的说明等。

财务报表中的数字是经过分类与汇总后的结果,是对企业发生的经济业务的高度简化和浓缩的数字,如果没有形成这些数字所使用的会计政策、理解这些数字所必需的披露,财务报表就不可能充分发挥效用。因此,附注与资产负债表、利润表、现金流量表、所有者权益变动表等报表具有同等的重要性,是财务报表的重要组成部分。报表使用者了解企业的财务状况、经营成果和现金流量,应当全面阅读附注。

附注披露的基本要求:

1)附注披露的信息应是定量、定性信息的结合,从而能从量和质两个角度对企业经济事项完整地进行反映,也才能满足信息使用者的决策需求。

2)附注应当按照一定的结构进行系统合理的排列和分类,有顺序地披露信息。由于附注的内容繁多,因此更应按逻辑顺序排列,分类披露,条理清晰,具有一定的组织结构,以便于使用者理解和掌握,也更好地实现财务报表的可比性。

3)附注相关信息应当与资产负债表、利润表、现金流量表和所有者权益变动表等报表中列示的项目相互参照,以有助于使用者联系相关联的信息,并由此从整体上更好地理解财务报表。

附注应当按照如下顺序披露有关内容:

(1)企业的基本情况

1)企业注册地、组织形式和总部地址。

2)企业的业务性质和主要经营活动,如企业所处的行业、所提供的主要产品或服务、客户的性质、销售策略、监管环境的性质等。

3)母公司以及集团最终母公司的名称。

4)财务报告的批准报出者和财务报告批准报出日。

(2)财务报表的编制基础

(3)遵循企业会计准则的声明

企业应当声明编制的财务报表符合企业会计准则的要求,真实、完整地反映了企业的财务状况、经营成果和现金流量等有关信息。以此明确企业编制财务报表所依据的制度基础。

如果企业编制的财务报表只是部分地遵循了企业会计准则,附注中不得做出这种表述。

(4)重要会计政策和会计估计

根据财务报表列报准则的规定,企业应当披露采用的重要会计政策和会计估计,不重要的会计政策和会计估计可以不披露。

1)重要会计政策的说明

由于企业经济业务的复杂性和多样化,某些经济业务可以有多种会计处理方法,也即存在不止一种可供选择的会计政策。例如,存货的计价可以有先进先出法、加权平均法、个别计价法等;固定资产的折旧,可以有平均年限法、工作量法、双倍余额递减法、年数总额法等。企业在发生某项经济业务时,必须从允许的会计处理方法中选择适合本企业特点的会计政策,企业选择不同的会计处理方法,可能极大地影响企业的财务状况和经营成果,进而编制出不同的财务报表。为了有助于报表使用者理解,有必要对这些会计政策加以披露。

需要特别指出的是,说明会计政策时还需要披露下列两项内容:

①财务报表项目的计量基础。会计计量属性包括历史成本、重置成本、可变现净值、现值和公允价值。计量属性的选择直接影响报表使用者的分析,这项披露要求便于使用者了解企业财务报表中的项目是按何种计量基础予以计量的,如存货是按成本还是可变现净值计量等。

②会计政策的确定依据,主要是指企业在运用会计政策过程中所作的对报表中确认的项目金额最具影响的判断。例如,企业如何判断持有的金融资产是持有至到期的投资而不是交易性投资;又比如,对于拥有的持股不足50%的关联企业,企业为何判断企业拥有控制权因此将其纳入合并范围;再比如,企业如何判断与租赁资产相关的所有风险和报酬已转

移给企业从而符合融资租赁的标准;以及投资性房地产的判断标准是什么等,这些判断对在报表中确认的项目金额具有重要影响。因此,这项披露要求有助于使用者理解企业选择和运用会计政策的背景,增加财务报表的可理解性。

2)重要会计估计的说明

财务报表列报准则强调了对会计估计不确定因素的披露要求,企业应当披露会计估计中所采用的关键假设和不确定因素的确定依据,这些关键假设和不确定因素在下一会计期间内很可能导致对资产、负债账面价值进行重大调整。

在确定报表中确认的资产和负债的账面金额过程中,企业有时需要对不确定的未来事项在资产负债表日对这些资产和负债的影响加以估计。例如,固定资产可收回金额的计算需要根据其公允价值减去处置费用后的净额与预计未来现金流量的现值两者之间的较高者确定,在计算资产预计未来现金流量的现值时需要对未来现金流量进行预测,并选择适当的折现率,应当在附注中披露未来现金流量预测所采用的假设及其依据、所选择的折现率为什么是合理的等。又如,为正在进行中的诉讼提取准备时最佳估计数的确定依据等。这些假设的变动对这些资产和负债项目金额的确定影响很大,有可能会在下一个会计年度内作出重大调整。因此,强调这一披露要求,有助于提高财务报表的可理解性。

(5)会计政策和会计估计变更以及差错更正的说明

企业应当按照《企业会计准则第28号——会计政策、会计估计变更和差错更正》及其应用指南的规定,披露会计政策和会计估计变更以及差错更正的有关情况。

(6)报表重要项目的说明

企业应当以文字和数字描述相结合、尽可能以列表形式披露报表重要项目的构成或当期增减变动情况,并且报表重要项目的明细金额合计,应当与报表项目金额相衔接。在披露顺序上,一般应当按照资产负债表、利润表、现金流量表、所有者权益变动表的顺序及其项目列示的顺序。

(7)其他需要说明的重要事项

这主要包括或有和承诺事项、资产负债表日后非调整事项、关联方关系及其交易等,具体的披露要求须遵循相关准则的规定。

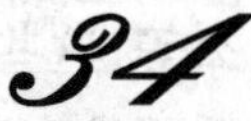

会计分析基础之主要财务报表的关系

会计分析的基础是主要的财务报表，即资产负债表、利润表、现金流量表、所有者权益变动表及其附注。这些主要的报表之间的关系如图3－1所示。

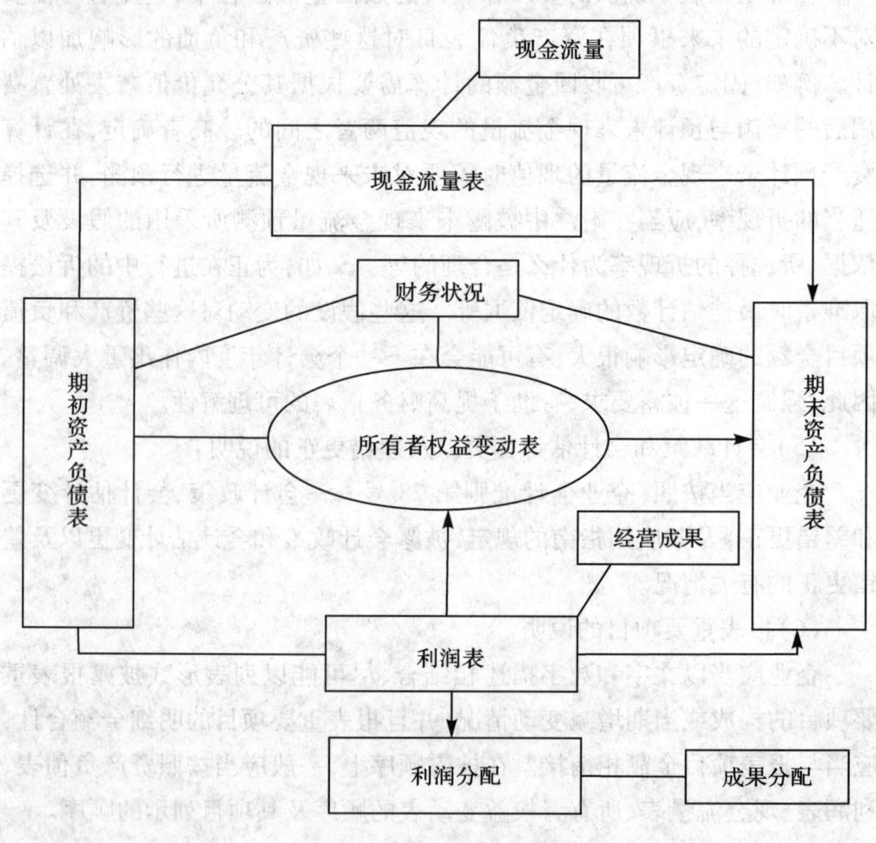

图3－1　财务报表关系图

如前所述，资产负债表是时点报表，反映企业某一天的财务状况，所以很多教科书上把资产负债表比喻为一张照片。期初资产负债表和期末资产负债表不一样,那么为什么不一样呢?可以通过利润表、现金流量表、所有者权益变动表来说明。这三张报表是期间报表,解释期初、期末资产负债表变化的来龙去脉,相当于期初、期末资产负债表的桥梁表。这就像我们看录像的时候,在不同的时点截屏形成两张不同的图片,为什么这两张图片会发生变化呢?我们需要看录像来解释。所以,很多教科书中把这三张报表比喻为一段期间的录像。

我们前面介绍了资产、负债、权益、收入、费用、利润、现金的概念以及每一张主要报表的格式。这些概念之间是有密切的逻辑关系的。资产是我们对一个公司的资源投入,负债和所有者权益是一个公司的资源来源。资源运用和资源来源应该是一个事物的两个方面,因此是相等的。公司存在的目的是取得利润,而利润来源于公司的收入。在取得收入的过程中要发生成本和费用——成本和费用其实是我们在运用公司的资产。公司的资产是通过成本和费用的形式转化为收入的——所以,资产是一个公司的未来成本和费用。收入必须有现金的流入来支撑。

为什么期初和期末的所有者权益会不同呢?可以通过利润表和所有者权益变动表来解释:公司实现的净利润归所有者,会增加所有者权益;公司股东追加投入,会增加所有者权益;公司向股东分配股利,会减少所有者权益;公司注销股本返回给股东,会减少所有者权益等。

将资产负债表和利润表结合起来的一个动态的会计等式是:资产=负债+所有者权益+收入-费用。从这个等式我们可以看出,虚增利润(收入-费用),必须同时虚增资产或虚减负债,在虚减负债困难的情况下,大多数公司会选择虚增资产——比如虚增存货、虚增应收款项、虚增固定资产等。

货币资金质量分析及上市公司现金舞弊招式

我们这里所说的现金,就是资产负债表中的货币资金。货币资金是指上市公司生产经营过程中停留于货币形态的那部分资金，它具有可立即作为支付手段并被普遍接受等特性。资产负债表中反映的货币资产包括公司的库存现金、银行结算户存款、外埠存款、银行汇票存款、银行本票存款、信用证存款、信用卡存款和在途资金。

货币资金质量，主要是指公司对货币资金的运用质量以及上市公司货币资金的构成质量。在分析货币资金质量时，我们要关注公司日常货币资金规模是否适当。为维持公司经营活动的正常运转，公司必须保有一定的货币资金余额。从财务管理的角度来看，过低的货币资金保有量，将严重影响公司的正常经营活动、制约公司发展，进而影响公司的商业信誉；而过高的货币资金保有量，则在浪费投资机会的同时，还会增加公司的筹资成本。因此，判断公司日常货币资金规模是否适当，就成了分析公司货币资金运用质量的一个重要方面。那么，各个公司货币资金的规模(余额)应为多少才适宜呢？由于公司的情况千差万别，我们只能说，公司货币资金的适当规模，主要由下列因素决定：

(1)公司的资产规模、业务收支规模。一般而言，公司资产总额越大，相应的货币资金规模也就应当越大；业务收支频繁，且绝对额大的公司，处于货币资金形态的资产也会较多。

(2)公司的行业特点。公司的行业特点也制约着货币资金规模：银行业、保险业与工业公司，在相同的总资产规模条件下，不可能保持相近规模的货币资金。

(3)公司对货币资金的运用能力。货币资金，如果仅停留在货币形态，则只能用于支付，其对公司资产增值的直接贡献将会很小。而如果公司的管理人员善于利用货币资金，从事其他经营活动，则公司的获利水平有可能提高。这就是说，公司过高的货币资金规模，可能意味着公司正在丧失潜在的投资机会，也可能表明公司的管理人员生财无道。

货币资金本来被人们认为最可靠的资产，却也是大股东掏空上市公司的有利工具。货币资金舞弊可能表现为公司虚构货币资金，隐藏账外资金，隐藏货币资金受限制的事实而不披露等，使财务报表反映的货币资金或者不存在，或者不完整，或者货币资金所有者的权利受限制，或者货币资金的分类不合理，使投资者产生重大误解，甚至被欺骗。

不少上市公司存在严重的现金舞弊现象，它们大多通过虚构现金流伪造收益,隐瞒关联方占款及挪用资金行为。上市公司一般存在五大现金舞弊现象:高现金舞弊、受限现金舞弊、流水舞弊及募集资金使用舞弊、账外资金舞弊。

(1)高现金舞弊

某些上市公司的现金量非常高,远不止为了满足日常经营的需要(刚刚上市、增发或配股的除外)。这么高的现金量,无外乎以下情况:①大量现金本来就是虚构的,根本不存在;②大股东或实际控制人早就占用了这笔资金,只是在报告期还回,暂时放在账上;③为某些幕后的某些交易作准备;④现金被冻结或质押,公司根本无法动用。

(2)受限现金舞弊

某些上市公司虽然账上挂着大量现金,但这些现金公司无法动用,或者只有在特殊条件下才可以动用。简而言之,这些现金是受到限制的。现金受限通常有以下特征:①银行存款的数额变化非常小,如果能够看到具体某个账户的收付金额和余额,就更容易发现存款质押;②现金充裕,但四处举债,甚至是贷款逾期不还;③流动资金不足,但有相当多的定期存款、其他货币资金等;④其他货币资金的金额较大,但没有说明该资金对应的使用目的。

(3)现金流水舞弊

资金运作的现金舞弊属于高技术的舞弊手段,他们可能通过集团内部的债权债务互转,通过中间公司使关联交易非关联化;通过银行或集团内部财务公司配合资本运作等,是技术含量最高且难以识别证明的现金舞弊。被曝光者往往是资金链断裂被逼现形,或者被监管机构调查后才得以曝光。这类公司虽然手段高明、造假过程复杂,但都有一个共同的特征:资金往来非常复杂,资金流入流出量非常大。这类公司往往处于关系复杂的集团当中,尤其是多家公司组成的一个“系”。如果该集团的实际控制方资金匮乏陷入困境,那么,马上应该引起警惕,他们随时会想尽各种办法挖走上市公司的现金为自己解困。

对这类现金舞弊公司虽然不好直接识别和证明,但如果能够密切关注公司的各种信息,还是能够比较有效的防范的:①上市公司处于一个关系复杂的集团当中,而且频繁担保与被担保;②集团的实际控制人资金链断裂,十分迫切需要现金;③母公司持有的上市公司股权已经被质押或司法冻结;④上市公司有莫名其妙的资金往来,尤其是与关联方的现金往来;⑤现金流量表中“收到(支付)其他与经营活动有关现金”金额巨大。

(4)募集资金使用舞弊

募集资金必须存入专用账户中,做到专款专用。不少上市公司在募集资金的时候虚报项目所需经费,费尽心机圈到更多的钱;募集到资金后名义上还挂在账户上,但早已秘密转到账外;或者将改存款质押套取贷款;或者虚报募集资金的使用金额和使用范围,愚弄广大投资者。

(5)账外现金舞弊

由于账外现金很难看到,但为了弄清货币资金的完整性,所以,投资者和审计师必须对它特别小心。账外资金和账内资金并不是没有任何联系。首先,追查账外资金的来源,账外资金往往是通过故意漏记现金业务,例如向银行贷款后把资金划入账外账户,贷款产生的负债也不入账,使资产负债表恰好平衡;其次,账外资金的使用,很多公司把投资二级市场的收益计入主营业务利润,以此来粉饰利润表;最后,每当账外资金投资失败或资金链断裂时,账外资金的债主往往会上门逼债,经常发生诉讼等纠纷,被迫曝光。投资者和审计师如果从这三个方面仔细分析,提高警惕,还是能够有效侦测部分账外资金。

延伸阅读:2005 年度上市公司十大现金舞弊排行榜(上海国家会计学院财务舞弊中心)

金花股份

舞弊类型:高现金舞弊、受限现金舞弊

金花股份近几年年报以及 2005 年半年报的货币资金一直都保持在 3.5 亿元左右,不仅金额巨大,而且几年下来几无变化,问题初现端倪。我们曾经撰文质疑,这些货币资金很可能已经被质押或被占用。直至 2005 年 10 月 14 日,因控股股东金花投资未能履约,银行存款被强制划走,金花股份的“假现金”才被揭开面纱。

其实自 2004 年 11 月以来,金花股份就已将 28 500 万元以存单质押的方式为控股股东金花投资及其关联公司提供全额银行承兑保证。如今,质押期满,金花投资及其关联公司却无力偿还,导致公司存款 28 500 万元已被银行扣除;同时以公司名义借贷,由金花投资保证以其资产抵押或第三方保证的共计 31 700 万元的 10 笔银行借款也被金花投资占用。以上占用资金合计 60 200 万元,而金花股份从未就该银行存款质押作出披露,投资者还真以为这些都是公司能够支配的自由现金。

明星电力

舞弊类型:高现金舞弊、受限现金舞弊

在 2005 年的最后时刻,明星电力真的成了耀眼的"明星",但此"明星"毫不光彩。

能够排名十大现金舞弊排行榜第二,可以说第一大股东明伦集团是有预谋的。在入主明星电力之后,首先用 4.2 亿元的现金投资明星康桥和明星商社,这两个子公司后来成为明伦集团重要"道具",然后又以明星电力的名义寻求银行借款,转移到自己的账上。截至 2004 年,还占用资金 29 100 万元。但明星电力的厄运还没有完,香港力亿和天津杰超占用明星电力约 14 300 万元的国际贸易货款,明星商社又以明星电力的定期存款分别为深圳升达等三家公司向银行申请的承兑汇票提供金额为 15 800 万元的担保,并已陆续到期,其银行定期存单已有 1.2 亿元资金被银行扣除,预计到年底还将有近 4 000 万元资金被银行扣除。

此外,明星电力对外拆借资金的发生额高达 9 亿多元,据遂宁市政府有关部门调查,明星电力大股东造成了上市公司资金损失 4.76 亿元,以及违规担保责任 1.91 亿元。

金城股份

舞弊类型:高现金舞弊、现金流水舞弊

金城股份的第一大大股东——金城集团变着法子从上市公司身上揩油。先是利用代销产品,不及时偿还销售款项,导致实际占用经营性资金;然后又让上市公司提供医疗、环卫等非经营性资金。截至 2005 年半年报期末,累计 58 314 万元被其占用。

另外,金城集团为了掩盖巨额占用金城股份资金的事实,还利用倒贷款的形式,取得临时贷款在会计期末表面偿还上述欠款,随后转身即从金城股份将款项划回金城集团。以此手段,金城股份分别于 2003 年、2004 年和 2005 年 1 ~5 月划给金城集团 114 100 万元、105 100 万元和 55 700 万元。

* ST 成功

舞弊类型：高现金舞弊、现金流水舞弊

连续两年年报的会计“差错更正”，让我们怀疑其是否在滥用“差错更正”这一工具以掩盖隐瞒某些事实。* ST 成功（甬成功）以上市公司名义贷款 1.24 亿元给关联方使用，为了掩盖关联方占用资金事实，在资金划拨时仅通过“银行存款”借贷方反映，未在“短期借款”和“应收款项”反映。

截至 2004 年年末，公司原未入账银行账户涉及资产共计 8 990 万元，因此相应调减了当年的净利润。2005 年半年报银行存款只剩下 6 903 万元，而且其中 4 800 万元是定期存款质押。甬成功 2002、2003、2004 年分别实现收入 59 063 万元、65 025 万元、55 295 万元，货币资金账面值分别是 43 769 万元、44 192 万元、52 227 万元，很明显 4 亿 ~ 5 亿元货币资金远远超过其正常的现金需求，这里面大量的货币资金已受限。如果说 2002 年、2003 年高现金舞弊会计师没有发现还情有可原的话，那 2004 年货币资金没降反升也没有发现令人感到不可思议。

创智科技

舞弊类型：高现金舞弊、受限现金舞弊

创智科技在 2004 年年报，甚至是 2005 年半年报披露时，依然趾高气扬地声称自己是好公司，不存在任何违规为控股股东及其他关联方提供担保，不存在任何控股股东及关联方占用资金的情况。没有独立董事的特别说明，也没有事务所的“非标”意见，一切都是那么正常。可是短短数月，在毫无预警的情况下，竟然曝出公司对外违规担保人民币 55 893 万元，其中就为第一大股东湖南创智集团及关联方提供担保 38 893 万元，为第三大股东湖南创智实业提供担保 5 000 万元，这些担保占到了公司 2004 年度经审计净资产的 66%。还有大股东自编自导，为深圳新东源、深圳慧瑞信息、深圳天长正气、深圳浩明贸易四家公司安排同样期限、同样金额这样“步调一致”的担保，并将这 12 000 万元也据为己有。

由于上述担保，债权银行为了避免自身风险，甚至没有跟创智科技及其子公司打声招呼，就直接将其质押的定期存单、存款划扣，共计 25 000 万元现金。公司隐瞒这么多违规担保，银行可以任意将钱划走，那么创智科技的报表到底含了多少水分，有多少金额值得相信？

浙大海纳

舞弊类型:高现金舞弊

大股东把自己账上的银行存款划走了,自己会毫无知觉吗?浙大海纳就会。审计师会看不懂银行对账单上的余额,或没有核对账单而称银行存款属实吗?浙江天健会计师事务所就能。浙大海纳2003年年报、2004年半年报披露的银行存款分别为23 243万元和26 135万元,但在这期间,大股东及关联方多次私自从公司账户上划走存款共计23 300万元,实际银行存款只有13 043万元和4 585万元。另外,大股东不仅喜欢现金,还喜欢国债。截至2004年半年报,披露的债券投资额是1 760万元,但实际上全部落入了关联方上海安正教育科技的囊中,公司的国债账户空空如也。大股东有此"胃口",上市公司也在行动上予以配合。

福建三农

舞弊类型:高现金舞弊

福建三农被股东及其关联方占用资金30 500万元,分别以外埠存款的方式占用15 500万元,以短期投资——国债投资的方式占用15 000万元,合计占了上一年度经审计净资产的61%。纵观其报表,该公司的净资产只有5.02亿元,货币资金和短期投资净额却高达4.34亿,比例如此之高,让人心存疑虑。而其2003年年报附注中所说明的"其他货币资金为外埠存款23 011.75万元,国债投资结余资金4 184.92万元""期末货币资金不存在质押等限制所有权的情况"等解释无疑是"此地无银三百两"。

阿继电器

舞弊类型:高现金舞弊、现金流水舞弊

阿继电器的控股股东在2003年频繁向其借用资金,却又非常"诚信"地在每个季度末按时归还,这种状况一直持续到2003年年末。虽然期末余额为零,但是整年的发生额却高达109 400万元。但是2004年,阿继电器可不再那么幸运。股东阿继电器集团拿走34 231万元之后,就一反常态,直到2004年年末仍然占用23 043万元的资金。

*ST精密

舞弊类型:受限现金舞弊、募集资金使用舞弊、账外现金舞弊上市公司想方设法配股圈钱，至于圈到钱之后如何消费，就各有各的如意算盘了。ST 精密是迫不及待地把现金 9 798.14 万元预付给关联方。不但如此，ST 精密看不住自己账户，在三家银行中的 24 500 万元存款分别被人为卷走；另外有 5 000 万元的存款，银行拒绝提供询证函，款项去向不明。银行如此不配合是为哪般？

酒鬼酒

舞弊类型：高现金舞弊、现金流水舞弊

酒鬼酒 2005 年半年度报告披露时账上还有 4.36 亿元的货币资金，主要是当年收购时原控股股东湘泉集团的股权转让款。由于之前湘泉集团占用巨额资金，所以这笔钱就直接注入酒鬼酒。但是，截至 2005 年 9 月 7 日，公司账上 4.2 亿元资金均被大股东成功集团及其关联方全部转出，存放在银行三个账户内的实际资金余额只有 503 元。其中 18 238.45 万元转入成功开发投资，1 600 万元转入湖南福莱特，另外约 2.2 亿元的资金早已不在公司账上，不明去向。

酒鬼酒的前任董事长刘虹现已被拘留。从 2002 年他接手酒鬼酒开始，公司的情况不但没有改善，反而每况愈下，每年都是巨额亏损。其实公司账上一直有高额的货币资金，除了刘虹的自有资金 1.2 亿元之外，还有 3 亿元的存款，只是刘虹从来不拿这笔资金出来救急。

至于外界对其的揣测，究竟是玩“空手套白狼”的游戏，3 亿元资金从来都是形式到账，时点出现，还是刘虹真的一心想搞好酒鬼酒，只是这 3 亿元属于短期资金拆借，真正控制权不在其手？这笔酒鬼酒的糊涂账也只有看守所里的刘虹最心知肚明了。

应收账款的猫腻

应收账款是指企业因销售商品、提供劳务等业务，应向购货或接受劳务单位收取的款项，是企业因销售商品、提供劳务等经营活动所形成的债权，主要包括企业出售产品、商品、材料、提供劳务等应向有关债务人收取的价款及代购货方垫付的运杂费等，会计核算上计入“应收账款”“应收票据”等账户。一般来说,随着市场经济的逐步建立和完善以及市场竞争的日益加剧,企业以产品质量、价格和售后服务来赢得顾客,为了扩大销售,降低存货,迫使大部分企业不得不为对方提供商业信用,以赊销等其他优惠方式来销售商品,必然产生必要的应收账款。企业应收账款的增加也有其不利的方面:减慢企业的资金周转速度;丧失其他投资机会,造成机会成本的占用;还不可避免地会产生一些收不回来的坏账。这就要求企业管理者必须重视对应收账款的事前分析,尽量减少那些因应收账款无法收回而造成的损失。对应收账款分析主要包括以下几个方面:

(1)应收账款总额及周转情况的分析

应收账款是企业正常交易中与顾客发生赊销而产生的未结清账款,影响企业应收账款大小的因素一般有:

①同行业竞争。现实生活中,零售企业采用现金销售很普遍,大量的从事商品批发和大量生产的企业为了能使自己在激烈的竞争中取胜,扩大企业的商品销售,取得更好的经济效益,就不得不以某一优惠的条件来吸引顾客。而赊销正是达到这一目的的重要手段。作为销货者来说,为了招揽顾客,扩大销售量,愿意为购货者提供商业信用。所以同类企业间的竞争愈激烈,处于买方市场,赊销使用得愈广泛,销货单位提供的信用就越多,占用在应收账款方面的资产就越大。

②销售规模。企业应收账款的大小在很大程度上取决于企业的销售规模。而企业每天在市场上销售的商品越多,占用在流动资产周转各阶段的资产也就越大,因为应收账款是流动资产周转的一个重要阶段,所以也就毫无例外地会随着销售规模的扩大而增加。

③企业的信用政策。企业的信用政策主要是指企业的信用标准、信用期限。当企业提供信用期限较长、折扣率较低时,企业应收账款方面占用的资产数额就会增加,销售量增多;反之,企业提供的信用期限较短、折扣率较高,占用在应收账款的资产数额就会减少,但销量会受到影响。除此之外,还有企业产品在市场上的需求情况、产品质量、季节变化等因素也会影响企业应收账款的占用量。

对应收账款周转情况的分析,可通过计算应收账款周转率指标来进行。应收账款周转率是指赊销收入净额与平均应收账款的比率,它可以测定企业某特定期间收回赊销账款的能力和速度。其计算公式如下:

应收账款周转率＝赊销收入净额/平均应收账款余额。

在上式中，分子应是赊销收入净额，即商品销售收入扣除现销收入、销售折让与折扣后的净额。因为应收账款是由于赊销引起的，分母中的平均应收账款是年初应收账款余额和年末应收账款余额的平均数。该指标值越高，表明一年内收回的账款次数越多，意味着平均收回账款的时间越短，应收账款收回的越快。否则，企业的营运资金过多地呆滞在应收账款上，影响正常的资金周转。

由于一般企业对外财务报表中很少将赊销与现销的数字予以分别反映，所以在分析应收账款时，往往需要进一步去搜集有关的资料以计算赊销净额。此外，为了解某一企业应收账款周转率的变化趋势，可编制历年度的连续三年以上年度比较资产负债表和利润表，对相邻年度的数据进行计算纵向比较。

应收账款周转天数也是应收账款周转指标之一。它表示企业从取得应收账款的权利到收回款项并转换为现金所需的时间。其计算公式为：

应收账款周转天数＝360 天/应收账款周转率

一般而言，应收账款周转天数并无一定的标准，也很难确立理想的比较基础，但一般认为周转一次所需天数越少越好。因为所需天数越少，一年的应收账款周转次数才会越多。一个企业的应收账款周转天数究竟多少才算合适，应视企业的政策并参照同行业所定标准制定。此外，一个企业的应收账款周转率或平均周转天数还可能由于某些特殊因素存在，如销货条件改变、现销或分期付款销货政策对正常赊销的影响、同业竞争、物价水平变动、信用或收账政策变更、新产品的开拓等发生变化。严格来说，应收账款周转率或平均周转天数仅表示全部应收账款中的一项平均值而已，确实无法全面了解应收账款中各客户逾期的情形。

(2)应收账款的坏账准备情况分析

为了加强应收账款的管理和提高应收账款的周转速度，企业对应收账款要及时进行清理和计提坏账准备。目前大多数企业采用账龄分析法来计提应收账款的坏账准备。账龄分析法是依据应收账款拖欠时间的长短来分段估计坏账损失的一种方法。通过分析应收账款的账龄，对不同的拖欠期限分别确定坏账计提比例。拖欠时间短则计提比例可以低些，拖欠时间长则计提比例相对高些。

坏账准备的计提,有三个关键的问题:一是应收账款的总额是多少;二是应收账款的账龄长短;三是坏账准备的计提比例是多少。有一些公司,为了少提坏账准备,干脆将应收账款转让给母公司或者其他公司——应收账款都没有了,那当然就不需要计提坏账准备了。还有一些公司为了少提坏账准备,在应收账款的账龄上做手脚,把账龄比较长的应收账款转让给第三方,从而第三方成为新的债务人——债务人变了,账龄也就跟着变了。最后,因为坏账准备是会计估计,因此有一些公司在某些特殊的时刻就会调整坏账准备的计提比例。

延伸阅读:银广夏公司的神奇“应收账款”

银广夏是2001年中国证券市场最大的报表欺诈案件。该公司主要经营高新技术产品的开发、生产,动植物养殖、种植等业务,其1999年、2000年的主要利润来源是超临界萃取产品。该类产品主要销售给了德国的诚信公司。在银广夏2000年的资产负债表上,一年以内的应收账款有4亿多元,其中德国诚信贸易公司的欠款为26 769万元,占应收账款总额的一半多。

在2001年8月的《财经》杂志封面文章《银广夏地雷》中,描述了记者探询该银广夏最大债务人的过程,事实证明,这个神奇的大客户系子虚乌有。

为银广夏1999年、2000年利润作出巨大贡献的德国诚信公司的英文全称为:Fidelity Trading GmbH。这家公司,尽管按银广夏的说法有着巨额对华贸易,但在中国居然没有办事处,在互联网上也查不到丝毫信息。

银广夏在2001年3月股东大会上分发的材料称,“德国的Fidelity Trading GmbH是在德国本地注册的一家著名的贸易公司,系德国西·伊利斯的子公司,成立已160余年历史。该公司是一家专门从事生物制药、食品和医用原料的贸易公司,在欧洲是一家信誉和口碑均很好的公司。”

德国西·伊利斯公司的确是一家历史悠久的贸易公司,德国伍德公司制造的二氧化碳萃取设备正是通过西·伊利斯出售给银广夏的。但诚信公司是否是其子公司呢?

记者曾多次向德国西·伊力斯驻华机构捷高公司核实此事,但该公司接待人员的态度十分含混。一会说诚信是德国公司,一会说诚信和西·伊利斯有关系,一会说诚信是其子公司,最后竟然是一再要求记者去问银广夏!诚信和西·伊利斯的关系怎么能由银广夏来证实呢?

在7月16日的一次电话采访中,捷高的有关业务关键人物陶鹏明确地告诉记者:"诚信只是一家在德国注册的公司,与西·伊利斯有着业务往来,但并非西·伊利斯的子公司。"

问题其实并不复杂。据知,2001年5月,在《中国证券报》一次例行的编前会上,其总编辑提到,既然银广夏引起了那么多疑问,为什么不可以借助新华社驻德分社的力量去调查一下它的背景呢?此后,该报是否果真去德国调查不得而知,但确有新华社驻外记者在德国当地咨询查号台,但该公司并未有电话号码登记。

记者了解到,中国工商银行总行通过其海外分行对诚信公司进行了调查,在德国汉堡商会查到如下记录:

"Fidelity Trading GMBH 公司于1990年在该会注册,注册资本51 129.19欧元(约10万马克左右),负责人为 Kiaus Landry,主要经营范围是机械产品和技术咨询。"

注册资金10万马克,对于贸易公司而言并不算离谱,但毕竟其与银广夏签下的是年度金额达20亿元人民币、总金额达60亿元的合同,对比过于悬殊。此次调查之后,中国工商银行总行没有恢复对银广夏的贷款。工商银行总行曾与银广夏于1999年12月29日签订流动资金贷款合同,借款金额为2亿元,期限定为自1999年12月29日起至2001年10月28日止。今年四五月间,工总行提前中止了贷款。

以预付账款的名义被占用

预付账款是企业按照购货合同规定预先支付给供应商的款项。按照权责发生制,预付款虽已付出,但交易对方尚未提供相应的商品或劳务,要求对方履行义务仍是企业的权益。因此,预付账款和应收账款一样,都是企业的债权。二者的差别在于,应收账款是企业销货引起的,是应向购货方收取的款项;而预付账款是企业购货引起的,是预先支付给供货方的款项。

预付账款的规模取决于企业的经营模式及市场环境。一般来说,在卖方市场环境中,商品供不应求,价格处于持续的上升之中,企业就倾向于预先支付给供应商货款,以锁定所采购商品的价格和数量;而在买方市场环境中,多数商品供过于求,存货积压严重,价格指数不断走低,这时,聪明的管理者当然不会预先支付。所以,在分析预付账款的结构和趋势时如能和所采购商品或劳务的市场供求动态相结合,对深入认识预付账款的价值和风险具有重要意义。

预付账款的主要风险仍是债务人的信用问题。通常预付账款的账龄是在一年以内,实务中的预付账款一般在 3 个月以内。超过一年的预付账款,几乎可以肯定,是存在异常的。因为预付账款的性质就决定了其不会是长期的,那么发现在资产负债表上存在超过一年的预付账款就应当警惕。因为这种情况的发生往往表示公司的资金以预付的名义而被占用转移,企业资产面临减损的风险。

延伸阅读:九发股份多计的预付账款

2005 年和 2006 年,九发股份向山东九发集团控制的关联公司签发银行承兑汇票 23 笔,金额 720 000 000 元,商业承兑汇票 4 笔,金额 80 500 000元,共计 800 500 000 元,上述票据未记账。票据到期付款时亦不及时入账,且补记入账时,错误地冲减了短期借款、应付账款等其他科目,多计了预付账款科目,导致相关期间定期报告财务报表虚假记载。多计预付账款的实质,其实是以预付货款的名义为关联方提供了资金。

38

其他应收款

(1)其他应收款的核算内容

在资产负债表的资产方,用来核算企业应收内容的项目主要有七个,分别为:应收票据、应收账款、预付账款、应收利息、应收股利、长期应收款和其他应收款。这七个项目可以分为三组。第一组为应收票据、应收账款和预付账款,主要核算与企业主营业务有关的应收款项。第二组为应收股利、应收利息和长期应收款,主要用来核算与企业筹资和投资有关的应收款项。第三组为其他应收款,主要用来核算与企业经营活动无关的应收款项。对于前两组中六个报表项目,会计准则对其核算内容有直接而明确的规定,而对于其他应收款项目的核算内容,企业会计准则是采用倒挤的方式加以规定的。这是其他应收款项目与其他六大应收项目的重大不同之处。

由于企业会计人员将经营活动以外的其他各种应收、暂付的款项全部用其他应收款科目核算,我们常常会看到应收票据、应收账款、预付账款等科目的核算内容较为规整,而其他应收款科目的核算内容比较繁杂。总体来说,在正常情况下其他应收款的核算内容主要包括以下几项:①未专门设置备用金科目的企业暂付给员工使用的临时借款,如差旅费等;②应收取的各种赔款,如因职工失职造成一定损失而向该职工收取的赔款或因遭受意外而应向有关保险公司收取的赔款等;③应收的各种罚款,如某些企业对员工的迟到、早退进行罚款,应收的罚款计入其他应收款;④存出的保证金、押金,如某些企业对项目投标,存出的投标保证金通过其他应收款科目核算;⑤应向职工收取的各种垫付的款项,如为职工垫付的水电费、应由职工负担的医疗费、房租费。

(2)其他应收款舞弊的形式

实务中,企业会计人员通常利用其他应收款核算内容繁杂这一特点隐藏企业的异常交行为。企业利用该项目进行的舞弊主要有以下情形:

1)利用其他应收款科目隐藏短期投资,截留投资收益。随着证券市场的蓬勃发展,很多企业热衷于将临时闲置资金投入股市,以赚取更多收益。在阅读上市公司 2007 年的半年度财务报告时,我们能够看到某些公司的资产中有大量的交易性金融资产。但是有些公司并不在它们的资产负债表中披露其持有的短期投资。有很多企业出于种种原因不想让外部机构或人员得知企业投资于股票市场。比如,某些企业用从银行贷来的款项炒股,上市公司用发行股票筹集的资金炒股,这些都属于违法违规行为。还有些企业不想给外部单位和个人留下自己主要依靠投资获利的印象而极力避免在财务报告上披露大额的投资收益。当然,还有些企业出于少缴税的目的或是管理层出于追求私人报酬最大化而隐藏短期投资,进而截留、侵吞投资收益。

例如,某股份有限公司资金充裕,在近期刚好没有大额资金支出会发生,为了使放在银行里的款项能够升值,该企业在资本市场上买入了股票和债券。企业进入股市的资金没有通过交易性金融资产反映,而是采用捏造一家往来单位,虚列债权的手法掩饰其短期投资。企业购买证券时,借记“其他应收款”,贷记“银行存款”。当资金退出资本市场时又做金额相等的反向分录。而这部分资金在资本市场上产生的投资收益在账外全部用来扩大企业高层的奖金发放和福利开支。

2)利用其他应收款隐藏利润,偷逃税款。为了逃避应缴税金,企业常用的手法是将销售收入、其他业务收入、营业外收入挂在其他应收款上。例如,某超市有限公司的年销售额在 180 万元左右徘徊。根据规定,从事货物批发或零售的纳税人,年应税销售额在 180 万元以下的,税务部门按小规模纳税人标准向其征收增值税。该企业财务部门测算今年的销售额将超过 180 万元,预计为 220 万元。于是将 50 万元的主营业务收入挂在其他应收款贷方,以保持其小规模纳税人的身份。企业的记账分录为:借记“银行存款”50 万元,贷记“其他应收款”50 万元。

从表面上看,容易让人理解为企业收回了对方欠企业的款项,而实际上,这笔其他应收款在之前并没有借方发生额。税法规定,商业小规模纳税人销售货物或者应税劳务的征收率是 4%。按照一般纳税人缴税和按照小规模纳税人缴税测算,该公司缴税差额为:$220 \times 17\% - 180 \times 4\% = 37.4 - 7.2 = 30.2$(万元)。另外企业还少缴了 50 万元主营业务收入产生的营业税金及附加和企业所得税。

3）利用其他应收款转移资金。企业不正常的重大现金流出多通过其他应收款科目。大股东占用上市公司款项、企业高管卷款而逃，其他应收款在这些违法行为发生时都发挥了重要作用。例如，X 企业最高级管理人员凌驾于企业内部控制制度之上，将企业经营性资金转入公司下设的二级子公司，借记“其他应收款——××企业二级子公司”，贷记“银行存款”。而后，又将这笔资金从二级子公司账户转到其个人银行存款账户中。

4）利用其他应收款私设小金库。其他应收款是企业账与账外账的桥梁。企业通过其他应收款账户源源不断地将零星款项转到账外，为企业小金库输血。例如，企业借给职工个人的差旅费，企业有可能编造一些本来不是企业员工的个人挂账。在员工借款时，借记“其他应收款——备用金——××个人”，贷记“银行存款”。实际上这些款项全部转到账外进入了企业小金库中。

5）利用其他应收款隐藏费用。上市公司为了迎合资本市场上财务分析师对公司业绩的预期，或者迎合监管机构所设定的作为特定行为先决条件的门槛指标，在盈利水平不佳年度往往会通过其他应收款科目直接列支费用，使企业的费用虚减。

在对其他应收款的分析中，结构分析和趋势分析是提供线索，重点是进一步的账龄分析和对象分析。年代久远的其他应收款，其风险是不言而喻的。这往往表明企业在与债务人的谈判中处于劣势，或者，根本就表明企业不具备债权管理的能力。对象分析可以为分析者提供深入洞悉企业其他应收款风险的机会。如果关联方大量占用企业的资金，则其他应收款的回收风险极高。此外，从资产与负债勾稽的角度看，大量其他应收款的存在或新增加，意味着企业要为这部分资产进行融资。如果这种融资是有息负债，则企业还面临较大的财务费用的压力。

延伸阅读：致命的其他应收款——特别处理公司的命门

在中国证券市场上，畸高的其他应收款已经成了陷入财务困境公司的普遍特征。如已退市的 PT 粤金曼，截至 2000 年年末的其他应收账款高达 12.76 亿元，其中主要是控股方和关联方的占用，而该公司净资产的亏空也不过是10.6亿元。显然，来自其他应收款的风险是该公司难以重组而最终退市的主要原因。ST猴王2000年年末其他应收款高达9.61亿元，其中猴王集团占用9.30亿元，集团公司的破产给上市公司带来沉重的打击等。其他应收款成了特别处理公司的命门。

下面，我们以鞍一工2000年的报表数据和审计报告为例，对其他应收款的风险性作进一步的探讨。

鞍一工是1992年由鞍山红旗拖拉机制造厂作为独家发起人，以定向募集方式设立的股份有限公司。1993年转为上市公司，向社会公开发行普通股5 000万股，并于1994年1月14日在上海证券交易所挂牌上市。由于连续亏损，公司在2002年退市。造成鞍一工连年亏损的原因很多，庞大的其他应收款是其中主要的一条，鞍一工的有关数据情况如下表所示：

年份	1993	1994	1995	1996	1997	1998	1999	2000	2001（中）
其他应收款余额（万元）	12 335	22 356	27 963	27 233	39 642	62 041	63 758	61 875	62 014
增长率（%）	47.34	81.24	25.08	-2.61	45.57	56.50	2.77	-2.95	0.22
净利润（万元）	4 651	4 112	1 609	-4 483	-17 513	144	-2 562	-12 739	-7 301

公司2000年年度报告中披露的其他应收款前5名：

序号	单位名称	金额（万元）	欠款时间	欠款原因
1	鞍山万荣铸轧有限公司	375 893 650	1997年	关联交易
2	鞍山红拖产业公司	125 562 989	1998年	往来款
3	鞍山锅炉辅机厂	20 803 430	1999年	设备欠款
4	鞍山鞋革厂	15 889 513	1994年	帮扶企业款
5	鞍山市财政局	7 171 771	1999年	国家股红利承担

从上表可以看出，该公司1998年实现净利润144万元，是1996～2001年6年时间中唯一的一次盈利记录。而在这144万元中，据审计报

告揭示,还有来自于其他应收款的贡献。在当年注册会计师出具的审计报告解释说明段中提到,公司其他应收款期末余额 62 041 万元中,应收关联企业鞍山万荣铸轧有限公司 36 712 万元。因为这项资金占用,公司在 1998 年确认了对鞍山万荣铸轧有限公司的资金占用费 3 599 万元和鞍山红拖产业公司占用费 1 833 万元。上述资金占用费均在其他应收款中挂账,并且冲减了财务费用,直接增加当期盈利。

但是,在 1998 年贡献了资金占用费的其他应收款的风险性十分巨大,所以在 2000 年的审计报告中,注册会计师出具的审计报告的说明段中揭示:公司其他应收款期末余额 61 874 万元中应收关联企业鞍山市万荣铸轧有限公司 37 589 万元;应收鞍山红拖产业公司 12 556 万元,该等债权的可收回性无法确定。

鞍一工的其他应收款可以说是道尽了上市的心痛之事:一是巨额资金被占用,2000 年的其他应收款余额 6 亿 2 千万元,占总资产的近一半;二是其他应收款账龄极长,账龄 3 年以上的占比 27%,两年以上的占比 58%,其中前 5 名欠款单位欠款时间均在两年以上;三是关联方欠款回收风险巨大,主要债务人系公司关联方,几乎早已经不具备偿债能力;四是风险准备极不充分,鞍一工按应收账款、其他应收款余额 13% 计提坏账准备,可以认为坏账准备严重低提。

由于内外交困,积重难返,鞍一工在经历多次重组努力后仍然无法摆脱困境,其股票终因公司连年亏损而停止了交易。

39

存货的“奥秘”

存货(Inventory Stock)是指企业在生产经营中为销售或耗用而储备的资产。存货的构成在不同企业中是有差别的。在工业企业中,存货包括库存、加工中和在途的各种原材料、燃料、包装物、低值易耗品、在产品、外购商品、自制半成品、产成品以及分期收款发出商品等。而商品流通企业的存货,则包含企业在库、在途、出租和加工中的各种商品,包括在途商品、库存商品、加工商品、出租商品、分期收款发出商品以及材料物资、包装物、低值易耗品等，以及企业受托代销的商品和特准储备物资。

存货会计要解决的主要问题，主要涉及以下几个方面：存货实物数量的确定，包括存货收入、发出和耗用、盘存数量的确定；企业取得存货成本的确定；自制存货制造成本的确定；已经发出和耗用的存货单位成本的确定；会计期末明显贬值的存货价值的确定；在报表中存货信息的披露等。

企业的存货是不断流动的，有流入也有流出，流入与流出相抵后的结余即为期末存货。本期期末存货结转到下期即为下期的期初存货，下期继续流动，就形成了生产经营过程中的存货流转。存货流转包括实物流转和成本流转两个方面。企业存货实物在实际生产经营过程中的流转成为存货的实物流转。所谓存货成本流转，指外购或自制存货的成本流入及出售商品时的成本流出。在理论上，存货的成本流转与其实物流转应当一致，也就是说，购置存货时所确定的成本应当随着该存货的销售或耗用而结转。例如，某商品购进成本，第一批 100 件单价 15 元，第二批 50 件单价 10 元，第三批 80 件单价 11 元。本期以 20 元的单价销售 120 件，第一批售出 80 件，第二批售出 30 件，第三批售出 10 件。由此可见，该商品的成本流转与实物流转是一致的。但在实际工作中，这种一致的情况是非常少见的。因为，企业的存货进出量很大，存货的品种繁多，存货的单位多变，难以保证各种存货的成本流转与实物流转相一致。由于同一种存货及单价不同，但均能满足销售或生产的需要。在存货被销售或耗用后，无须逐一辨别哪一批实物被发出，哪一批实物留作库存，成本的流转顺序和实物的流转顺序可以分离，只需要按照不同的成本，流转顺序确定已发出存货的成本和库存存货的成本即可。这样就出现了存货成本流转的假设。采用某种存货成本流转的假设，在期末存货与发出存货之间分配成本，就产生了不同的存货成本分配方法，即发出存货的计价方法。按照国际会计惯例，结合我国的实际情况常见的存货计价方法有：个别计价法、先进先出法、加权平均法、移动加权平均法等。

不同的结转方法，对于企业资产负债表和利润表的影响是不一样的。以上述数据为例按不同方法计算如下：

单位:元

结转方法	个别计价法	先进先出法	加权平均法	移动加权平均法
营业收入(利润表)	2 400	2 400	2 400	2 400
营业成本(利润表)	1 610	1 700	1 502	1 600
毛利	790	700	898	800
毛利率(%)	33.11	29.41	37.75	33.62
采购成本	2 880	2 880	2 880	2 880
期末存货(资产负债表)	1 270	1 180	1 378	1 280

对于期末存货,按照会计惯例,当存货的市场价值低于其成本时,就应采用成本与可变现净值孰低规则来对期末存货成本进行调整。所谓可变现净值,是指公司在正常经营过程中所实现的销售价格减去实现此销售价格所需支付的继续加工成本或附加处置成本。成本与可变现净值孰低规则的含义是:当存货的成本低于可变现净值时,以成本确认期末存货价值;当存货的成本高于可变现净值时,公司应以可变现净值来代替其成本作为期末存货价值,并确认存货跌价损失,将损失计入当期利润表。在实际运用中,公司既可以将所有存货的成本与其可变现净值对比,也可以将存货的成本与可变现净值进行分类对比,还可以将存货的成本与可变现净值进行单个对比。需要指出的是,成本与可变现净值孰低规则的运用,既可以运用于库存商品、产成品,也可运用于原材料、在产品以及其他用于产品生产的材料。在运用于原材料、在产品以及其他用于产品生产的材料时,如果预计用有关原材料、在产品以及其他用于产品生产的材料所生产的产成品能按成本或高于成本的价值出售,则在期末对外披露存货的价值时,仍以成本为基础。如果预计用有关原材料、在产品以及其他用于产品生产的材料所生产的产成品不能按成本或高于成本的价值出售,则在期末对外披露存货的价值时,就要将上述有关的原材料、在产品以及其他用于产品生产的材料价值调低到可变现净值,同时确认存货跌价损失。

例如,上述例子中购进的商品期末存货还有110件,假设销售价格下跌到了8元,不考虑税费的情况下可实现净值为880元,那么,在先进先出法下就需要计提300元(1 180－880)的存货跌价损失。

从目前国内的案例来看,有一些存货的价值是比较难以判断的,比如东方金钰的主要存货是玉器，而玉器的价值判断显然对于非专业人员来说是很有难度的事情。当年“中华第一珠宝股”达尔曼出事时，证监会处罚了当事的注册会计师，因为注册会计师在审计时，公司拿出价值 2 亿多元的所谓的“钻石”原胚，事后证明那根本就不是钻石，而注册会计师却被公司蒙混了过去。

延伸阅读：存货的“奥秘”

存货项目因其种类繁多并且具有流动性强、计价方法多样的特点，导致存货高估成了资产计价舞弊的主要方法。中外上市公司中，涉及存货舞弊的案例为数众多，其中比较著名的有麦克森 & 罗宾斯公司、权益基金、ZZZZ 百斯特公司，法尔莫公司以及中国的红光实业公司、天津广夏(集团)有限公司等。这些公司所策划的舞弊方案给注册会计师带来了很大的审计风险。下面就美国法尔莫公司案予以介绍。

美国人莫纳斯首先设法获得了位于(美)俄亥俄州阳土敦市的一家药店，在随后的十年中他又收购了另外 299 家药店，从而组建了全国连锁的法尔莫公司。不幸的是，这一切辉煌都是建立在资产造假——未检查出来的存货高估和虚假利润的基础上的。这些舞弊行为最终导致了莫纳斯及其公司的破产。同时也使为其提供审计服务的“五大”事务所损失了数百万美元。下面是这起案件的经过：

自获得第一家药店开始，莫纳斯就梦想着把他的小店发展成一个庞大的药品帝国。其所实施的策略就是他所谓的“强力购买”，即通过提供大比例折扣来销售商品。莫纳斯首先做的就是把实际上并不盈利且未经审计的药店报表拿来，用自己的笔为其加上并不存在的存货和利润。然后凭着自己空谈的天分及一套夸大了的报表，在一年之内骗得了足够的投资用于收购 8 家药店，奠定了他的小型药品帝国的基础。这个帝国后来发展到了拥有 300 家连锁店的规模。

在一次偶然的机会导致这个精心设计的、至少引起 5 亿美元损失的财务舞弊事件浮出水面之时，莫纳斯和他的公司炮制虚假利润已达十年之久。当时法尔莫公司的财务总监认为，因公司以低于成本出售商品而招致了严重的损失，但是莫纳斯认为通过“强力购买”，公司完全可以发展得足够大以使得它能顺利地坚持它的销售方式。最终在莫纳斯的强大压力下，这位财务总监卷入了这起舞弊案件。在随后的数年之中，他和他的几位下属保持了两套账簿。一套用以应付注册会计师的审计，一套反映糟糕的现实。

他们先将所有的损失归入一个所谓的“水桶账户”，然后再将该账户的金额通过虚增存货的方式重新分配到公司的数百家成员药店中。他们仿造购货发票、制造增加存货并减少销售成本的虚假记账凭证、确认购货却不同时确认负债、多计或加倍计算存货的数量。财务部门之所以可以隐瞒存货短缺是因为注册会计师只对 300 家药店中的 4 家进行存货监盘，而且他们会提前数月通知法尔莫公司他们将检查哪些药店。管理人员随之将那 4 家药店堆满实物存货，而把那些虚增的部分分配到其余的 296 家药店。如果不考虑其会计造假，法尔莫公司实际已濒临破产。在最近一次审计中，其现金已紧缺到供应商因其未能及时支付购货款而威胁取消对其供货的地步。

注册会计师们一直未能发现这起舞弊，他们为此付出了昂贵的代价。这项审计失败使会计师事务所在民事诉讼中损失了 3 亿美元。那位财务总监被判 33 个月的监禁，莫纳斯本人则被判入狱 5 年。

我们应该如何识别存货舞弊？存货是如此的重要，也是如此的复杂，使得存货舞弊并非仅凭简单的监盘就可查出。不过，如果注册会计师能够弄清这些欺骗性操纵是如何进行的，对于发现这些舞弊将会大有帮助，这就意味着注册会计师必须掌握识别存货舞弊的技术。

(1)存货价值的操纵手法

存货的价值确定涉及两个要素：数量和价格。确定现有存货的数量常常比较困难。因为货物总是在不断地被购入和销售，不断地在不同存放地点间转移以及投入到生产过程之中。存货单位价格的计算同样可能存在问题，因为采用先进先出法、后进先出法、平均成本法以及其他的计价方法所计算出来的存货价值将不可避免地存在较大的差异。正因如此，复杂的存货账户体系往往成为极具吸引力的舞弊对象。

不诚实的企业常常利用以下几种方法的组合来进行存货造假：虚构不存在的存货，存货盘点操纵，以及错误的存货资本化。所有这些精心设计的方案有一个共同的目的，即虚增存货的价值。

1)虚构存货

正如莫纳斯所做的那样,一个极易想到的增加存货资产价值的方法是对实际上并不存在的项目编造各种虚假资料,如没有原始凭证支持的记账凭证、夸大存货盘点表上存货数量、伪造装运和验收报告以及虚假的定购单,从而虚增存货的价值。因为很难对这些伪造的材料进行有效识别,注册会计师往往需要通过其他的途径来证实存货的存在与估价。

2)存货盘点操纵

注册会计师在很大程度上依赖对客户存货的监盘来获取有关存货的审计证据。因此,对注册会计师来说,执行和记录盘点测试显得非常重要。遗憾的是,在一些存货舞弊案件中,审计客户在数小时之内就改变了注册会计师的工作底稿。因而,注册会计师必须采取足够的措施以确保审计证据的可信性。

举例来说,假定审计客户在会计期间结束前五天收到一大批货物。随之将所有与之有关的验收报告和发票以及它们的复印件抽出,并在审计进行期间将其隐藏起来。然后,在存货实物盘点时,雇员们再将这些货物清点并计入注册会计师测试的那批货物中去。

显然,在上例中实物存货将被高估,同时有相同金额的负债被低估。对于客户来说,采取这种方法的好处是存货高估的金额将会被混入整个销售成本的计算之中。遇到这种情况,注册会计师需要进行比例或趋势分析以发现可能的舞弊。另外,也可以检查会计期间结束后一段时间内的款项支出。如果注册会计师发现有未在采购日记账中记录的直接支付给供应商的款项,就应该进行进一步的调查。

3)错误的存货资本化

虽然任何存货项目都可能存在不恰当资本化的情况,但产成品项目中这方面的问题尤为突出。有关产成品被资本化的部分通常是销售费用和管理费用。为了发现这些问题,注册会计师应当对生产过程中的有关人员进行访谈,以获取归入存货成本的费用归集与分配过程是否适当的信息。审计客户往往可列出很多看似非常充分的理由,用以支持通过对存货项目进行资本化而增加利润的处理。此类舞弊往往是财务总监在总裁的指使下实施的。因此,在对关键人物的正式访谈中,如果怀疑有人指使他们夸大有关存货的信息,注册会计师应采取一种直截了当的方式,以责难的态度迫使其说出真相。

(2)盘点的局限性

证实存货数量的最有效途径是对其进行整体盘点。注册会计师必须合理、周密地安排盘点程序并谨慎地予以执行。盘点的时间应尽量接近年终结账日。在盘点时应尽可能采取措施以提高盘点的有效性,比如各存放点同时盘点、停止存货流动以及盘点数额达到合理的比例等。不过,即使注册会计师谨慎地执行了该程序,也不能保证发现所有重大的舞弊。这是因为存货的盘点测试存在以下局限性:

1)管理当局往往派代表跟随注册会计师,一方面记录下测试的结果,同时也可掌握测试的地点及进程等情况。这样,审计客户就有机会将虚构的存货加计到未被测试的项目中,从而错误地增加存货的总体价值。

2)在执行盘点测试程序时,注册会计师一般会事先通知客户测试的时间和地点以便其做好盘点前的准备工作。但是,对于那些有多处存货存放地点的公司,这种事先通知使管理当局有机会将存货短缺隐藏在那些注册会计师没有检查的存放点。

3)有时注册会计师并不执行额外的审计程序以进一步检查已经封好的包装箱。这样,为虚报存货数量,管理当局会在仓库里堆满空箱子。

(3)通过分析程序识别可能的存货舞弊

既然靠监盘并不能发现所有重大舞弊行为,注册会计师必须执行分析程序。

一个不诚实的客户可通过多种途径去操纵存货信息。注册会计师必须从多种思维角度去看待那些数据,以最大可能地发现有关的舞弊行为。不仅要推测舞弊是如何进行的,而且要推测客户为什么要舞弊以及客户为什么要将这种违规做法作为首要的选择。也就是说注册会计师要对管理当局进行重大存货舞弊的动机和机会进行评估,以发现资产造假行为。

1)管理当局舞弊的动机

客户进行舞弊的动机可谓多种多样,对其进行分析并在执行审计过程中予以考虑将有助于发现可能的舞弊。以下列举了导致管理当局产生舞弊冲动的几种常见原因:

①客户公司正面临财务困难。

②客户管理当局面临完成财务计划的压力。

③存货为资产负债表中的一个重大项目。

④存在合同所限定的供货方面的压力。

⑤客户公司企图得到用存货担保的融资。

⑥管理当局面临来自资本市场的压力,如股价下跌、公司面临退市或被收购的风险等。

2)管理当局舞弊的机会

并非所有的公司都可以通过存货造假虚增利润,并瞒过注册会计师的盘点程序。事实上,对于有些公司,如那些规模很小、业务较简单的公司,要想瞒过注册会计师而在存货上做手脚是非常困难的。但存在以下情况时管理当局进行存货舞弊的可能性会增加:

①客户公司是一个制造企业,或者说其拥有一个确定存货价值的复杂系统。

②客户公司涉及高新技术或其他迅速变动的行业。

③客户公司拥有众多的存货存放地点。

④客户公司的存货无法盘点或价值无法简单确定的行业,比如水产养殖行业、珠宝行业等。

3)管理当局舞弊的迹象

虚构资产会使公司的账户失去平衡。与以前的期间相比,销售成本会显得过低,而存货和利润将显得过高。当然,还可能会有其他的迹象。在评估存货高估风险的时候,注册会计师应回答以下问题,回答"是"越多,存货舞弊的风险就越高。

①存货的增长是否快于销售收入的增长?

②存货占总资产的百分比是否逐期增加?

③存货周转率是否逐期下降?

④运输成本所占存货成本的比重是否下降?

⑤存货的增长是否快于总资产的增长?

⑥销售成本所占销售收入的百分比是否逐期下降?

⑦销售成本的账簿记录是否与税收报告相抵触?

⑧是否存在用以增加存货余额的重大调整分录?

⑨在一个会计期间结束后,是否发现过入存货账户的重要转回分录?

金融工具会计可能成最大杀手

中国38项新会计准则中,最难的就是金融工具系列准则。正因为其技术难度系数高,所以其操纵空间也比较大。这也许正应了那句"高处不胜寒"的论断。

金融工具系列准则包括《企业会计准则第22号——金融工具确认和计量》《企业会计准则第23号——金融资产转移》《企业会计准则第24号——套期保值》《企业会计准则第37号——金融工具列报》,其实《企业会计准则第11号——股份支付》严格来说也属于金融工具系列准则的范畴。这五个准则学习起来有相当大的难度,一方面是有大量的金融专业术语,另一方面是金融工具确认与计量也相当复杂。根据笔者的归纳,金融工具至少在以下四个方面非常容易引发利润操纵:

(1)金融工具的分类

目前,金融资产可分为四大类:以公允价值计量且其变动计入当期损益的金融资产、持有至到期投资、贷款和应收款项、可供出售金融资产。这四类金融资产中还可以进行重分类,后三类资产可以重分类成第一类资产,持有至到期投资与可供出售金融资产可以相互转换。四类资产实行不同的后续计量原则,其中以公允价值计量且其变动计入当期损益的金融资产及可供出售金融资产实行公允价值后续计量,但前者的公允价值变动部分计入当期损益,而后者直接计入权益。贷款和应收款项以及持有至到期投资采取摊余成本计量。亦即,资产定性不同对企业当期损益会造成直接的影响。美国发生的财务舞弊案有一些就是采取混淆资产性质操纵利润的方法。目前,中国上市公司对限售股份的会计处理显现出金融工具分类混乱:招商轮船在2006年首次公开发行时,曾向中海发展、中集集团、深圳华强等14家战略投资者定向配售。根据有关规定,这些有限售条件的股份,自招商轮船上市之日起将锁定12个月,而在中海发展、中集集团、深圳华强公布的2007上半年年报中,三家公司对各自所持有的同一性质股份的会计处理却不尽相同。

中海发展表示："作为战略投资者持有招商轮船股票，公司将其划为交易性金融资产，以公允价值计量，公允价值按期末市场价认定。"因此，中海发展对其所持有的2 000万股招商轮船确认了6 040万元的公允价值变动收益，计入上半年净利润，相应增加了股东权益。

中集集团的半年报显示，其所持有的5 000万股招商轮船被分类为"可供出售金融资产"，并相应确认了1.2亿元左右的"可供出售金融资产公允价值变动净额"，计入资本公积。虽然不影响中集集团上半年的净利润，但增加了期末的股东权益。

深圳华强则是将所持有的5 000万股确认为"长期股权投资"，并采用成本法核算。根据新会计准则，这部分"长期股权投资"期末的账面价值较初始投资成本并没有发生变化，均为18 550万元。深圳华强只有在实际收到招商轮船派发的现金股利时才确认投资收益，计入净利润，并相应地增加股东权益。

(2)资产证券化

《企业会计准则第23号——金融资产转移》要解决的重点内容就是资产证券化的会计问题。资产证券化最主要的问题是金融资产终止确认的标准。安然设立了名单近60页长的SPE(资产证券化载体)，将安然金融资产转移到SPE上。安然终止确认所转移的资产，并确认巨额的资产转让收益。但事后发现，安然对Raptor(安然设立的SPE之一)资产作出保值承诺，这样安然要承担Raptor资产减值风险。实际上，Raptor作为安然资产证券化的SPE，安然以投入的资产为限承担责任，也就是只以转移资产为责任限额。如果SPE经营失败，也不连累安然的其他资产，Raptor投资者的利益并不随转移资产价值的下跌而受影响，所以并不承担Raptor的风险。Raptor投资者购买的并不是Raptor的股票而是对安然公司的债权。事实上这相当于一个期权交易，安然出售了一个Raptor资产的看跌期权，Raptor的投资者拥有Raptor资产的看跌期权。为了防范安然类似的利润操纵，《企业会计准则第23号——金融资产转移》规定：企业因卖出一项看跌期权或持有一项看涨期权，使所转移金融资产不符合终止确认条件，且按照摊余成本计量该金融资产的，应当在转移日按照收到的对价确认继续涉入形成的负债，以避免利用资产证券化隐瞒债务。

(3)套期会计

套期会计是衍生工具会计中最复杂的部分。它包括了套期关系的认定、套期有效性的评价、套期会计核算、套期的披露等诸多方面,处理方法复杂,技术难度较大,列报成本较高。因此,无论是对于准则的制定者,还是实务工作中的会计人员都有相当大的难度。报表使用者对套期会计也难以理解。尽管新会计准则对套期会计制定了相当严格的判定标准,但由于套期关系的认定、套期有效性的判别都依赖于管理者的职业判断,加上报表使用者本身的知识背景以及对企业的信息掌握并不完备,这就为管理者实施操纵和滥用套期会计提供了机会。安然公司在2000年年报附注中对于交易目的的衍生合约和套期保值目的的衍生合约分别采用逐日盯市的会计处理和套期保值会计处理。在逐日盯市会计方法下,用于交易目的的远期合同(Forwards)、互换合同(Swaps)、期权(Options)和能源运输合约以公允价值反映在合并资产负债表中的"价格风险管理中的资产和负债"项中,同时将未实现的收益及损失确认在"其他收入"中。当用于保值的合约标的与被保值标的价格的变化有较大相关性的时候,即保值合约能起到保值作用的时候,用套期保值会计处理。当发现保值合约不能起到保值作用的时候,停止使用套期保值会计,对保值合约价值的变化确认收益或损失。也就是说,管理层可以主观判断某一衍生工具是用于保值目的还是交易目的。如果是交易目的,就可以按公允价值调整合约的账面价值,同时确认相应的收益或损失。

(4)公允价值确定

我国金融工具准则与美国会计准则、国际财务报告准则基本一致。金融工具的公允价值计量问题一直有争议。安然破产案引起了人们对美国能源公司中普遍使用的逐日盯市(Mark-to-Market)会计处理的关注。逐日盯市会计处理使得能源公司可以把从相关能源合同中获得的将来的收益确认为当期的收益。逐日盯市会计是FASB允许的,公司通常在每个季度末对能源合同的公允价值进行估计,将账面值调整为公允价值,同时确认相应的利得和损失。因此,管理层在使用逐日盯市会计的时候具有很大的操纵空间。依据GAAP,基于公开交易市场的市场报价是公允价值的最好的根据,应被作为公允价值计量的基础。如果市场报价不能得到,GAAP要求公司基于市场中可得的最好的信息估计公允价值。由于很多能源交易合同的市场报价不存在,公司必须根据市场上相似的合同和估价技术的结果来确定价格。当使用估价技术或模型时,公司用于估计价值的最好的信息包括近期的现货价格和远期价格。能源价格曲线表示能源商品 1 ~5 年的远期价格,这是从市场中可以得到的。很多能源合同期限超过 5 年,因此,只有很小一部分的能源合同有直接可得的公允价值。超过 5 年的远期价格必须估计,所以有很大的不确定性。通常,从长期看价格更具有稳定性。安然披露用于估价其能源交易合同的市场价格反映了"其在考虑多种因素后的最佳估计,包括标准合约交易价、场外交易报价、时间价值和合同保证的不确定因素等"。但由于对于如何确认能源合约是否出于交易目的以及如何确认能源合约的公允价值均存在管理层主观判断的因素,投资者很难通过财务报表对公司的实际经营情况作出正确的判断。因此,只看财务报表很难看出安然的盈利质量到底怎样。

安然财务丑闻充分说明了金融工具会计有不好的一面。金融资产的分类、资产证券化、套期会计抑或公允价值的确定,都主要依赖管理层主观判断因素。所以,金融工具可能是会计准则的最大杀手,因为其最有弹性。

投资性房地产成为报表操纵的利器

投资性房地产,是指为赚取租金或资本增值,或两者兼而有之而持有的房地产。投资性房地产应当能够单独计量和出售。投资性房地产主要包括:已出租的土地使用权、持有并准备在增值后转让的土地使用权和已出租的建筑物。

下列各项不属于投资性房地产:(1)自用房地产,即为生产商品、提供劳务或者经营管理而持有的房地产;(2)作为存货的房地产。

我国的会计准则规定,投资性房地产的核算可以采用成本模式计量,或者采用公允价值模式计量。在成本模式下面,企业需要跟固定资产、无形资产一样计提折旧和摊销;采用公允价值模式,则企业无需计提折旧摊销,但公允价值的波动应当直接计入当期的利润(亏损)。由于会计准则的规定比较灵活,因此,给了很多公司利润调节的空间。

延伸阅读:昆百大A:计量模式拯救财报

改头换面

2008年第一季度末,昆百大A资产负债率高达90.57%。短期借款、一年内到期的长期负债与长期借款三项合计高达6.05亿元。与此形成鲜明对照的是,即便包括了少数股东权益,昆百大A股东权益合计也仅为1.93亿元,其中归属于母公司所有者权益仅为9 252万元;在昆百大A股东权益中,未分配利润为-5 411万元。如此数据,突显了昆百大A财务风险高企、资本结构失衡以及分配能力低下等问题。

不过,随着昆百大A于6月6日"关于对投资性房地产后续计量由成本计量模式变更为公允价值计量模式的公告"的发布,以及相关议案被董事会与股东大会审议通过,其尴尬的财务状况将喜获拯救而彻底改观。

"投资性房地产"一词频频亮相始于2007年1月1日在上市公司范围内施行的新会计准则体系。根据相关会计准则,投资性房地产是指为赚取租金或资本增值,或两者兼而有之而持有的房地产。新会计准则的一个最大变化是适当引入公允价值计量模式,主要体现在金融工具与投资性房地产两个方面。

据昆百大A介绍,在公司经营过程中,根据部分资产的实际状况以及对部分持有物业的经营模式定位选择,公司部分持有物业用于经营性租赁方式出租,属于投资性房地产;基于目前房地产市场情况及本公司资产实际状况,为真实反映本公司资产现实价值,公司决定将投资性房地产后续计量模式由成本计价模式变更为公允价值计价模式。

具体而言,2008年第一季度末,昆百大A用于出租的投资性房地产项目主要有四个:一是母公司持有的百大新天地项目,二是控股子公司昆明创卓商贸有限公司持有的昆明走廊项目,三是母公司持有的新纪元广场B座自有产权,四是控股子公司云南百大住宅开发有限公司持有的百大国际花园幼儿园。

四项资产的账面净值分别是1.28亿元、3 100万元、604万元与354万元,账面价值合计1.68亿元,占昆百大A 2007年度经审计资产总额的8.87%,为2007年度经审计归属于母公司所有者权益的193.93%。

昆百大A四项投资性房地产按公允价值计量后,2008年第一季度末比账面净值增加5.02亿元,增值近3倍;增值额为股东权益的2.6倍,是归属于母公司所有者权益的5.43倍。在剔除递延所得税负债1.26亿元后,昆百大A未分配利润将增加3.17亿元,从而将一改其未分配利润为负的局面。不过,昆百大A所受益处并非仅限于此。

融资先导

昆百大A采用公允价值模式计量投资性房地产之后,首先是改善了公司的财务状况,利于公司相关融资运作。

尽管自2003年年末至2007年年末,昆百大A已经摆脱了“资不抵债”的困局,资产负债率从112.23%降至89.11%,然而,近三年却一直徘徊在90%的高位。同时,昆百大A投入资本主要是带息债务,2007年年末带息债务占全部投入资本的比率高达86.26%。

资产负债率等居高不下的原因主要有两个:一是昆百大A近年来未补充新的资本金,同时又要消化历史形成的巨额负数未分配利润;二是公司近年来涉入房地产开发领域,而这又是高负债率、高资金投入的行业。

在高负债率的背景下,昆百大A的资金紧张问题逐渐显露。2007年年末,昆百大A货币资金为2.73亿元,短期借款与一年内到期的长期负债两项合计却高达4.35亿元,面临较大的偿债压力。

实际上,在上述投资性房地产计量模式转换议案获批的同时,还有《关于处置B座新纪元酒店18－27楼资产的议案》同时获昆百大A股东大会通过,而该议案便是迅速回笼资金的紧急运作。

据介绍,昆百大A拟对其新纪元酒店18－27楼资产以售后返租方式进行处置。具体而言,将该楼宇资产分割为若干销售单位,出售给投资者,再由公司按一定的租金水平返租经营,并由新纪元酒店统一经营管理。该部分资产处置预计可以回笼资金1.8亿元,将作为商业零售业和房地产发展的补充资金。

与售后返租能够迅速回笼资金不同,昆百大A转换投资性房地产计量模式并不能直接融入真金白银，但可以极大改善公司资产负债率等财务指标，从而为进一步的融资运作或保持目前的贷款水平打下基础。

根据昆百大 A 2008 年第一季度末的资产负债情况，在不考虑其他因素的情况下，投资性房地产计量模式转换为公允价值模式后，其资产负债率将降低为 77.66%，比一季度末的 90.56%减少 12.9 个百分点。

分配迷局

同时，转换投资性房地产计量模式之后，昆百大 A 将摆脱巨额负数未分配利润的局面，使未来的利润分配成为可能。

2008 年第一季度末，昆百大 A 未分配利润为 -5 411 万元。按此计算，转换计量模式之后，其未分配利润将变为 3.71 亿元。不过，这种巨额的"账面"未分配利润是否可以分配，于理于规都值得探讨。

一方面，此部分未分配利润仅来自会计计量模式转换，未有真正的资金流入，所以短期内实质上并未改善公司财务状况，即公司分配利润的能力实质上并未得到提高。这样，从利于公司未来发展的角度考查，为了避免企业资金状况进一步恶化，避免过度暴露财务风险，宜对这种"纸面"未分配利润予以一定限制。

另一方面，这种未分配利润形成的实质类似于"公允价值变动收益"，而后者在利润分配上有着规则上的限制。

据了解，2008 年 3 月 12 日，证监会会计部有一"对'会计问题征询函'的复函"（会计部函[2008]30 号），其中针对上交所的函回复说："可供出售金融资产公允价值变动形成的利得或损失，除减值损失和外币货币性金融资产形成的汇兑差额外，应当直接计入所有者权益（其他资本公积）。在相关法律法规有明确规定前，上述计入其他资本公积的公允价值变动部分，暂不得用于转增股份；以公允价值计量的相关资产，其公允价值变动形成的收益，暂不得用于利润分配。"

尽管该复函用词较为含糊，但"以公允价值计量的相关资产，其公允价值变动形成的收益，暂不得用于利润分配"，还是体现了"纸面"利润暂不分配的原则。当然，昆百大 A 的情况在形式上并非该复函所强调的公允价值变动形成的收益，而是计量模式转换形成的，但实质上似乎无大的区别。

“提升”业绩

近日,昆百大 A 公告称,预计 2008 年上半年净利润将比上年同期减少 50% 至 95% 之间。具体原因有二:一是公司联营企业昆明吴井房地产开发有限公司目前正处于项目开发阶段,项目尚未产生收益;同时由于营销推广的投入导致其目前尚处于亏损期,公司需按照持股比例 49% 分担其亏损。二是由于公司流动资金贷款规模扩大及银行贷款利率上升,使公司财务费用较上年同期有较大幅度增长。

不过,计量模式的转换在一定程度上为昆百大 A 半年报的业绩减少提供了缓冲;同时,也为未来公司业绩的提升留下了空间。

转换计量模式之后,预计昆百大 A 2008 年上半年归属于母公司所有者的净利润与会计政策变更前相比,增加约 170 万元。具体是因为 2008 年 6 月 1 日起采用公允价值计量投资性房地产后,对投资性房地产不再计提折旧或摊销,并需对前 5 个月已提折旧及摊销进行相应调整。

也就是说,昆百大 A 对投资性房地产采用成本模式进行后续计量时,需要按年限平均法计提折旧,预计使用年限为 35 年、预计净残值率为 5%。当对投资性房地产采用公允价值模式进行后续计量,不对其计提折旧或进行摊销,并以资产负债表日投资性房地产的公允价值为基础调整其账面价值。公允价值与原账面价值之间的差额计入当期损益。

可见,这种折旧与摊销费用的减少只是提升未来业绩一个方面。如果昆百大 A 的投资性房地产继续升值的话,其也将不断受益于“公允价值变动收益”。

估值问题

就会计准则制定而言,允许以公允价值模式计量投资性房地产,主要目的在于提高会计信息之于投资者的决策有用性。

正如昆百大 A 所介绍,由于公司所持投资性房地产主要为成熟商业区的商业物业。物业价值增值较快,升值潜力较大且预计将会持续。因此在成本计价模式下,账面净值随折旧和摊销而不断减少,无法体现投资性房地产的增值部分,低估了公司价值,不利于投资者了解公司的真实情况。采用公允价值模式计量投资性房地产,有利于增强公司财务信息的真实性和可靠性,能够及时反映公司的变化,便于公司管理层及投资者及时了解公司真实财务状况及经营成果,为其决策提供更有用的信息,符合全体股东的利益。

近年来,随着国内楼市价格高涨,投资者早已开始在估值中将类似投资性房地产的升值因素考虑在内。然而,由于所获得估值相关信息的来源不同,计算方法各异,更存在对公允价值理解与具体测算上的疏漏,对同一家公司的估值往往存在较大分歧。比如,有投资者在测算某上市公司商业地产升值时,未考虑到巨额递延所得税负债的问题,从而导致估值的虚高。这样,如果上市公司能够采用公允价值计量投资性房地产,并予以充分披露,无疑会更有利于投资者的决策,尤其是投资性房地产占资产总额比重较大的公司。

然而,目前的情况却似乎背离于此。财政部会计司日前发布了《关于我国上市公司2007年执行新会计准则情况的分析报告》(以下简称"分析报告")。其中介绍,1 570家上市公司中,存在投资性房地产的有630家上市公司,占40.13%。这些公司绝大多数对投资性房地产采用了成本计量模式。仅18家上市公司采用公允价值对投资性房地产进行后续计量,占有此类业务公司数的2.86%。

应用两难

至于投资性房地产公允价值计量模式未被上市公司普遍采用的原因,既有会计准则方面相关条件的限制,也有监管层谨慎性的要求。比如,准则规定,有确凿证据表明投资性房地产的公允价值能够持续可靠取得的,可以对投资性房地产采用公允价值模式进行后续计量。

同时又规定,采用公允价值模式计量的,应当同时满足两个条件:一是投资性房地产所在地有活跃的房地产交易市场;二是企业能够从房地产交易市场上取得同类或类似房地产的市场价格及其他相关信息,从而对投资性房地产的公允价值作出合理的估计。准则应用指南对"所在地"进行了具体的限定。所在地,通常是指投资性房地产所在的城市;对于大中型城市,应当为投资性房地产所在的城区。

证监会在《关于做好与新会计准则相关信息披露工作的通知》(证监发[2006]136号)中也曾指出,要谨慎适度选用公允价值计量模式。同时,重点强调了投资性房地产问题,要严格划分投资性房地产的范围,谨慎选择后续计量方法。通常应当采用成本模式对投资性房地产进行后续计量,也可以采用公允价值模式对投资性房地产进行后续计量。

财政部会计司分析报告中介绍，投资性房地产公允价值计量产生的公允价值变动净收益为22.79亿元，占有此类业务18家公司净利润的2.61%，占1 570家上市公司净利润的0.23%。

表面上看，投资性房地产以公允价值计量对净利润的影响似乎不大。然而，对具体上市公司而言，情况就大不相同了。以方大A(000055)为例，该公司属于少数于2007年年初便采用公允价值模式计量投资性房地产的上市公司之一。2007年度利润总额2 385万元，而公允价值变动净收益高达4 243万元，借公允价值提升业绩的"成效"显著。通过考查方大A季度公允价值变动收益的变化情况，其业绩的波动性显露无遗。2007年第二季度至2008年第一季度的四个季度中，方大A公允价值变动净收益分别为3 326万元、1 760万元、-842万元与-96万元。

对于上市公司管理层来说，公司业绩的波动性会影响其考核、相关管理以及股权激励等方方面面。除非有着其他考虑，往往自身对投资性房地产采用公允价值模式进行后续计量有所忌惮，并且还要付出公允价值取得与披露等相关成本，尽管这种计量模式利于投资者决策。

从投资者决策的角度看，昆百大A转换投资性房地产公允价值计量模式的运作还是值得肯定的。同时，其在转换过程中的相关做法也显出了其谨慎性的考虑，为其他公司未来进行类似转换提供了借鉴。

转换榜样

目前，昆百大A是继金融街后第二家将投资性房地产计量模式转换为公允价值的上市公司。或许是考虑到自身民营企业的背景以及监管层的谨慎性要求，昆百大A在投资性房地产计量模式转换过程中显得格外小心。

首先，昆百大A建立了自身的投资性房地产公允价值计价的内部控制制度；其次，聘请昆明田野房地产咨询有限公司对相关市场交易情况进行调查，并提供《高新区住宅与一环以内商业物业销售状况调查报告》；第三，由中和正信会计师事务所有限公司对其2008年3月31日、2007年12月31日、2006年12月31日的投资性房地产公允价值涉及的相关资产提供价值咨询意见，并出具《价值咨询意见书》，以其价值咨询意见确定的相关投资性房地产的市场价值作为投资性房地产的公允价值。

与昆百大A相比，金融街关于投资性房地产计量模式的转变过程就显得有些粗糙。据金融街“关于对投资性房地产采用公允价值模式进行后续计量的公告”称,对于北京商业物业,包括北京金融街购物中心、金树街、C3 四合院,由公司市场部进行市场调研,从市建设委员会房地产交易管理网、中国指数研究院等权威性较强的机构选取同类或类似房地产市场价格及其他相关信息,对投资性房地产的公允价值作出合理测算,出具了《金融街控股自持物业市场价值估测之调研报告》,以其测算结论作为公允价值;对于重庆嘉年华项目,以其同期成交价格和报价,确定其公允价值。

应该强调的是,对投资性房地产引入公允价值计量是新会计准则体系中的一大亮点,也是会计准则国际趋同的重要内容之一。其实,在中国香港早已开始了此种公允价值计量的实践。比如,2007 年年初在港上市的中国地产集团有限公司(China Properties,1838. HK),2007 年年度总资产净利率高达 35.47%,与 2006 年度的 1.31%形成了鲜明的对照。

中国地产集团有限公司总资产净利率之所以大幅度提高,主要得益于香港会计准则中对投资性房地产采用公允价值计量的规定。具体而言,在中国地产集团有限公司综合收益表中,2007 年度“除税前利润”96.34亿元,“权益持有人应占利润”79.34 亿元;其中,2007 年度“投资物业公平值的变动”一项高达 86.72 亿港元,而 2006 年度仅为 5 351 万港元。

尽管目前对投资性房地产采用公允价值计量模式的上市公司不多,但随着上市公司管理层对新会计准则体系理解的逐渐加深,随着投资者对公允价值相关信息需求的逐渐增加,以及房地产市场与其相关估价技术等方面的发展,公允价值计量模式将被越来越多的上市公司采用。

(原载 中国证券市场周刊,作者:钟观)

42 固定资产的关键问题

固定资产是企业赖以生存的物质基础,是企业产生效益的源泉,关系到企业的运营与发展。固定资产准则规定,固定资产是指同时具有下列特征的有形资产:(1)为生产商品提供劳务、出租或经营管理而持有的;(2)使用寿命超过一个会计年度。

分析固定资产的时候,重点需要关注的问题:一是固定资产的所有权或者控制权及其真实性的问题;二是对在建工程何时转固定资产并停止借款费用资本化的问题;三是固定资产的新旧程度及使用效率的问题。

一是固定资产的所有权或者控制权及其真实性的问题——只有是企业拥有或者控制的固定资产才能列入资产负债表中——而有少数企业却将没有所有权或者控制权的固定资产作为粉饰为自己的固定资产,或者虚构固定资产。最典型的例子即是后面的麦科特的案例。

二是很多公司的固定资产是自己公司购建的。在建造阶段作为"在建工程"核算,建造阶段用于固定资产的外借资金利息可以作为在建工程的成本(利息资本化)。当在建工程竣工后,应当转入固定资产,停止利息的资本化处理并开始计提折旧。有一些公司为了少计财务费用和固定资产折旧费用,就会把本应当转入固定资产的在建工程继续作为在建工程核算。例如,我国证券市场上首家被出具否定意见审计报告的公司——重庆渝钛白粉股份有限公司,就是在1997年度的财务报告中存在这个问题。1998年4月29日,渝钛白公司公布了1997年度财务报告部分,刊登了重庆会计师事务所于1998年3月8日出具的否定意见审计报告。这是我国证券市场中有关上市公司的首份否定意见审计报告。为什么重庆会计师事务所会对渝钛白公司签发否定意见审计报告呢?注册会计师在审计中发现:1997年应计入财务费用的借款即应付债券利息8 064万元,渝钛白公司将其资本化计入钛白粉工程成本;渝钛白公司欠付中国银行重庆市分行的美元借款利息89.8万元(折合人民币743万元)未计提入账。该案例中,渝钛白公司在钛白粉工程于1995年下半年开始投产,1996年已经可以生产合格产品,1997年全年共生产1 680吨。这虽与设计能力1.5万吨还相差很远,但主要原因是缺乏流动资金,而不是工程尚未达到设计能力。因此,为该项目建设借款的应付债券1997年度发生的利息8 064万元,不能计入钛白粉工程成本中,而应该计入财务费用。

三是固定资产的新旧程度及使用效率的问题。固定资产的新旧程度可以通过计算固定资产的净值率来进行判断。其计算公式为:固定资产

的成新率=固定资产的净值/固定资产的原值。我们可以分房屋与建筑物、机器设备、运输设备、专用设备等各自计算其成新率。一般来说,企业固定资产的成新率最少应该在50%以上。

我们还应当关注固定资产的使用效率——可以通过计算固定资产周转率来进行判断。其计算公式为:固定资产周转率=销售收入/固定资产净值。有少数公司在虚增利润的同时,虚增固定资产。由于虚增了固定资产净值,在销售收入没有同比虚增的情况下,固定资产周转率会越来越低。固定资产周转率越来越低还可能是由许多无效、闲置的固定资产引起的。固定资产本身应该有一个比较合理的结构,比如一辆小轿车,应该是一个方向盘、四个轮子加一个备胎、一个底盘。如果出现两个方向盘,那就有问题了。有多少厂房、机器设备、运输设备等,也是有一个比较合理的结构的。

延伸阅读:麦科特案例

2001年9月,中国证监会新闻发言人就麦科特利润虚假问题发表谈话。这位发言人指出,中国证监会于2000年11月对麦科特利润虚假问题进行立案调查。现已查明,该公司通过伪造进口设备融资租赁合同,虚构固定资产9 074万港元;采用伪造材料和产品的购销合同、虚开进出口发票、伪造海关印章等手段,虚构收入30 118万港元,虚构成本20 798万港元,虚构利润9 320万港元。其中1997年虚构利润4 164万港元,1998年虚构利润3 825万港元,1999年虚构利润1 331万港元。为达到上市规模,将虚构利润9 000多万港元转为实收资本,并倒制会计凭证、会计报表、隐匿或者故意销毁依法应当保存的会计凭证。据《财经》报道,惠州市检察院起诉书指控麦科特主要虚构事实如下:

——麦科特光电股份有限公司通过伪造进口设备融资租赁合同,虚构固定资产9 074万港元;采用伪造材料和产品的购销合同、虚开进出口发票、伪造海关印章等手段,虚构收入30 118万港元,虚构成本20 798万港元,虚构利润9 320万港元。

——将麦科特(惠州)光学机电有限公司在1993年11月8日至1998年12月18日期间已进口的机器设备由原进口报关价格13 450 120

港元提高到 108 086 735.69 港元，价格虚增 94 636 615.69 港元，由惠州市海关出具了内容虚假的《中华人民共和国海关对外商投资企业减免税进口货物解除监管证明》，从而确定上述进口机器设备产权归属麦科特（惠州）光学机电有限公司所有。

——采用倒制会计凭证等办法编造麦科特（惠州）光学机电有限公司虚假的销售收入和销售成本的会计凭证、会计账簿记录和会计报表，使麦科特（惠州）光学机电有限公司从 1996 年到 1998 年底的会计报表累计虚增净利润 84 588 058.32 元人民币。1999 年度麦科特（惠州）光学机电有限公司继续采用虚增销售收入和销售成本的方法虚增了 1999 年度净利润 40 274 410.92 元人民币。因此，麦科特（惠州）光学机电有限公司 1996 年至 1999 年度累计虚增净利润达 124 862 469.24 元人民币。其控股母公司麦科特集团光学工业总公司根据麦科特（惠州）光学机电有限公司每年虚增的净利润增大本身的长期投资额和投资收益，从而使麦科特集团光学工业总公司截至 1999 年 12 月 31 日累计虚增了净利润 113 076 143.10元人民币。

——编造虚假的会计凭证，采用以“以表代账”的方法虚增麦科特集团光学工业总公司截至 1998 年度末的“资产负债表”。麦科特集团光学工业总公司累计虚增了总资产 240 083 190.55 元人民币，虚增了负债总额 126 735 866.11 元人民币，虚增了净资产 113 347 324.44 元人民币。1999 年度公司继续虚假增加销售收入和销售成本后，麦科特集团光学工业总公司 1996 年至 1999 年 12 月 31 日止累计虚增净资产 123 329 920.49元人民币，虚增了应付股东利润 22 000 000 元人民币，与之对应虚增的资产主要是长期股权投资金额 119 309 808.31 元人民币。

——经上述会计处理后，麦科特（惠州）光学机电有限公司和麦科特集团光学工业总公司的虚假会计报表进行合并后的麦科特光电股份有限公司 1996 年至 1999 年年末虚增了净资产 118 623 122.72 元人民币，虚增了应付股东利润 23 100 000 元人民币。1997 年度至 1999 年度三年累计虚增净利润 93 466 225.51 元人民币。

——为了虚增 94 636 615.69 元港币的进口机器设备价格和界定其产权归属麦科特（惠州）光学机电有限公司，用倒签时间方式分别以照相器材（中国）有限公司和麦科特（惠州）光学机电有限公司的名义签订了

1994年6月18日和1998年7月5日虚假的《融资租赁合同》和《协议书》，制作虚假的《进口设备统计表》《进口设备清单》和一份金额为108 086 735.69元港币的虚假进口设备发票。

——为了配合掩盖虚增麦科特（惠州）光学机电有限公司巨额利润和该公司是来料加工企业的性质，以麦科特（惠州）光学机电有限公司和照相器材（中国）有限公司的名义分别签订了五套虚假的《购货合同》，由照相器材（中国）有限公司提供47份虚假的材料进货发票和六套虚假的《销货合同》。实际上，同期内照相器材（中国）有限公司只支付过麦科特（惠州）光学机电有限公司加工费。[《财经》认为，麦科特（惠州）光机电公司是一家典型的来料加工企业。据麦科特光电股份有限公司招股说明书，直到1998年，这家公司的原料还100%来自照相器材（中国）公司，而销售额亦100%通过后者实现，价格则依据实际人工费、折旧费、管理费、附料加上正常的利润确定，与照相器材公司提供的进口材料价格无关。]

长期股权投资的质量

长期股权投资是指通过投资取得被投资单位的股份。企业对其他单位的股权投资，通常是为长期持有，以期通过股权投资达到控制被投资单位，或对被投资单位施加重大影响，或为了与被投资单位建立密切关系，以分散经营风险。股权投资通常具有投资大、投资期限长、风险大以及能为企业带来较大的利益等特点。

长期股权投资依据对被投资单位产生的影响，分为以下四种类型：

（1）控制，是指有权决定一个企业的财务和经营政策，并能据以从该企业的经营活动中获取利益。

（2）共同控制，是指按合同约定对某项经济活动所共有的控制。

（3）重大影响，是指对一个企业的财务和经营政策有参与决策的权力，但并不决定这些政策。

（4）无控制、无共同控制且无重大影响。

长期股权投资应根据不同情况，分别采用成本法或权益法核算。成本法的一个适用条件是投资企业对被投资单位实施控制的长期股权投资（母子公司关系），按照成本计算，但是在编制合并报表时，按照权益法进行调整；另一个适用条件是投资企业对被投资单位不具有共同控制或无重大影响，且在活跃市场没有报价、公允价值不能可靠计量的长期股权投资。采用成本法时，除追加或收回投资外，长期股权投资的账面价值一般应保持不变。被投资单位宣告分派的利润或现金股利，确认为当期投资收益。投资企业确认投资收益，仅限于所获得的被投资单位在接受投资后产生的累积净利润的分配额，所获得的被投资单位宣告分派的利润或现金股利超过上述数额的部分，作为初始投资成本的收回，冲减投资的账面价值。投资企业对被投资单位具有控制、共同控制或重大影响的，长期股权投资应采用权益法核算。采用权益法时，投资企业应在取得股权投资后，按应享有或应分担的被投资单位当年实现的净利润或发生的净亏损的份额（法规或公司章程规定不属于投资企业的净利润除外），调整投资的账面价值，并确认为当期投资损益。投资企业按被投资单位宣告分派的利润或现金股利计算应分得的部分，相应减少投资的账面价值。

企业应当定期对长期投资的账面价值逐项进行检查，至少于每年年末检查一次。如果由于市价持续下跌或被投资单位经营状况变化等原因导致其可收回金额低于投资的账面价值，应将可收回金额低于长期投资账面价值的差额，确认为当期投资损失。

长期股权投资的质量分析，可以从以下几个方面来进行：

（1）对长期股权投资进行构成分析。对长期股权投资进行构成分析，主要涉及对上市公司长期投资的方向（即投资对象、受资上市公司）、投资规模、持股比例等进行分析。在上市公司的年度报告中，一般应披露此类信息。在了解上市公司的长期投资构成的基础上，信息使用者就可以进一步通过对上市公司投资对象的经营状况以及效益性等方面的分析来判断上市公司投资的质量。

（2）对利润表中股权投资收益与现金流量表中因股权投资收益而收到的现金之间差异进行分析。在股权投资收益占上市公司投资收益比重较大的情况下，上市公司有可能披露其利润表投资收益中股权投资收益的规模。但是，利润表投资收益是按照权责发生制的要求分别采用成本法与权益法来确定的，并不一定对应上市公司相应的现金流入量。股权投资收益产生的现金流入量将在现金流量表中以分得股利或利润所收到的现金的项目出现。在被持股上市公司没有分红、分红规模小于可供分配的利润或无力支付现金股利的情况下，利润表中股权投资收益就有可能大于现金流量表中分得股利或利润所收到的现金的金额。当然，仅仅凭着此项分析，尚不足以作出被持股上市公司状况不良、上市公司投资质量较差的结论。

(3)通过某些迹象来判断。在许多情况下，上市公司投资质量的恶化，是可以通过某些迹象来判断的。对有市价的长期投资，其质量是否恶化，可以根据下列迹象判断：①市价持续 2 年低于账面价值；②该项投资暂停交易 1 年；③被投资单位当年发生严重亏损；④被投资单位持续 2 年发生亏损；⑤被投资单位进行清理整顿、清算或出现其他不能持续经营的迹象。

对于无市价的长期投资，其质量是否恶化，可以根据下列迹象判断：①影响被投资单位经营的政治或法律环境的变化，如税收、贸易等法规的颁布或修订，可能导致被投资单位出现巨额亏损。②被投资单位所供应的商品或提供的劳务因产品过时或消费者偏好改变而使市场的需求发生变化，从而导致被投资单位财务状况发生严重恶化。③被投资单位所从事产业的生产技术或竞争者数量等发生变化，被投资单位已失去竞争能力，从而导致财务状况发生严重恶化。④被投资单位的财务状况、现金流量发生严重恶化，如进行清理整顿、清算等。

按照《企业会计准则——长期股权投资》的规定，对那些质量状况在恶化的投资，应当计提长期投资减值准备。

怎么计量水里的鱼？——生物资产的难点

我国有很多农业类的上市公司，农业类的公司必然会涉及生物资产的问题。

生物资产是指有生命的动物和植物，我国会计准则将生物资产分为消耗性生物资产、生产性生物资产和公益性生物资产三大类，并分别就三大类生物资产的定义、包含内容和相应的会计处理分别进行了规范。

公益性生物资产，是指以防护、环境保护为主要目的的生物资产，包括防风固沙林、水土保持林和水源涵养林等。公益性生物资产也界定为生物资产的一类是因为企业拥有或控制的公益性生物资产。虽然不能直接为企业带来经济利益，但具有服务潜能，有助于企业从相关资产获得经济利益，从而满足生物资产确认的条件。

消耗性生物资产，是指为出售而持有的、或在将来收获为农产品的生物资产，包括生长中的大田作物、蔬菜、用材林以及存栏待售的牲畜等。

生产性生物资产，是指为产出农产品、提供劳务或出租等目的而持有的生物资产，包括经济林、薪炭林、产畜和役畜等。

作为一种经济资源，生物资产和其他资产一样都是企业对其进行经营管理从而谋求资金增值的手段，而使收回投资时的资金大于原始投入。在这一点上，生物资产和其他资产对于企业的意义是相同的。但由于生物资产与其他资产的形式不同，价值转化机理也不一样。因此生物资产不但具有一般资产的特征，且基于它具有动植物的自然再生产和经济再生产相互交织的特点。生物资产还具有与其他资产不同的生物特征，其主要表现在以下几个方面：

(1)生物资产具有生物转化性和自然增值性

生物资产是活的动物和植物，因此其自身具有生长、发育、繁殖和衰退的自然规律。它依靠这些自然规律和人的劳动的推动来实现自身的转化，如由一粒种子长成一棵大树。又由于生物资产是自然再生产与经济再生产相互交织作用的结果，因此生物资产在生长过程中不断地自然增值。

(2)生物资产具有生长周期性

生物资产是活的动物和植物，由于其自身的特殊生长规律，其生长都要经历从繁育、成长、成熟、蜕化、消亡等几个阶段，即是具备生命周期的资产。并且不同的生物资产其生命周期也存在差异性。有的生物资产周期很长，如林木，长达十几年甚至上百年；有的生物资产周期又很短，如一般的农作物，在一年以内。

(3)生物资产具有多样性

不同的生物资产具有各自的生长、发育特点,而且差异非常明显,如植物和动物就具有完全不同的生长发育规律。

(4)生物资产的生长具有地域差异性

动物和植物均依赖于自然环境而存在,不同地区自然条件导致了生物资产的地域性。如农作物和森林资产是在地球的某一地理位置上生长,因而附属于该地域的温度、湿度、光照、降水、土壤肥沃程度等自然条件的差异都将影响到农作物和森林的生长潜力和未来产品的数量、质量上。因此,不同地域的生物资产呈现出地域差异性。

(5)某些生物资产具有提供副产品的特性

某些生物资产可以提供多种农副产品,如奶牛就提供牛奶这种副产品。但是同一种类的动物或植物提供的副产品在数量、质量上都具有相当大的差异。

(6)某些生物资产具有附着物不可分割性

生物资产作为活的动物或植物,一般具有与其附着物不可分割的特性,如森林、农作物依附着土地,鱼类、海洋生物依附着江河水系等。一旦这些生物资产与其附着物分开,它们将不再属于生物资产的范畴,如生物资产的收获和死亡。

(7)生物资产具有双重资产特性

生物资产具有流动性资产(消耗性生物资产)和长期性生物资产(生产性生物资产和公益性生物资产)的双重特性。并且在一定情况下可以相互转化。如牛、羊等生物资产在人类以取得肉、皮等产品为目的时,这些牛羊只能利用一次,价值一次性地转移,即具有流动性资产的性质;当人类以取得毛、乳等产品为目的时,这些牛羊可以反复利用,价值逐步转移,即具有长期性资产的性质。但是一般来说,公益性资产都具有长期性资产的性质,如放风固沙林、水源涵养林等,都是具有很长的生长周期和价值收回期。

(8)生物资产具有未来经济利益不确定的特性

生物资产在存续期间存在很多不确定因素,如农作物受自然条件的制约,特别是洪水、飓风等自然灾害对农作物的生长发育以及产出有很大的危害,动物疾病的发生等也使得生物资产的未来经济利益具有很大的不确定性、高风险性。

生物资产中的消耗性生物资产在某些特殊企业,其价值的判断存在很大的难度。比如,水产养殖企业其在水中的到底有多少鱼、王八,是没有办法进行盘点的,而只是根据有关的票据以及水产养殖的经验数据进行判断。笔者曾阅读某主营海产品养殖的上市公司的财务报表,其前三年的净利润总额和存货的累计增加额刚好差不多,这是很容易引起怀疑的。

延伸阅读:被高估的山下湖的珍珠蚌

2007 年,山下湖拟以 6 700 万元进行资产收购,具体的公告内容摘录如下:

(一)淡水育珠蚌繁育养殖基地项目

2. 项目投资概算

该项目建设需总投资 6 700 万元,其中新增固定资产投资 233 万元(其中新增设备及安装费 100 万元),其他费用 5 867 万元(其中收购固定资产和生物资产 5 861 万元),预备费 40 万元,流动资金 560 万元。具体如下:

(2)拟收购资产的内容

本项目拟收购的资产位于常德市鼎城区牛鼻滩镇。

公司拟收购的资产为育珠蚌及吊养育珠蚌的网箱和网夹等低值易耗品,拟收购生物资产分别养殖在 20 个蚌池中,截至评估其准日的数量约为 404 万只,蚌龄分别为 1 年蚌、2 年蚌、3 年蚌。

该项目水面面积为 16 000 亩。根据上述资料,可以计算出收购每只珍珠蚌的价格为 14.5 元左右。让我们再来看看公司招股说明书中披露的资料,然后根据该资料可以测算除收购的珍珠蚌平均不到 2.5 龄的情况下,成本应该远低于 5 元/只。

珠蚌的繁育成本为 1.5 元/只(繁育成本 0.2 元/只 ×3 只 + 人工 0.6 元/只 + 必要的设备 0.3 元/只)。

②珠蚌培养成本,包括肥料、网夹、绳索、吊瓶、人工工资、水电费用等。每只珠蚌培养成本第 1 年约为 0.3 元,第 2 年约为 0.6 元,第 3 年约为 0.9 元,第 4 年约为 1.2 元,至 4 年出售时,每只珠蚌培养成本约 3.0 元。

③根据租赁协议,2008~2012年租金为202万元/年;2013年租金为230万元;2014~2022年租金为250万元/年;2023年1~5月租金为146万元。

再来看看另外一个募集资金变更投资项目:

二、新募集资金投资项目的介绍

(一)新募投项目的基本情况

公司珍珠粉中药饮片及胶囊生产建设项目和营销网络建设项目终止后,公司尚未使用的募集资金金额为6 129万元。为有效防范投资风险,提高募集资金使用效益,经审慎研究,公司董事会计划将该笔募集资金的用途变更为淡水珍珠湖北养殖基地项目。淡水珍珠湖北养殖基地项目的主要内容是:公司向淡水珍珠养殖大户收购5 397 904只珍珠蚌及对应低值易耗品,在收购完成后由公司承包租赁淡水珍珠养殖大户目前所承包租赁的约9 800亩养殖水域继续养殖珍珠蚌。公司淡水珍珠湖北养殖基地计划总投资金额为6 300万元,其中收购珍珠蚌及对应低值易耗品的投资金额为5 756.25万元,整修更换生产设施费用100万元,流动资金443.75万元。本项目将使用公司尚未使用的募集资金6 129万元,募集资金不足部分由募集资金所产生的利息和公司自有资金补足。

公司拟收购的珍珠蚌拟收购的珍珠蚌总数量为5 397 904只,其中:2龄蚌3 302 374只,3龄蚌1 702 660只,4龄蚌392 870只;低值易耗品主要为吊养珍珠蚌的网箱、网夹等低值易耗品。

公司收购5 397 904只珍珠蚌的成本为5 756万元,每只珍珠蚌的收购价格接近11元,而这些珍珠蚌平均也是不到2.5龄,成本不超过4元每只。

根据公司招股说明书资料,每只珍珠蚌养殖成本不超过5元,1 000万只珍珠蚌总额不超过5 000万元,报表中1个多亿的消耗性生物资产实在是太高估了。公司的生物资产被严重高估。反映到生物资产周转率上,则是越来越低的周转率:

财务指标	2009-12-31	2008-12-31	2007-12-31	2006-12-31
存货周转率(%)	0.50	0.68	0.82	1.07

45

无形资产是什么？——“胶囊”中装了什么“药”

无形资产(Intangible Assets)是指企业拥有或者控制的没有实物形态的可辨认非货币性资产。

无形资产通常包括专利权,非专利技术,商标权,著作权,特许权,土地使用权等。

(1)专利权:是指国家专利主管机关依法授予发明创造专利申请人对其发明创造在法定期限内所享有的专有权利,包括发明专利权,实用新型专利权和外观设计专利权。

(2)非专利技术:也称专有技术,是指不为外界所知,在生产经营活动中应采用了的,不享有法律保护的,可以带来经济效益的各种技术和诀窍。

(3)商标权:是指专门在某类指定的商品或产品上使用特定的名称或图案的权利。

(4)著作权:制作者对其创作的文学,科学和艺术作品依法享有的某些特殊权利。

(5)特许权:又称经营特许权、专营权,指企业在某一地区经营或销售某种特定商品的权利或是一家企业接受另一家企业使用其商标、商号、技术秘密等的权利。

(6)土地使用权:指国家准许某企业在一定期间内对国有土地享有开发、利用、经营的权利。

无形资产应当按照成本进行初始计量。自行开发的无形资产,其成本包括自满足无形资产确认条件后至达到预定用途前所发生的支出总额,但是对于以前期间已经费用化的支出不再调整。

无形资产的应摊销金额为其成本扣除预计残值后的金额。已计提减值准备的无形资产,还应扣除已计提的无形资产减值准备累计金额。使用寿命有限的无形资产，其残值应当视为零，但下列情况除外：

(1)有第三方承诺在无形资产使用寿命结束时购买该无形资产；

(2)可以根据活跃市场得到预计残值信息，并且该市场在无形资产使用寿命结束时很可能存在。

企业摊销无形资产，应当自无形资产可供使用时起，至不再作为无形资产确认时止。

企业选择的无形资产摊销方法，应当反映与该项无形资产有关的经济利益的预期实现方式。无法可靠确定预期实现方式的，应当采用直线法摊销。

无形资产的摊销金额一般应当计入当期损益(管理费用、其他业务成本等)。某项无形资产所包含的经济利益通过所生产的产品或其他资产实现的，其摊销金额应当计入相关资产的成本。

企业至少应当于每年年度终了，对使用寿命有限的无形资产的使用寿命及摊销方法进行复核。无形资产的使用寿命及摊销方法与以前估计不同的，应当改变摊销期限和摊销方法。

企业应当在每个会计期间对使用寿命不确定的无形资产的使用寿命进行复核。如果有证据表明无形资产的使用寿命是有限的，应当估计其使用寿命，按使用寿命有限的无形资产的有关规定处理。

企业每年应当对使用寿命不确定的无形资产进行减值测试。发现减值的，应当计提减值准备。

无形资产会计的难题是：无形资产的价值怎么判断。对于自行研发的无形资产，哪些是属于研究阶段的支出，哪些是属于开发阶段的支出，哪些是可以作为无形资产价值确认的支出，这些问题的判断对于非专业技术研发人员来说都是难题。对于从外部购买的无形资产，包括专利权、商标权、专有技术等，其定价则更是难题。因此，证券市场中就有了利用无形资产进行舞弊的很多案例，下面通化金马的“奇圣胶囊”就是一个典型的例子。

延伸阅读：“胶囊”中装了什么“药”

快到年底，上市公司的资本运作又渐趋活跃。近期，通化金马

(0766)围绕"奇圣胶囊"展开的一桩资产交易及相关公告引起了人们的注意。交易的细节十分费解,人们尤其想知道的是,通化金马在这"胶囊"中装了什么"药"。

交易带来疑团

10 月 11 日,该公司发布公告称,经临时股东大会审议批准,公司于 10 月 10 日签署了两项资产收购协议:一是与张恒春药业有限公司签署协议,按拍卖价 3.18 亿元购买其拥有的保健药品"奇圣胶囊"产品及全部技术,该价格创下了国内医药保健品单品拍卖的新高;二是用 2 666.8 万元从北京裕思明商贸有限公司手中购买张恒春药业有限公司 1.8 亿股股权(占总股本 100%)。两项收购共需资金 34 466.8 万元。

此后,通化金马又相继发布了两条关于"奇圣胶囊"的重大喜讯:先是在第二届高交会医药高新技术成果拍卖会上,"奇圣胶囊"在广州、广东省(除广州)、香港、澳门、台湾和新马泰地区的总经销权被成功拍卖,拍卖总成交金额达 1 450 万元;紧接着公司又在吉林省通化市召开"奇圣胶囊销售代理招商大会",与全国 176 家医药经销单位签订了"奇圣胶囊"经销协议,总金额达 14.85 亿元,其中现款现货 2.15 亿元,预售 12.7 亿元。

从以上信息粗略判断,通化金马是做了一笔很成功的大买卖。与公司原来并不算好的主营业务水平相比,"奇圣胶囊"产品在短短一个月内就能取得如此佳绩,的确是"神奇非常"。

可记者在仔细思考这笔买卖的来龙去脉之后却发现,在"神奇"的背后,这桩重大资产交易原来还有几个难以解开的疑团。

收购成本花了多少?这可能是不少投资者最初的疑惑。同时花钱买下产品和研制开发产品的企业,这在以往收购中本来就不多见。公告中明明白白地告诉我们,通化金马完成对包括"奇圣胶囊"在内的张恒春药业大部分资产负债的收购(经剥离的"短期投资"和"预付账款"除外),共花了 34 466.8 万元。奇怪的是,原本拥有这一切的北京裕思明公司却仅得到了 2 666.8 万元股权转让收入。3.18 亿元的差额到哪里去了呢?记者发现,形成差额的原因其实就出在 3.18 亿元"奇圣胶囊"收购款的最终归属上。通化金马称,"将积极运作市场,待该产品销售回款达到 3 亿元左右,一次性以货币资金支付价款。"从中可知,张恒春药业将是这笔巨额拍卖款的收入方,只不过在收入兑现之前体现为应收款的形式。与此同时,张恒春药业又通过股权转让成为通化金马的全资子公司,最终的现金支付实际上是母子公司之间的资金划转,与裕思明公司无关。换句话说,3.18 亿元巨款最终并未脱离通化金马的经营体系,只有 2 666.8 万元股权收购款才是实实在在的支出。因此这 2 666.8 万元就是通化金马为收购付出的总成本,也就是形成巨幅差额的原因。显然,这与公告中的说法是不相符的。

“奇圣胶囊”价值几何

这个问题看似多余。因为公告中也明确说了,在今年 9 月 1 日拍卖会上,通化金马是以 3.18 亿元拍得“奇圣胶囊”单品种及全部技术价款,这不就是“奇圣胶囊”价值所在吗?但记者奇怪的是“奇圣胶囊”产品在拍卖会前后所表现出的巨大差异。如公告所言,“奇圣胶囊”是张恒春药业经过几十年研制才开发出的保健药品,具有治疗疾病和提高人体自身机能的双重奇特功效,是一个具有“高科技含量、高附加值的纯天然制剂,有着十分广阔的市场开发前景和巨大的利润空间”。且据记者了解,“奇圣胶囊”早在两年前就已技术成熟并推向市场。可就是这样一个好产品,在通化金马拍卖收购之前却几乎没有打开市场销路,产品销售一败涂地。近期公告显示,张恒春药业 1998 年、1999 年的主营收入分别为 1 627.4 万元和 2 058.8 万元,净利润为 -244.9 万元和 593.2 万元,今年前 8 个月更是不升反降,主营收入及净利润别仅为 965.8 万元和 4.37 万元。并且,这不到 1 000 万元的主营收入还是包括了“奇圣胶囊”在内的 11 种剂型 69 个品种的总收入!拳头产品“奇圣胶囊”当时的市场窘况可见一斑。在此情况下,“奇圣胶囊”还能以 3.18 亿元这样令人吃惊的高价拍卖成功,可谓“匪夷所思”。更绝的是,自从通化金马接手之后,“奇圣胶囊”就开始如有神助了。撇下拍卖地区总经销权和收获 12.7 亿元预售款不说,单是 2.15 亿元的现款现货,就够国内一般药品厂家羡慕一阵子的了。这是张恒春药业头 8 个月主营总收入的 22.26 倍之多!发生这一切,离正式签署“奇圣胶囊”收购协议仅仅几天时间,真不知通化金马是怎样说服它的经销商们,让他们能够大大方方地掏出银子。

裕思明为何要“割肉”

无论“奇圣胶囊”价值几何,但通化金马总归是在拍卖会上用 3.18 亿元把它拿下来了。可现实的情况是,裕思明公司并没有得到这笔巨款,巨额应收款是通化金马欠张恒春药业的。本来裕思明公司可以通过全资拥有张恒春药业的股权来间接得到这笔拍卖款项。可令人不解的是,裕思明公司却在拍卖会后匆匆地与通化金马签订了协议,以2 666.8 万元极其低廉的价格将张恒春药业100%股权让渡给了通化金马,等于是把一块到手的大肥肉白白奉送。裕思明公司为何要“割肉”呢?

细查公告,发现奥秘原来在评估基准日上。双方有关收购张恒春药业的交易是以该公司经评估后的净资产为依据的。张恒春药业资产评估的基准日是2000 年8 月31 日,经安徽华普会计师事务所确认。张恒春药业的资产总额28 611 万元、负债总额11 009 万元、净资产总额17 601 万元,经剥离出短期投资和预付账款后的净值2 666.8 万元成为双方交易的基础。而“奇圣胶囊”拍卖会是在2000 年9 月1 日举行的,仅仅比评估基准日晚了一天!显然,“奇圣胶囊”拍卖形成的巨额应收款并未体现在评估报告书中,也未体现在双方的股权交易中。公司的用意似乎是要把购买“奇圣胶囊”与购买张恒春药业分为互不相干的两部分。

按理说,在“奇圣胶囊”产品拍卖出现大幅增值的情况下,原有的评估报告已不适用。裕思明公司如果仍想出售张恒春药业,应该要求重新评估其价值,这当中至少应包括拍卖“奇圣胶囊”所形成的巨额应收款。可问题是,裕思明公司在明明知道“奇圣胶囊”已有巨大升值的情况下(拍卖会9 月1 日进行,双方9 月2 日才草签协议)仍然同意按8 月31 日即拍卖会前的评估值转让张恒春药业,这就让人难以理解了。

很明显,在这种情况下有几种可能:其一,双方早有约定。但根据披露,双方是于9 月2 日即拍卖会后才签署转让意向协议书的,此前并无任何约定,裕思明公司享有充分的决策权,这种可能性不存在。其二,裕思明公司对通化金马让利。但是,在通化金马发布的所有公告中,未见披露双方具有关联关系。既然不存在关联关系,那裕思明公司对通化金马作如此大幅度的让利又有何现实基础呢?其三,也可能是一种利益交换。即裕思明公司现时的付出是以取得另类收益为前提的。这里还有一个细节值得关注。在先后两次资产收购公告中,通化金马对收购张恒春药业所做的表述是不同的。9 月5 日公告称,公司签署了《股权转让意向协议书》,以每股1 元的价格购买1.8 亿股股权,除了张恒春药业近三年的财务状况外，公告中没有提到评估一事；而在10月11日的公告中，这一“意向”却被改成了“以经评估后的净资产总额剥离……的净值2 666.8万元为转让总价款”。可以看出，在张恒春药业1 999年底净资产仅1 242.6万元的前提下，通化金马尚愿意花1.8亿元买下股权；但是在经过评估净资产增加至17 601万元后，公司反倒舍不得花这笔钱了，而是剥离了其中的大部分。这样一来，裕思明公司所得的转让款急剧减少，通化金马的收购成本却被大大降低了。

配股募集资金哪去了

通化金马表示，“本次收购资产所需资金共计34 466.8万元”，公司决定，“用变更投向的配股募集资金投资22 077.99万元，用自筹资金投资12 388.81万元”。可分析告诉我们，这笔买卖其实并不需要花这么多钱，只需2 666.8万元的股权收购款就足够应付了，那么巨额配股款到哪里去了呢？据称，两亿多元配股募集资金原计划投资三个项目，但因“项目所涉及的生物工程药品研制工作尚处于中试和临床前的实验阶段，决定延期实施”，资金改作他投。如今不仅这笔钱将顺利花掉，而且还需自筹一亿多元资金。数亿元资金名义上已用于购买“奇圣胶囊”产品，但实际上，这一大笔钱最终并未花出去，在全资子公司张恒春药业的账上兜一圈之后，它最终仍属通化金马所有。但几乎可以肯定的是，公司对配股投资者已有了一个“完美的交代”。既然早知道能通过廉价收购张恒春药业股权来间接占有“奇圣胶囊”产品，却仍然要进行“天价拍卖”和“项目转让”。在明白了背后的奥妙后，方知通化金马并不“多此一举”。另外，拍卖大概还有一个作用，就是广告效应。夸张点想象，如果拍卖会拍出10个亿、20个亿来，通化金马想必也掏得起这个钱。因为不论拍卖数额大小，最终它还是要流回来的，而不会由公司对外实际支付。但如此巨价对一些不解其理的商家而言就不同了。作为具有“治疗疾病和提高人体自身机能”双重奇特功能的保健药品，又在拍卖会上受如此追捧，必定具有“十分广阔”的市场开发前景和巨大的利润空间，不介入还等什么呢？行文至此，记者不由得对有关“奇圣胶囊”的种种做法产生疑问。在巨额拍卖交易的背后，究竟还有没有隐藏着更深层的东西，那就恐怕只有当事者自己能够说清楚了。

46 产生利润的所得税会计

《企业会计准则第18号——所得税》是从资产负债表出发，通过比较资产负债表上列示的资产、负债按照会计准则规定确定的账面价值与按照税法规定确定的计税基础，对比两者之间的差异，分别按照应纳税暂时性差异与可抵扣暂时性差异，确认相关的递延所得税负债与递延所得税资产，并在此基础上确定每一会计期间利润表中的所得税费用。所得税准则采用资产负债表债务法核算所得税。

资产负债表债务法较为完全地体现了资产负债观，在所得税的会计核算方面贯彻了资产、负债的界定。从资产负债表角度考虑，资产的账面价值代表的是企业在持续持有及最终处置某项资产的一定期间内，该项资产能够为企业带来的未来经济利益。而其计税基础代表的是在这一期间内，就该项资产按照税法规定可以税前扣除的金额。一项资产的账面价值小于其计税基础的，表明该项资产于未来期间产生的经济利益流入低于按照税法规定允许税前扣除的金额，产生可抵减未来期间应纳税所得额的因素，减少未来期间以应交所得税的方式流出企业的经济利益，应确认为资产。反之，一项资产的账面价值大于其计税基础的，两者之间的差额将会于未来期间产生应税金额，增加未来期间的应纳税所得额及应交所得税，对企业形成经济利益流出的义务，应确认为负债。

在利润表中，利润总额减去所得税费用后计算出净利润。由于资产负债表债务法核算所得税费用需要进行一些人为的估计，因此，所得税费用也就成了一些公司调整净利润的手段——利用确认递延所得税资产或负债的时点，调节应当确认的所得税费用。

曾有证券公司的分析师问过笔者：为什么有一家公司的利润总额是负的，但是净利润却是正的？因为如果一家公司确认了一大笔递延所得税资产，那么，当期的所得税费用就可能是大额负数，从而起到增加净利润的作用。下面中银绒业的例子，很好地说明了这个问题。

延伸阅读:中银绒业股改业绩达标术

2007年,宁夏中银绒业国际集团公司通过重组式股改入主圣雪绒(000982),改名中银绒业。中银绒业对重组后的公司未来三年经营业绩作出承诺:

如果重组后的公司出现以下触发条件所列三种情况之一时,中银绒业将对公司除中银绒业外的其他股东追送股份,追送仅限一次,追送股份总数为8 600 000股,每10股股份获付1股。

第一种情况:如果本次资产置换在2007年12月31日前完成,则公司:①在2007年年未能扭转亏损;②2008年实现净利润低于3 100万元;③2009年实现净利润低于3 410万元,出现以上任一情形均视为触发追送股份条件。

第二种情况:本公司2007年度或2008年度或2009年度财务报告被出具非标准无保留审计意见。

第三种情况:本公司未能按法定披露时间披露2007年或2008年或2009年年度报告。

2009年2月20日,中银绒业发布2008年年报,2008年中银绒业实现归属于母公司净利润3 558万元,超过股改承诺的3 100万元目标。可是笔者浏览了该公司2008年年报,发现中银绒业2008年利润总额只有2 564万元,为什么净利润高达3 558万元?原来,该公司2008年所得税费用为-650万元、少数股东收益也是-344万元,因此导致中银绒业2008年利润总额与归属母公司净利润倒挂高达994万元。

笔者再查该公司所得税费用及递延所得税资产附注,怀疑该公司所得税会计存在严重问题。请看该公司所得税费用附注:

中银绒业认为,“所得税费用=当期应交所得税+递延所得税费用-递延所得税收益”。实际上,第一项应为“当期所得税费用”,当期所得税费用=(会计利润-非纳税收入+不得扣除成本、费用及损失)×适用所得税税率。“当期所得税费用”与“当期应交所得税”是两个概念,“当期所得税费用”计税基数包括当期暂时性差异,而“当期应交所得税”计税基数已扣除了暂时性差异。这种算法不伦不类,上半部分是应付税款法,

下半部分是资产负债表债务法。中银绒业“所得税前扣除的成本费用及损失”有3 305万元吗？笔者怀疑该公司已经将税前弥补亏损已算进纳税调减项目。

该公司在2007年年末确认了可弥补亏损的递延所得税资产954万元,2008年年末可弥补亏损减少,按理,递延所得税资产应该减少。可是中银绒业2009年年末弥补亏损递延所得税增加至1 391万元,包括坏账准备在内,该公司年末的递延所得税资产比年初增加772万元,这在会计上对2008年所得税费用影响是-772万元(这个数与所得税费用中递延所得税收益758万元有差异,不知道是什么原因)。为什么会有这种情况发生？原来,中银绒业年初是按15%税率确认递延所得税资产,年末是按25%确认,所以基数减少,但余额反而增加。

笔者查了该公司2007年年报、2008年半年报及2008年报税率注释,发现中银绒业在2007年年末确认递延所得税资产犯了错误。因为这个递延所得税资产(负债)要按预期税率计量,而不是当期税率。该公司错以2007年当期适用税率计算递延所得税资产。实际上,2008年年初新《企业所得税法》出台后,各上市公司纷纷在2007年半年报或年报中对此作了反映,以预期税率调整了递延所得税资产(负债)。亦即,该公司2007年年报少确认递延所得税资产,导致2007年少确认递延所得税收益。

实际上,对于这种亏损之后产生可弥补亏损的公司,一般是不确认递延所得税资产的,这符合会计的谨慎性原则。计提递延所得税资产其实是自己给自己增加压力。因为如果不计提可弥补亏损的递延所得税资产,以后盈利年度就不要转回递延所得税资产,转回递延所得税资产意味着所得税费用增加。所以中银绒业在2007年适用新会计准则时就不该确认递延所得税资产。2007年该公司递延所得税资产减少799万元,所得税费用本该增加799万元,可奇怪的是该公司竟产生递延所得税收益507万元,导致2007年递延所得税费用也是负数。一般情况下,如果企业确认了可弥补亏损的递延所得税资产,则在以后弥补亏损时就会作为费用转回来。可中银绒业竟然一边确认可弥补亏损的递延所得税资产,另一边在盈利年度又作为收益转回来。

笔者可以断言中银绒业2008年所得税费用计算是错的。由于该公司股改业绩承诺是3 100万元,而实际实现3 558万元,超标458万元。

根据笔者理解，其2008年所得税费用应该是正的，而不是负的。如果是这样，则中银绒业2008年净利润至少应调减650万元，这样该公司2008年就不能完成股改业绩承诺，需要追加对价。

事实上，中银绒业除了所得税会计存疑外，该公司实际经营业绩也非常可疑。2008年度尽管实现净利润3 558万元，但经营性净现金流是-17 292万元；2009年第一季度该公司实现净利润122万元，但经营性净现金流再次出现巨额的红字，高达16 488万元。2008年年报对经营性现金流出现巨额赤字作了解释：

中银绒业羊绒资产置进之前的2006年度收入8亿元，预付账款加存货只有3.8亿元；可2008年度收入下降至7.46亿元，但存货加预付账款高达8.13亿元，到了2009年第一季度末存货加预付账款更是高达10亿元。

单位：亿元

年份	2007.12.31	2008.03.31	2008.06.30	2008.09.30	2008.12.31	2009.03.31
预付账款	0.64	0.77	1.45	1.36	1.25	2.24
存货	7.2	6.67	7.58	6.92	6.88	7.78
合计	7.84	7.44	9.03	8.28	8.13	10.02

据该公司介绍，该公司经营特点是每年5～9月收购原绒，6～12月为当年主要销售季节，9月到次年3月为主要的回款期。按理，该公司第一季度存货余额较少，第二季度或第三季度存货余额较高，可该公司存货并没有明显季节性变化，且存货及预付账款从2006年末的3.8亿元突然猛增至2007年末的7.84亿元。在价格大跌的情况下，存货余额增加一倍，且之后存货及预付账款余额一直高企。这非常符合虚构资产的征兆.

实际上，该公司羊绒2008年度毛利率只有16%。考虑存货减值因素，笔者对该公司2008年度及2007年度羊绒业务是否真实盈利深表怀疑，并怀疑10亿预付账款及存货背后是巨额资金下落不明。因本文重点是所得税会计问题，对中银绒业主业质疑将另文撰之。

中银绒业所得税会计不仅仅是纯会计问题，其导致的经济后果是要不要追送860万股给流通股股东，以4月30日8.53元收盘价计算，860万股市值7 336万元。

（摘自夏草. 2010. 上市公司48大财务迷局. 北京：机械工业出版社.）

应付职工薪酬

如果你想选择一份高工资的工作，那么在应聘之前不妨看看这家公司的财务报告来判断其待遇是否优厚。

公司的财务报告中，与员工待遇有关的主要项目：一是资产负债表中的应付职工薪酬；二是现金流量表中"支付给职工以及为职工支付的现金"。透过这两个项目，我们可以判断某一年度该公司员工的工资福利总额是多少，其计算公式为：本期工资福利总额＝期末应付职工薪酬＋支付给职工以及为职工支付的现金－期初应付职工薪酬。以总额除以公司的员工人数，即可计算出员工人均薪酬。我们可以判断人均薪酬是否符合地域、行业的特征。

在这里再给大家解释一下应付职工薪酬。应付职工薪酬是企业根据有关规定应付给职工的各种薪酬，按照"工资、奖金、津贴、补贴""职工福利""社会保险费""住房公积金""工会经费""职工教育经费""解除职工劳动关系补偿""非货币性福利""其他与获得职工提供的服务相关的支出"等应付职工薪酬项目进行明细核算。

一般来说，在员工规模没有大幅变动或者员工薪酬水平没有大幅变动的情况下，应付职工薪酬的金额不会出现太大幅度的波动。如果出现大幅度的波动，则值得我们小心。

延伸阅读：国泰君安天价薪酬最新进展

国泰君安证券被曝2008年薪酬及福利费用高达32亿元，较年初预算增长57%，人均年收入近100万元。

金融危机下国内外企业集体裁员降薪等降低成本以度过危机之时，国泰君安薪酬支出却逆势飙涨，贴上了"天价薪酬"的标签，因此被推上了舆论的风口浪尖。

上海市金融工委的一位处长透露，2月5日下午，上海市国资委及市

金融工委召开专门会议，讨论国泰君安巨额薪酬在社会各界产生的影响，而国泰君安等单位的相关负责人也到会就薪酬问题作出了说明。

据悉，会上，上海市金融工委并未对此事明确表态，但国泰君安可能会因此而推迟发放剩下的年终奖。

薪酬风波

数据来源于一份《2009 年国泰君安证券总裁陈耿工作报告》。该报告提及 2008 年公司薪酬及福利费用高达 32 亿元，按照其 3 000 多人的员工计算，平均每人收入达到 100 万元。

同时，"2008 年公司各项收支预算完成情况"一表中，国泰君安 2008 各项目实际收入情况较年初预算的完成率普遍不高。2008 年实现经济业务净收入 49.77 亿元，而年初预算是 80 亿元，完成率仅为 62%；其中零售客户收入 45.43 亿元，而预算是 75 亿元，完成率为 61%。国泰君安证券投资部收入更是难堪，2008 年亏损 1.44 亿元，完成率为 -9%。

该数据一经报道随即引发社会各界的巨大关注，各种对于国泰君安天价高薪的质疑和指责此起彼伏。

事实上，早在 2007 年上市公司年报披露期间，就有关于浦发银行(600000.SH)人均年薪达到 36 万元的报道。这在当时也引发了与如今程度近似的社会关注度，而舆论的指向也普遍在于对银行业高薪的质疑。如今国泰君安的人均年薪却是当年浦发银行的 3 倍。

2 月 4 日傍晚，国泰君安公司网站上挂出就某媒体报道的公司百万年薪一文作出的澄清。然而，这篇澄清并未就巨额薪酬的构成和分配情况作出说明，只是强调薪酬大部分为预提而非实发。因此这样的"澄而不清"反而引发了更多的质疑之声。

"显然，这个数字对于当前经济形势下众多企业裁员减薪的情况而言，的确很有些刺激眼球，即便这样简单计算人均年薪的方法有些草率。"上海金融工委的一位处长坦言，金融企业薪酬较高引起舆论关注可以理解，而天价薪酬风波也已经惊动上海国资委和金融工委。

"可能是高管的薪酬分配还比较合理，因此主管部门的领导当时并未表示出否定的态度，不过国泰君安可能会因此事而推迟发放剩下的年终奖。另一方面，金融工委也认为媒体计算出来的国泰君安百万人均年薪并不准确。"

有业内人士认为，无论是去年的浦发银行，还是今年的国泰君安，都遭遇到“数字游戏”的尴尬，那就是外界对于金融企业财务报告不够准确的解读。

上海某证券公司财务部门负责人认为，表面上看，以员工数量作为基数计算人均年薪也合乎情理，但证券行业有其特殊性，通常每家券商除了正式员工之外，还有数量庞大的编外经纪人队伍，这些经纪人的工资，尤其是奖金也体现在报表中的职工薪酬上。

而“财务打假专家”夏草也认为，年报中的薪酬总数有时候并不是仅反映正式员工的薪酬，以正式员工数量来计算证券公司的人均薪酬的确不太合适。不过夏草也指出，哪怕是把众多编外经纪人计算在内，国泰君安总体高达 32 亿元的薪酬费用也实在有些惊人。

天价由来

或许与同处上海的申银万国证券的比较更能发现国泰君安薪酬的高低。

作为资本规模和营业网点数量相当且员工人数基本相同的两家券商，国泰君安和申银万国 2007 年年报中显示的职工薪酬分别为 21.23 亿元和 21.44 亿元，几乎相同。而到了 2008 年，二者的差别就较为明显了。

数据显示，2007 年申银万国和国泰君安的业务及管理费用分别是 27.87 亿元和 34.18 亿元，相差不大。2008 年申银万国在这一费用上为 15.94 亿元，而国泰君安则高达 43.59 亿元，差距十分明显。

由于证券行业的业务及管理费用主要由职工薪酬和其他一些较为固定的支出构成，因此两家券商在这一费用上的差距显然是由职工薪酬的巨大差额所造成。可以说，国泰君安去年的薪酬水平明显高出同行。

那么，如此高额的薪酬费用是如何形成的？国泰君安董事会又如何会在当前的经济情况下同意如此规模的薪酬计划？这或许可以从近两年来公司的财务报告上看出一些端倪。

作为上海本地国资控股的大型券商，国泰君安成立于 2001 年 12 月 31 日，由原国泰证券和原君安证券合并而来。2005 年年底中央汇金公司对其进行注资后公司注册资本达到 47 亿元。

“公司董事会在薪酬的发放上制定了‘以丰补歉’原则，留存部分利润在以后几年陆续发放，特别是在盈利情况不佳的年份。”国泰君安一位中层干部介绍说,"其实我们当时对这样做的意见比较大,说有这么多奖金却拿不到手上。"2006 年年报也显示,当年末国泰君安应付工资达到6.23亿元,远高于2005 年的1.83 亿元。

"'以丰补歉'在当时也是金融领域比较普遍的做法。"上述券商财务负责人说,"前两年金融行业普遍业绩井喷,许多公司选择了对员工的绩效奖金进行计提,留存到以后发放,这有时候也是为了隐藏利润的需要。"

而到了2007 年和2008 年,带有"隐藏利润"目的的以丰补歉做法让国泰君安每一年的负债表中应付职工薪酬一项不断增多,2007 年末和2008 年末分别为14.19 亿元和30.69 亿元。

不过,值得注意的是,国泰君安2008 年的奖金计提在上下半年还是有明显不同。2008 年中报显示,至2008 年6 月底,应付职工薪酬就已达到32.97 亿元,而到12 月末,这一数字反而下降到30.69 亿元。因此奖金计提基本发生在上半年,这也跟经济形势在2008 年下半年开始出现明显下滑有关系。

而国泰君安的内部人士透露说,公司上半年就形成了32 个亿的应付职工薪酬主要是因为上半年法人股减持形成的收益计提了大量奖金。

数据显示,2008 年上半年国泰君安投资收益就高达67.54 亿元,其中抛售上市公司解禁法人股收益近40 亿元。据悉,国泰君安在2000 年后的资产重组过程中,曾以置换方式获得中国石化、大众交通、申能股份等几家上市公司法人股,其中5.87 亿股中石化国有法人股的持有成本仅2.5 元/股。

知情者表示,2008 年上半年大量减持收益的一部分也同样被以奖金计提的方式留存下来,而不再体现在最后的净利润中。

谁得天价

然而,如果国泰君安真的将30 多亿的真金白银发放给公司员工,那么又有谁能够获得天价薪酬呢?

据国泰君安董事会办公室的相关人士介绍,国泰君安的职工薪酬除了工资、奖金、津贴和补贴之外,还包括职工福利费、社会保险费、住房公积金、工会经费和职工教育经费,不过,九成以上的薪酬还是由工资、奖金、津贴和补贴构成。

而在工资、奖金、津贴和补贴中,国泰君安又根据员工所在部门不同进行了不同比例的安排。对于前台(也就是业务部门)奖金是重头,而中台(专业化的业务支持)和后台则工资和奖金的比例比较平衡。

根据本报了解,2007 年国泰君安的年终奖发放情况根据部门的不同有着不小的差别。一个前台部门的中层干部年终奖可以达到 70 万元,而中后台中层干部一般则在 20 万元左右。显然,前者全年拿到百万年薪并不难。

按照夏草的估算,2008 年国泰君安已经发下去的薪酬应该超过 10 亿,这与去年的 11.23 亿元基本相当,因此中层干部的收入将可能保持 2007 年的水平。

另外,投行部门的三四十名保荐代表人的年薪也都超过了百万,有的甚至达到两百万。

至于一般员工,国泰君安内部人士表示普通员工一年的总收入不可能达到百万元,一般在 20 万元左右,不过一些一线的业务人员收入可能很高。

"虽然一些经纪人工资不高甚至不拿工资,但行情好时他们的奖金就十分可观。"国泰君安零售业务部的一位管理人士透露说,个别客户资源多的经纪人一个月的佣金奖励甚至可以超过五万元。

值得一提的是,就在国泰君安"天价薪酬"被曝光的同时,大洋彼岸的美国总统奥巴马则宣布,强制要求那些即将获得注资的金融和其他企业高管的年薪不得超过 50 万美元。

"我们并不是嫉妒任何获得成功的人,我们当然坚信获得成功理应获得回报……我们需要华尔街人士表现出克制、自控力和一些责任感。"奥巴马表示。

税务迷踪

企业必须按照国家规定履行纳税义务,对其经营所得依法缴纳各种税费。这些应缴税费应按照权责发生制原则进行确认、计提,在尚未缴纳之前暂时留在企业,形成一项负债(应该上缴国家暂未上缴国家的税费)。企业应通过"应交税费"科目,总括反映各种税费的缴纳情况,并按照应交税费项目进行明细核算。该科目的贷方登记应交纳的各种税费,借方登记已交纳的各种税费,期末贷方余额反映尚未交纳的税费;期末如为借方余额反映多交或尚未抵扣的税费。

由于企业财务舞弊一般会涉及经营所得舞弊,因此就会影响到"应交税费",而"应交税费"是否正常也就成为财务舞弊判断的一个切入点。

延伸阅读:鱼跃医疗造假上市

昨日下午,有一媒体记者请笔者看看正在招股的鱼跃医疗(002223)有没财务问题,因为网上举报称其2004年业务数据严重造假。笔者下载了该公司招股说明书,找到其财务报表。有个数据立即引起了笔者的关注,该公司2007年度现金流量表"支付税费"高达6 722万元,而前两年这个数字只有670万元、577万元。笔者再查了资产负债表"应交税金余额"及损益表的"主营收入""所得税费用"及"净利润",发现该公司三年营业收入都是2亿多元,扣除2005年出售资产收益外,近三年的净利润也基本是0.3亿元左右,各年的所得税费用也基本在0.2亿元左右,可为什么前两年税费只缴纳了600多万元?很显然,该公司存在严重的偷漏税行为,2007年度补缴了6 000多万元的企业所得税。

单位:万元

年份	2007	2006	2005
主营收入	28 948	23 199	21 253
所得税费用	1 897	2 350	1 936
净利润	3 850	2 997	8 330
应交税金余额	4 15	3 944	1 597
支付税费	6 722	670	577

但事实真相是这样吗?笔者注意到该公司"其他应收款"2005年末高达1.43亿元,占资产总额的45%,到了2007年末这个余额减少至0.05亿元,笔者怀疑,鱼跃医疗以前年度盈余基本为零,为了上市,虚构收益,同时虚构巨额的应交税金,2006年、2007年通过资金运作,在账面上实现

了“补税”及“收回非经营性占有资金”双重效果，即2007年度表现为“其他应收款”及“应交税金”同时减少，也就是说，这个补税可能也是假的。笔者怀疑鱼跃医疗一边假装收回占款，一边用这个钱去补税，实际上是将公司的资金套现。

笔者查遍招股说明书，想了解一下该公司对税费缴纳情况的说明，果真还被笔者找到了。但最后发现上当了，原来是大股东鱼跃科技的税费缴纳情况说明。当地国税、地税都出具证明称鱼路科技纳税正常，可是关键的上市公司税费缴纳情况却没有任何说明。在对现金流量表进行说明时，也故意回避2007年度涉及6 722万元的巨额支付缴费对经营性现金流的影响。这表明，鱼跃是在故意隐瞒重大事项，想浑水摸鱼，蒙混过关。

此外，鱼跃医疗母子公司财务数据也让笔者看不懂：如2005年母公司净利2 198万元、合并净利8 330万元；到了2006年，反过来了，母公司净利7 342万元、合并净利2 997万元，但是两年所得税费用却一直是合并大于子公司。按常识，这种情况出现很异常。

单位：万元

年份	2007	2006	2005
主营收入（母公司）	28 681	22 314	17 707
主营收入（合并）	28 948	23 199	21 253
所得税费用（母公司）	1 891	2 348	1 106
所得税费用（合并）	1 897	2 350	1 936
净利润（母公司）	3 598	7 342	2 198
净利润（合并）	3 850	2 997	8 330

很显然，该公司以前年度纳税申报表及年检报表与IPO申报财务报表有重大出入。笔者无法理解如此巨额的补税（或假补税）保荐人及审计师如何保证其三年又一期的财务报表是真实且完整的？该公司预计募集资金24 648万元，主承销商（保荐人）平安证券承销费用1 200万元，信永中和审计费用145万元，上海通力律师费用60万元，总发行费用1 815万元，再加上补税6 000多万元，24 648万元的融资费用高达8 000万元。而且能否上市在“补税”之前还是一个未知数，以8 000万元的代价却争取还存在重大不确定的2个多亿现金，这个赌注未免下得太大。实际上，

从报表上明显可以看出，如果不是“补税”等原因，鱼跃医疗有上亿元的闲置现金。过去两年一直闲置不用，该公司根本不缺钱。这样上市究竟目的何在？难道就是为了圈钱甚至是骗钱？

笔者建议监管部门对其业绩及纳税真实情况作进一步深入调查。实际上，这种“补税”（不管是真的还是假的）行为已构成发行前三年有重大虚报（财务报表错报）或违法行为（偷漏税），是不可以上市的。实务中，这种情况也许很常见，但如此赤裸裸将前三年偷税情况反映在 IPO 报表上，还比较罕见。而且这个事情发生在今天，还能通过监管部门层层审核，特别是通过发审委会计及法律专业人士的审核，简直是不可思议。

附：有网友认为，“该公司以前可能是核定征收所得税，因上市需采用查账征收，所以 2007 年补交了 2005、2006 年度的所得税，该部分补交税款已和地方达成了协议，很可能随后返还或通过其他渠道弥补”。他认为，如果以前年度是核定征收，就不能认为是偷税。笔者的疑问是既然没有偷税，为何要补税呢？特别是招股书对此没有任何说明，以前年度到底是如何纳税的，相信纳税申报单及银行付款凭证能说明一切。笔者希望监管部门对有关原始单据进行文书司法鉴定，以识别单据时间，防范当地税务局及银行联手出具虚假证明。因为根据网上举报资料，当地政府曾经为其出具过重大失实的出口数据虚假证明。

资料来源：夏草. 2008. http://finance. sina. com. cn/stock/newstock/20080410/13164731360. shtml.

“最佳估计”的预计负债

预计负债是因或有事项可能产生的负债。在会计准则中，“或有事项，是指过去的交易或者事项形成的，其结果须由某些未来事件的发生或不发生才能决定的不确定事项。或有事项指过去的交易或事项形成的一种状况，其结果须通过未来不确定事项的发生或不发生予以证实。”通俗地说，或有事项就是或者有，或者没有的事项，存在着各种各样的可能性。这就涉及一个如何判断的问题——会计上叫做“会计估计”。而一旦涉及估计，则不同的人可以作出不同的判断，因此也就有了一些公司利用预计负债进行报表调节的故事。

根据或有事项准则的规定，与或有事项相关的义务同时符合以下三个条件的，企业应将其确认为负债：一是该义务是企业承担的现时义务；二是该义务的履行很可能导致经济利益流出企业，这里的“很可能”指发生的可能性“大于50%，但小于或等于90%”；三是该义务的金额能够可靠地计量。

企业根据或有事项等相关准则确认的各项预计负债，包括对外提供担保、未决诉讼、产品质量保证、重组义务以及固定资产和矿区权益弃置义务等产生的预计负债。预计负债应当按照履行相关现时义务所需支出的最佳估计数进行初始计量。最佳估计数的确定应当分别以两种情况处理：(1)所需支出存在一个连续范围，且该范围内各种结果发生的可能性相同，则最佳估计数应当按照该范围内的中间值，即上、下限金额的平均数确定。(2)所需支出不存在一个连续范围，或者虽然存在一个连续范围但该范围内各种结果发生的可能性不相同。在这种情况下，最佳估计数按照如下方法确定：①或有事项涉及单个项目的，按照最可能发生金额确定。“涉及单个项目”指或有事项涉及的项目只有一个，如一项未决诉讼、一项未决仲裁或一项债务担保等；②或有事项涉及多个项目的，按照各种可能结果及相关概率计算确定。“涉及多个项目”指或有事项涉及的项目不止一个，如产品质量保证。在产品质量保证中，提出产品保修要求的可能有许多客户，相应地，企业对这些客户负有保修义务。

延伸阅读：ST幸福：两种命运，一个结局

恢复上市不到一年的ST幸福再次等来生死裁决。然而，这一次并不仅仅关乎生死存亡，在此背后，监管者判决其生死存亡的制度是否合理完善的问题，也在逐渐凸显。

2003年4月30日，ST幸福年报以盈利亮相。然而，这份姗姗来迟的年报却不足以保全“幸福”的性命：由于会计师在审计报告中增加了解释性说明，自年报公布之日起，ST幸福开始等待上交所专家委员会的生死裁决。

毁灭之路

ST 幸福身上浓缩了中国上市公司的很多特点，在其生死边缘，回顾这家企业的发展历程或许对后来者有一些警醒意义。

事实上，在上世纪 80 年代末 90 年代初，江汉平原一带几乎人人皆知周作亮和他的幸福服装厂。因周身有残疾，当地人称其为“跛子周作亮”。这称呼并无不敬，倒给周平添了一份神秘色彩。1978 年，从武汉学得一身裁缝手艺的周作亮回到湖北省潜江地区张金镇幸福村，带着 7 个学徒开起了幸福服装厂。当年创下了 2 万元产值，盈利 5 000 元，上交村里 300 元，从此一发不可收拾。至 1995 年，幸福服装厂创利超过 3 000 万元，周作亮由此跻身全国优秀农民企业家行列，成为该省乃至全国发展村级经济的榜样。1996 年，幸福服装厂整体改制为湖北幸福（集团）实业股份有限公司，在上海证券交易所挂牌上市。

在一片胜利的欢呼声中，周作亮提出了“幸福村赶超华西村”的口号，并提出了所谓的“三大工程”：投资 5 亿元建铝厂；由于炼铝需用大量电力，又投资 8 亿元建幸福火力发电厂；随即又投资 1 亿元建变电站。这一时期，大量投入的资金基本来自农业银行湖北潜江支行所提供的贷款，而恰恰是这些贷款埋下了日后的隐患。ST 幸福现在的诸多问题，大都由此而起。

1998 年，幸福集团因非法高息揽储遭挤兑而陷入瘫痪，其所持有的幸福实业股权被抵押给湖北国际信托投资公司，同时也将大股东的位置拱手相让。1999 年，幸福实业上市后首次出现年度亏损。

2001 年初，湖北国投所持有的幸福实业股权被分拆拍卖。北京名流投资集团有限公司以每股 0.67 元竞得其中 6 000 万股，以 4 000 万元的代价持有了幸福实业总股本中 19.18% 的股份，成为幸福实业第一大股东。

2001 年 2 月 20 日，幸福实业公布 2000 年年报，亏损额扩大到 3 亿元之巨。由于 1999 年公司已经出现亏损，幸福实业的股票被实行特别处理，从此变为 ST 幸福，其“幸福生活”一泻千里。

2002 年 4 月，公司 2001 年年报亮相，亏损 2 415 万元。同年 4 月 30 日，ST 幸福因连续三年亏损而暂停上市。

而后，幸福实业历经半年“资产重组”。在公司 2002 年半年报中显示，其1～6月实现主营业务收入13 216万元，主营业务利润629万元，净利润163万元。2002年7月26日，ST幸福提出恢复上市申请。

2002年9月3日，经过上交所专家委员会的裁定，ST幸福恢复上市。

2003年4月30日，ST幸福公布2002年年报称，实现净利润50万元。由于会计师在在审计报告中增加了解释性说明，因而股票停牌。公司再次等待上交所专家委员会的裁决。

担保惹祸

ST幸福2002年年报导致会计师出具了带有说明段的审计报告，祸根来自当年幸福集团利用上市公司所做的抵押担保。

1997年12月，幸福集团与湖北省潜江农村信用社（后并入潜江农行）签订了5份最高额抵押担保贷款合同，以ST幸福、幸福集团铝材厂和幸福集团电力公司当时评估总价值22 788.51万元的财产作为抵押，为幸福集团17 492万元贷款提供担保。在2000年年报中，公司按抵押贷款本息加上预计律师费、诉讼费共21 306万元的30%计提预计负债6 391万元，列入营业外支出。幸福集团当年埋下的这一颗巨型地雷足以将ST幸福炸得粉身碎骨，因为标的涉及金额几乎就是公司当时全部经营性资产。

名流集团入主之后，当然不愿意为前任大股东背上黑锅。ST幸福就此对抵押担保的合法性提出异议，并于2001年6月向汉江中级人民法院提起诉讼。潜江农行也以汉江中院无管辖权为由向湖北高院提起上诉，同时以幸福集团、ST幸福及所属电力公司、铝材厂为被告，以四份合同为依据向湖北高院提起诉讼。湖北高院认为，最高额抵押合同不发生效力，电力公司、股份公司、铝材厂不承担担保责任，潜江农行关于担保人应承担担保责任的诉讼请求，因无事实和法律依据而不能成立，并依法予以驳回。

潜江农行不服，向最高人民法院提出上诉，这一次，ST幸福全面败诉。根据判决，潜江农行有权在9 500万元、5 792万元范围内分别以幸福集团电力公司、幸福集团铝材厂设定的抵押财产折价或者以拍卖、变卖该财产的价款优先受偿。在潜江农行实现抵押权后，幸福集团电力公司、幸福集团铝材厂有权向幸福集团公司追偿。而且，上述应付款项应于判决书送达之次日起15日内给付。

另外还有一宗金额稍小的纠纷也在困扰着ST幸福。1998年11月，温州国际信托投资公司（温州信托）、湖北省国际信托投资公司（湖北信托）、幸福集团及ST幸福四方签订《债权债务转让协议》，约定湖北信托对幸福集团360万美元的债权转让给温州信托，ST幸福对幸福集团履行该项债务承担不可撤销的连带保证责任。因幸福集团逾期未偿还债务，温州信托起诉幸福集团和ST幸福，起诉标的为3 700万元。由于此事项已经严重影响公司的生产经营，公司可能负部分责任，ST幸福于是按温州信托起诉的3 700万元的30%计提预计负债1 110万元，列入营业外支出。

2002年9月9日，ST幸福收到了最高人民法院的判决书，该判决书对公司与温州信托、幸福集团公司360万美元债权债务转让担保合同纠纷案作出终审判决。最高人民法院终审判决维持湖北省高院民事判决书关于幸福集团偿付温州信托欠款本金360万美元及其利息，承担部分一审案件受理费、诉讼保全费；公司对幸福集团公司不能偿还本案债务部分在50%的范围内承担赔偿责任。

当年大股东种下的因，终于在今日结出了苦果。

制度缺陷？

在ST幸福2002年年报亮相之前，人们普遍认为ST幸福的资本市场之旅已走到了尽头。因为公司的主营业务基本停顿，公司2002年第三季度报告显示，1～9月份实现净利润－1 207.23万元，再加之输掉救命官司，ST幸福全年亏损已是板上钉钉。一旦2002年亏损，公司就将因连续四年亏损而直接退市。

然而，ST幸福再次显示出其顽强的生命力。在法定年报截止日4月30日，ST幸福的年报终于亮相：2002年实现净利润50万元！看上去区区50万元却足以让ST幸福喘一口气。

之所以出现戏剧性的变化，问题的关键在于ST幸福对上述两项大额预计负债的会计处理。

根据最高人民法院的判决，ST幸福及其全资子公司幸福集团电力公司、幸福集团铝材厂对温州国际信托投资公司、中国农业银行潜江市支行分别承担1 934.83万元人民币和16 392万元人民币的赔偿责任。对于这两笔赔款，公司曾经在2001年计提预计负债1 100万元和6 394.94万元。最高人民法院判决下达后，公司将这两笔负债全部做以前年度追溯调整。在对这两事项分别补计负债824.83万元和10 000.06万元的情况下，却于2002年最终业绩毫发无损。ST幸福做此会计处理的依据是2003年3月财政部发布的《关于执行<企业会计制度>和相关会计准则有关问题解答(二)》，业内人士称之为财政部10号文，而在2002年10月，财政部发布过《关于执行<企业会计制度>和相关会计准则有关问题解答(一)》，业内人士称之为财政部18号文。

显然，ST幸福2002年年报的会计处理方式避开了10号文的第一种情况——避免将计提差额计入2002年当期营业外支出。它采用的是10号文中的第二种情况，将计提差额全部做追溯调整，自认为2001年计提预计负债时，按照标的额的30%计提是属于滥用会计估计。

对此，《新财经》研究员郑朝晖质疑指出，ST幸福补提的预计负债不应进行追溯调整，而应该计入2002年当期，列为营业外支出。如果这样，其2002年年报应该以巨亏报收，从而以连续四年亏损直接退市。财政部10号文规定追溯调整的前提是“滥用会计估计”，ST幸福在2001年末对这两笔诉讼按照标的额的30%计提预计负债，当初有湖北高院一审判决胜诉的依据，而且有律师、会计师等众多中介机构的证明。而现在为了保住2002年的盈利，竟不惜承认当时自己滥用会计估计。郑朝晖认为，因为财政部对于“滥用会计估计”并没有任何处罚措施，所以，实际上对企业没有约束力，企业还是可以利用18号文和10号文进行利润调节。由此，互相矛盾的两个文件竟成为上市公司保命的屏障。

对ST幸福2002年年报的会计处理方式，著名证券分析人士清议则认为其追溯调整是合理的，计提差额不应该计入2002年当期。这样做是否又存有操纵利润之嫌？清议说，从以往实际来看，上市公司进行计提秘密准备的情况很少。同时清议指出，因为当初的担保协议是由大股东幸福集团一手操办的，没有经过股东大会的判决，所以，ST幸福的担保不应该由现在的股东来承担责任，否则就成了“吃完银行吃股东”。

事实上，关于担保产生负债的会计处理，近来在市场上一直就有争议。如深纺织(000045)对ST盛润(000030)逾1亿元担保的会计处理竟然一直零计提，而如若正常计提，深纺织早已四年连续亏损退市。对于零计提的原因，公司解释为“认定该事项为或有事项，故未计提相关准备”，然而市场的质疑声却不绝于耳。最终,深纺织被迫在2002年年报中进行了计提。2003年4月27日,深纺织(000045)公告称,由于为有关担保计提预计负债,2002年度净利润将比上年减少50%以上。此外,著名的问题公司ST生态(600709)在贷款担保上的处理也曾引发争议,其在2002年年报中对蓝田总公司10.35亿元的贷款担保不作计提,引发会计师拒绝对其年报表示意见。

生存或死亡

"其实,ST幸福当初就不应该恢复上市。"在ST幸福生死未卜之际,有业内人士对《新财经》记者如是说。"目前证券市场恢复上市的制度存在太大的操纵空间。目前那些连续三年亏损暂停上市的公司,其弊端一般都是积重难返的,即使是有实力的大股东重组,半年时间内其经营能力不大可能发生实质性改变。因此,恢复上市制度实际上是在鼓励这些公司玩财务游戏。"该人士以ST幸福为例指出,其暂停上市之后,大股东之所以能够使其年报实现盈利,很大程度上是因为其将ST幸福赖以起家同时也是企业最大亏损源的服装资产租赁给潜江市宝圣制衣公司经营。

的确,恢复上市公司多数存在"生而复死"的危机。据不完全统计,有近1/3左右的恢复上市公司业绩马上变脸:2003年1月7日恢复上市交易的ST琼华侨(600759),1月23日就发布公告预计公司2002年度将出现重大亏损;ST闽闽东(000536)2002年6月28日恢复上市后,第三季度业绩就出现亏损……

此刻,ST幸福正站在"生死界"上等待上交所专家委员会的裁决,最终答案,一个月后才能揭晓。

专家委员会将会给出怎样的判决?"最终的结果应该不会使ST幸福退市。"一位市场人士对《新财经》记者表示了自己的判断,而他的依据却是ST幸福现任大股东名流集团的人脉关系。据悉,当初ST幸福与潜江农行的官司之所以能够胜出,其后ST幸福又能成功恢复上市,名流集团的人脉关系功不可没。事实上,名流集团在北京众多的房地产巨头当中名头并不十分响亮。但能在北京房地产圈获得一席之地而且还过得不错,这本身就已证明了"名流"的综合实力。

但是,即使ST幸福真能逃脱退市命运,日后的发展也将举步维艰。公司2002年年报显示,公司总资产为23 455万元,在与潜江市农行的官司败诉之后,公司全部的资产几乎都被拍卖处置,基本已丧失经营能力。大股东名流集团实力再强,恐怕也是回天乏术。况且,名流集团在资本市场早已另有新欢——2002 年4 月29 日,名流集团受让昆明市五华区国有资产管理局所持有的华一投资(000667)29.3% 的股权(7 200 万股),2003 年5 月13 日,完成股权变更与股份过户登记手续,“名流”正式成为华一投资第一大股东。与对 ST 幸福“一毛不拔”相比,“名流”对华一投资显然偏爱有加——早在去年9 月份就将其旗下优质资产北京名流未来置业有限公司等注入华一投资。所以,即使 ST 幸福能够避免退市,“名流”有限的优质资产也再难注入“幸福”其中。

无论生存或死亡,ST 幸福注定饱受煎熬。

2002 年10 月发布的财政部18 号文规定,企业对外提供担保可能产生的负债,如果符合有关确认条件,应当确认为预计负债。担保损失实际发生时,首先,应将原该项担保预计的负债原渠道冲回,冲减预计负债,并调整期初留存收益相关项目;其次,按实际发生的损失金额,调整期初留存收益及其他相关项目,即实际发生的担保损失与原预计负债的差额,调整期初留存收益各项目。2003 年3 月发布的10 号文规定,企业当期实际发生的担保诉讼损失金额与已计提的相关预计负债之间的差额,应分情况处理:

(1)企业在前期资产负债表日,依据当时实际情况和所掌握的证据,合理预计了预计负债,应当将当期实际发生的担保诉讼损失金额与已计提的相关预计负债之间的差额,直接计入当期营业外支出或营业外收入。

(2)企业在前期资产负债表日,依据当时实际情况和所掌握的证据,本应当能够合理估计并确认和计量因担保诉讼所产生的损失,但企业所作的估计却与当时的事实严重不符(如未合理预计损失或不恰当地多计或少计损失),应当视为滥用会计估计,按照重大会计差错更正的方法进行会计处理。

(3)企业在前期资产负债表日,依据当时实际情况和所掌握的证据,确实无法合理确认和计量因担保诉讼所产生的损失,因而未确认预计负债的,则在该项损失实际发生的当期,直接计入当期营业外支出或营业外收入。

50 被隐瞒的银行借款

有一些公司取得银行借款以后,并没有纳入公司的会计核算体系,而是在账外循环,挪作他用。对于这类舞弊,外部的投资者很难发现。不过有一些公司的财务数据还是会显示出异常,比如银行借款虽然没有入账,但是银行借款的利息却纳入会计核算体系,由正常的渠道支付,则可以出现公司的借款利率远高于正常利率的异常现象。但是,如果银行借款利息也是账外循环,再加上银行的配合,则几乎不可能发现,除非这些借款在使用过程中出现问题,银行无法收回贷款,才会最终暴露出来。

延伸阅读:中国证监会行政处罚决定书

(科苑集团、吴立平、周润南)(2010)15 号

当事人:安徽省科苑集团股份有限公司(以下简称科苑集团),住所:安徽省宿州市浍水西路 271 号,法定代表人:王永红。

吴立平,男,1966 年 1 月出生,时任科苑集团董事长,住址:安徽省宿州市浍水路 271 号。

周润南,男,1957 年 8 月出生,时任科苑集团董事长、副董事长、总经理,住址:上海市杨浦区恒仁路 25 弄 15 号。

依据 1999 年 7 月 1 日起施行的《中华人民共和国证券法》(以下简称原《证券法》)的有关规定,我会对科苑集团违反证券法律法规行为进行了立案调查、审理,依法向当事人告知了作出行政处罚的事实、理由、依据及当事人依法享有的权利,并应当事人周润南的要求举行了听证会,听取了当事人的陈述和申辩意见,当事人科苑集团提交了陈述申辩材料。本案现已调查、审理终结。

经查,科苑集团存在如下违法行为:

(1)未按规定披露证券投资

自 2000 年 5 月发行上市开始,科苑集团以自己及安徽应用技术研究

所、宿州技术和多个个人名义，采用自营以及委托闽发证券、金新信托、中安投资、恒盛投资理财的方式，分别在国元证券宿州证券部、国元证券中山北路营业部、长江证券天钥桥营业部、银河证券江苏路营业部、南洋期货公司等18家机构从事证券或者期货投资，并采用账外运作的方式，将资金划转到证券营业部。2000年度，科苑集团投入资金37 005万元，回收资金30 039.92万元，当年投资余额为6 965.08万元；2001年度，投入资金28 300万元，回收资金16 800万元，当年投资余额为11 500万元，累计投资余额为18 465.08万元；2002年度，投入资金700万元，回收资金900万元，累计投资余额为18 265.08万元。在投入的上述资金中，有29 805万元为募集资金。对于上述证券和期货投资行为，科苑集团一直未按规定及时予以披露，也未在2000年、2001年、2002年的年度报告中予以披露。

（2）将未回收的证券投资资金虚构为在建工程和固定资产

2000年至2003年，科苑集团存在将未回收的证券投资资金虚构为在建工程的行为，其相应年度报告均存在虚假记载。其中，2000年度，虚增在建工程5 580万元；2001年度，虚增在建工程3 560万元，虚增其他应收款2 020万元；2002年度，虚增固定资产3 560万元，多计管理费用833 750元；2003年度，多计管理费用1 617 475元。

（3）未按规定披露银行借款

2000年度，科苑集团在农业银行宿州淮海路支行的借款余额2 300万元没有入账。

2001年度，科苑集团向农业银行宿州淮海路支行借款2 300万元，还款2 300万元，结转2000年度借款余额2 300万元，年末借款余额为2 300万元。前述借款事项均未入账。

2001年度，科苑集团向建设银行宿州分行借款9 000万元，还款3 000万元，年末借款余额为6 000万元。前述借款事项均未入账。

2001年度，科苑集团向光大银行合肥长江西路支行借款5 000万元，还款5 000万元。前述借款事项均未入账。

2002年度，科苑集团向农业银行宿州淮海路支行借款5 400万元，还款4 600万元，结转2001年度借款余额2 300万元，年末借款余额为3 100万元。前述借款事项均未入账。

2002 年度，科苑集团向建设银行宿州分行借款 17 750 万元，还款 11 300 万元，结转 2001 年度借款余额 6 000 万元，年末借款余额 11 750 万元。前述借款事项均未入账。

2002 年度，科苑集团向光大银行合肥长江西路支行借款 4 000 万元，还款 2 000 万元，年末借款余额为 2 000 万元。前述借款事项均未入账。

2003 年度，科苑集团向农业银行宿州淮海路支行借款 6 600 万元，还款 5 400 万元，结转 2002 年度借款余额 3 100 万元，年末借款余额为 4 300万元。前述借款事项均未入账。

2003 年度，科苑集团向建设银行宿州分行借款 14 600 万元，还款 19 050 万元，结转 2002 年度借款余额 11 750 万元，年末借款余额为 7 300 万元。前述借款事项均未入账。

2003 年度，科苑集团向光大银行合肥长江西路支行借款 9 000 万元，还款 9 000 万元，结转 2002 年度借款余额 2 000 万元，年末余额为 2 000 万元。前述借款事项均未入账。

2003 年度，科苑集团向合肥商业银行三孝口支行借款 1 000 万元，年末借款余额为 1 000 万元。该借款事项未入账。

2000 年至 2003 年度，科苑集团均存在银行借款未入账的行为，其相关年度报告相应内容均有虚假记载。其中，2000 年度，少计短期借款 2 300 万元；2001 年度，少计短期借款 8 300 万元；2002 年度，少计短期借款 16 850 万元；2003 年度，少计短期借款 9 300 万元，少计长期借款 5 300 万元。

2002 年 8 月至 2003 年 5 月，借款未入账事项由科苑集团周润南决策，周润南在相应借款合同上签字或者签章，周润南应对此承担主要责任；2003 年 5 月至 2003 年年底，借款未入账事项由董事长吴立平决策，吴立平在相应借款合同上签字，吴立平应对此承担主要责任。

(4)将未入账借款利息虚构为在建工程

2001 年至 2003 年，科苑集团均存在将未入账借款利息虚构为在建工程的行为，其相关年度报告相应内容均有虚假记载。其中，2001 年度，虚增在建工程 2 511 510.22 元，少计“财务费用——利息支出”2 511 510.22 元；2002 年度，虚增在建工程 6 099 115.71 元，少计“财务费用——利息支出”6 099 115.71 元；2003 年度，虚增在建工程 5 827 580.01 元，少计“财务费用——利息支出"5 827 580.01 元。

2002 年 8 月至 2003 年 5 月，将未入账借款的利息虚构为在建工程事项由周润南决策，周润南对此承担主要责任。2003 年 5 月至 2003 年年底，将未入账借款的利息虚构为在建工程事项由吴立平决策，吴立平对此承担主要责任。

(5)未按照规定披露有关重大担保

2004 年 4 月 21 日，科苑集团为其实际控制人上海庆安科技发展有限公司(以下简称上海庆安)向交通银行浦东分行借款提供 1 000 万元连带责任保证；2004 年 8 月 28 日，为上海庆安向浦东发展银行静安支行借款提供 2 500 万元连带责任保证；2004 年 11 月 11 日、12 日、13 日，为其控股股东安徽应用技术研究所向农业银行宿州淮海路支行借款分别提供 800 万元、800 万元、600 万元质押担保，总计提供质押担保 2 200 万元。科苑集团均未按照规定及时披露以上重大担保信息。

吴立平负责重大担保事项的决策，并在相应董事会决议及担保合同、权利质押合同上签字，对未按照规定及时披露重大担保行为应承担主要责任。

上述事实，有科苑集团年度报告及董事会决议、账户开户资料、交易资料、会计凭证、贷款担保合同、相关人员询问笔录等证据证明，足以认定。

在陈述申辩中，科苑集团提出的经营困难和员工安置等问题，我会认为不能作为从轻、减轻或免责的理由，不予采纳。对周润南辩称未参与股权转让等情况，我会予以采纳，但其辩称对违法事项不知情、不分管等情况与事实不符，不予采纳。

科苑集团的行为违反了原《证券法》第五十九条、第六十条、第六十一条、第六十二条的规定，构成了原《证券法》第一百七十七条所述"未按照有关规定披露信息，或者所披露的信息有虚假记载、误导性陈述或者有重大遗漏"的行为。

根据当事人违法行为的事实、性质、情节与社会危害程度，依据原《证券法》第一百七十七条的规定，我会决定：

一、对科苑集团处以 50 万元罚款；

二、对吴立平给予警告，并处以 5 万元罚款；

三、对周润南给予警告，并处以3万元罚款。

当事人应自收到本处罚决定书之日起15日内，将罚款汇交中国证券监督管理委员会（开户银行：中信银行总行营业部、账号7111010189800000162，由该行直接上缴国库），并将付款凭证的复印件送中国证券监督管理委员会稽查局备案。当事人如果对本处罚决定不服，可在收到本处罚决定书之日起60日内向中国证券监督管理委员会申请行政复议，也可以在收到本处罚决定书之日起3个月内直接向有管辖权的人民法院提起诉讼。复议和诉讼期间，上述决定不停止执行。

51 权益出资到位了吗？——警惕虚假出资

虚假出资是指公司发起人、股东违反公司法的规定未交付货币、实物或未转移财产权，主要目的是吸引其他发起人或股东的投资，即欺骗的是其他发起人和股东。

公司的发起人，可以用货币出资，也可以用实物、工业产权、非专利技术、土地使用权作价出资。发起人应当按期、足额缴纳公司章程中规定的各自所认缴的出资额。以货币出资的，应当将货币出资足额存入准备设立的公司在银行开设的临时账户；以实物、工业产权、非专利技术或者土地使用权出资的，应当依法办理其财产权的转移手续。

单位虚假出资的行为特征及主要表现：

（1）单位虚假出资是指单位股东表面上出资而实际未出资，本质特征是单位股东未支付相应对价而取得公司股权。虚假出资行为，即单位作为发起人、股东违反公司法规定，未交付应当交付的出资额（含货币、实物）或者未办理出资额中的财产权转移手续的行为。

（2）实践中单位虚假出资主要表现为：①以无实际现金或高于实际现金的虚假银行进账单、对账单骗取验资报告，从而获得公司登记；②以虚假的实物投资手续骗取验资报告，从而获得公司登记；③以实物、工业产权、非专利技术、土地使用权出资,但并未办理财产权转移手续;④作为出资的实物、工业产权、非专利技术、土地使用权的实际价额显著低于公司章程所定价额;⑤单位股东设立公司时,为了应付验资,将款项短期转入公司账户后又立即转出,公司未实际使用该款项进行经营;⑥未对投入的净资产进行审计,仅以投资者提供的少记负债高估资产的会计报表验资。

收入地雷一:寅吃卯粮,透支未来收入

净利润一直是最引人注目的报表项目。事实上,精明的报表使用者在关注净利润的同时,还十分重视主营业务收入。作为利润表的首行项目(Top Line Item),主营业务收入的重要性一点也不逊色于净利润这一末行项目(Bottom Line Item)。因为主营业务收入的规模及其成长性是评价上市公司财务业绩的关键所在。主营业务收入既是上市公司创造经营活动现金流量的根本源泉,也是衡量上市公司核心竞争力、评价其核心盈利质量(Quality of Core Earnings)的最重要指标之一。在有效资本市场环境下,主营业务收入及其成长性直接关系到上市公司的证券估值。正因为如此,主营业务收入近年来已成为上市公司肆意粉饰和操纵的对象。

收入确认的关键是解决收入的入账时点问题。我国的企业会计准则——收入准则中规定,收入应当在下列条件均能满足时予以确认:①企业已将商品所有权上的主要风险和报酬转移给购货方;②企业既没有保留通常与所有权相联系的继续管理权,也没有对已售出的商品实施控制;③与交易相关的经济利益能够流入企业;④相关的收入和成本能够可靠地计量。国际会计准则也以风险和报酬是否转移作为收入应否确认的判断标准。可以看出,在收入确认方面,不论是我国的会计准则还是国际会计准则,都属于原则导向型,即仅做出一些原则性的规定,这就要求企业在运用收入确认准则时充分发挥专业判断。

然而,专业判断的广泛运用却给少数别有用心的企业进行盈余管理创造了机会。为此，笔者通过对大量财务舞弊和报表粉饰案例的剖析，将上市公司五花八门的收入操纵手法归纳为十大地雷。这些地雷主要围绕着如何规避公认会计准则和监管部门对收入确认的规定，通过提前、推迟收入的确认时间或巧立名目将一次性收益包装成主营业务收入，以达到粉饰其经营业绩的目的。

下面我们首先来看地雷一：寅吃卯粮，透支未来收入。

稳步增长的主营业务收入是上市公司良好经营业绩的表征，也是其股价攀升的有力依托。许多上市公司均深谙此理。因此，营造一条收入稳定增长的曲线成了许多财务主管的第一要务。寅吃卯粮，提前确认收入，就是他们完成这一要务的惯用伎俩。这一收入操纵手法固然可以在短期内使销售收入大幅提升，但其实质却是透支未来会计期间的收入，很容易产生两个负效应：以牺牲销售毛利为代价；置上市公司的持续发展于不顾。这一操纵伎俩主要有以下两种表现方式：

(1)利用补充协议(Side Agreement)，隐瞒风险和报酬尚未转移的事实

风险和报酬的转移是确认收入的前提条件。譬如，收入确认准则规定，附有退货条款的企业，如果无法根据以往经验确定退货比例，在退货期届满前，不得确认销售收入。为了规避收入确认准则在这一方面的规定，一些上市公司在与客户签订的正式销售合同中，只字不提退货条款等可能意味着风险和报酬尚未转移等事项，而是将这些重大事项写进补充协议，并向注册会计师隐瞒补充协议，以达到其提前确认收入的目的。

延伸阅读：中鲁 B 未出库的鱼片

中鲁 B 青岛捕捞分公司(以下简称“青岛捕捞分公司”)2001 年 6 月 30 日在库存商品鱼子并未发出、销售未实现的情况下确认收入，虚增当年利润 8 240 505.38 元。青岛捕捞分公司 2001 年 6 月 1 日与美国 HAND M FOOD 公司签订鱼子销售合同，销售鱼子 154.224 吨，合同总额 2 467 584 美元。2001 年 6 月 30 日，公司根据合同及内部出库单确认收入 20 431 102 元，计入利润 6 903 160.03 元。后因市场变化，上述合同并

未履行，鱼子并未实际发货，买卖双方共同寻找新客户。2001 年 7 月 28 日和 8 月 21 日，青岛捕捞分公司分别向日水公司发出鱼子 46.8648 吨和 79.7256 吨，收回货款 9 868 522.54 元；10 月 31 日，青岛捕捞分公司向韩国釜山发出鱼子 19.98 吨，收回货款 1 148 486.68 元，上述鱼子销售收入共计 11 017 009.22 元。2001 年 12 月 31 日，美国 HAND M FOOD 公司一次性赔偿青岛捕捞分公司 53 985 美元，折合人民币 446 985 元。2002 年 6 月 27 日，青岛捕捞分公司将余下的 7.65 吨鱼子零售，得款 481 348.80 元。2002 年 12 月，青岛捕捞分公司对应收 HAND M FOOD 公司账款余额 8 494 832.95 元全额计提坏账准备。因青岛捕捞分公司 2001 年 7 月以后实际低价销售鱼子没有再作销售账务处理，销售上述鱼子后实际亏损 1 337 345.25 元，导致 2001 年利润虚增 8 240 505.38 元。

青岛捕捞分公司 2002 年 6 月 30 日在库存商品鱼片并未发出、销售未实现的情况下确认收入，虚增 2002 年上半年利润 4 083 512.25 元。青岛捕捞分公司 2002 年 6 月份与丹麦 ALIMAX 公司和美国 PANDA 公司签订了鱼片销售协议。6 月 30 日，该公司编制了内部出库单，进行了账务处理，确认销售收入 7 718 978.32 元，计入利润 4 083 512.25 元。该批鱼片的实际发货时间为 2002 年 8 月 7 日、22 日和 29 日，并有 1 155 吨鱼片因商检不合格一直未发货。因上述商品截至 2002 年 6 月 30 日没有实际发货，根据企业会计制度，销售条件并不成立，由此虚增 2002 年上半年利润 4 083 512.25 元。

（2）填塞分销渠道（Channel Stuffing），刺激经销商提前购货

填塞分销渠道是一种向未来期间预支收入的恶性促销手段。卖方通过向买方（通常是经销商）提供优厚的商业刺激，诱使买方提前购货，从而在短期内实现销售收入的大幅增长，以达到美化其财务业绩的目的。

延伸阅读：科龙电器的销售政策

2002 年 12 月份，科龙针对当月销售出台了一项销售政策，要点如下：①空调淡季当旺季；②经销商 12 月份打款享受 9 月份的贴息政策；③经销商用科龙账上金额提货，享受提货奖励和年度奖励；④经销商可以

不把货提走,科龙的各分公司仓库调整出部分位置放经销商的货;⑤如2003年价格调整,享受补差政策;⑥经销商所提之货,如旺季不能销售,可换货;⑦12月份的客户发票全部留在科龙各分公司,用于退货冲账。

调节经销商库存是企业最常用的会计数字游戏手法之一,填塞渠道的极端表现是假销售及假退货。

科龙电器(000921)在未审计的2005年半年报中称:前任审计师的审计师在其2004年度审计报告的审计意见中提出本公司对两家国内客户销售人民币5.76亿元的货物,但未能从客户取得直接的回函确认,而且截至2004年12月31日该笔货款尚未收回。本公司董事会与管理当局对此事作了积极的跟踪。该事项的跟踪处理情况如下:经查证,前任审计意见中所提及的人民币5.76亿元的销售,是依据本公司2004年向两家客户实际开销售发票金额人民币2.03亿元,加上本公司2004年年底向两家客户已出库未开票货物补记收入人民币4.27亿元,再减去本公司2004年对两家客户确认的退货人民币0.54亿元后计算得来的。而实际上本公司2004年向两家客户实际开销售发票金额人民币2.03亿元中有人民币1.21亿元属于本公司对2003年度的已出库未开票货物补开发票。该笔销售本公司在2003年已经确认了销售收入,所以当中只有人民币0.82亿元包含在本公司2004年度的收入中。本公司2004年度实际上向该两家客户销售了人民币4.27亿元加上人民币0.82亿元,总共人民币5.09亿元的货物。其中,已经收到货款的销售为人民币0.78亿元,另外人民币4.31亿元的货物由于该两家客户到期未能付款,在本公司要求下已将货物陆续退回本公司。该批退回的货物大部分已经在2005年上半年销售给其他客户。对于该笔人民币4.31亿元的退货,由于占2004年度对该客户的销售比例不正常,并且前任审计师对该笔销售的真实性作出质疑。本公司管理层认为,该笔人民币4.31亿元的销售在2004年确认收入不适当,所以本公司按追溯调整法进行了处理。此项追溯调整调减了本公司2005年年初未分配利润人民币1.12亿元。

53

收入地雷二：以丰补歉，储备当期收入

以丰补歉，储备当期收入的操纵手法与寅吃卯粮的手法完全相反。这种手法往往以稳健主义为幌子，通过递延收入或指使被收购企业在收购日之前推迟确认收入等手法，将本应在当期确认的收入推迟至以后期间确认，并将当期储备的收入在经营陷入困境的年份予以释放，以达到以丰补歉、平滑收入和利润的目的。

延伸阅读：长安汽车的巨额“预提补偿费”

长安汽车2001年年末将预提补偿费从年初的6 800万元一下子拉到3.34亿元，2002年第三季度末销售补偿费余额高达63 971万元。而2002年没有动用过一分计提的补偿费，长安汽车在2002年第四季度冲回计提的销售补偿费40 872万元，占当年利润的36%。长安汽车在2001年及2002年前三季度时利用“预提补偿费”名义隐藏利润，后为了配合庄家出货在2002年报时将隐瞒利润全部释放，导致长安汽车2002年业绩“井喷”，严重误导了投资者。

收入地雷三：鱼目混珠，伪装收入性质

投资收益、补贴收入和营业外收入等收益项目虽然也与主营业务收入一样能够增加上市公司的利润，但由于这些项目属于非经营性收益且难以预测，财务分析师在评价上市公司的经营业绩是否达到他们的预期时，一般将它们剔除。此外，财务分析师对上市公司经营业绩的预期，不仅包括利润指标，还包括销售收入指标。因此，上市公司为了迎合分析师的经营业绩预期，不惜采用鱼目混珠的方法，将非经常性收益包装成主营业务收入。尽管这种收入操纵手法并不会改变利润总额，但它却歪曲了利润结构，夸大了企业创造经营收入和经营性现金流量的能力，特别容易误导投资者对上市公司盈利质量和现金流量的判断。

延伸阅读：东方电子的“一条龙”造假流水线

从东方电子在年报中所作的调整来看，近三年其炒股所得被计入公司主营业务收入超过12个亿，其中2001年为2.51亿元、2000年为5.05亿元、1999年为5.11亿元。这部分“主营业务收入已经被追溯调减，扣除税收后还剩10.39亿元，被作为流动负债处理。”

东方电子上市后，每年年初都制定一个年增长速度在50%以上的发展计划和利润目标，而按公司的实际生产情况这是不可能完成的。于是在每年年中和年底，根据实际完成情况与计划目标的差异，由抛售股票收入来弥补。为此，公司形成了一个在隋元柏指挥下的由证券部、财务部和经营销售部门分工合作组成的“造假小组”。

证券部负责抛售股票提供资金。高峰当庭供述，公司从1998年开始抛售持有的内部职工股，一直到2001年8月份。每年抛售的时间大约都集中在中期报告和年度报告披露前，每次抛售的数量由公司业绩的需要而定。隋元柏每次告诉高峰需要多少资金，并限定在一定的时间和指定的价位范围内卖出。高峰再给证券部的两名工作人员下指令，在证券公司抛售股票，并将所得收入转入公司在银行的账户。

经营销售部门负责伪造合同与发票。隋元柏指使销售部门人员采取修改客户合同、私刻客户印章、向客户索要空白合同、粘贴复印伪造合同等四种手段，从1997年开始，先后伪造销售合同1 242份，合同金额17.2968亿元，虚开销售发票2 079张，金额17.0823亿元。同时，为了应付审计，经营销售部门还伪造客户的函证。

财务部负责拆分资金和做假账。为掩盖资金的真实来源，方跃等通过在烟台某银行南大街分理处设立东方电子户头、账户，在该行工作人员配合下，中转、拆分证券公司所得的收入，并根据伪造的客户合同、发票，伪造了 1 509 份银行进账单以及相应的对账单，金额共计 17.0475 亿元。

为了把假象做得更真实，隋元柏还指使销售部门人员与个别客户串通，通过向客户汇款再由客户汇回的方式虚增销售收入。

55 收入地雷四：张冠李戴，歪曲分部收入

为了降低系统性的经营风险，很多上市公司实施了多元化战略。为了便于投资者识别风险，同时也为了便于他们进行跨行业的比率分析，许多国家的准则制定机构均要求上市公司在编制合并报表的基础上，以报表附注的形式提供分部报告（Segment Report）。一些上市公司为了掩盖某些经营分部（Operating Segment）经营收入的下降趋势，不惜诉诸张冠李戴的操纵伎俩，将其他分部的收入挪借给收入不足的经营分部。

延伸阅读：创智科技的“高科技”收入

2005 年，中国证监会长沙特派办指出创智科技主营业务收入分类错误，公司将应归入商业类收入的电器销售收入归入科技类收入。创智科技原名五一文，是一家百货类公司，民企创智集团入主后立即转型为 IT 行业。从其分部行业披露信息来看，其主要收入来源是科技收入，可事实上所谓的科技收入部分竟然是电器销售收入。

56

收入地雷五：借鸡生蛋，夸大收入规模

根据会计准则的规定，代理代销业务分为买断式和非买断式两种，两者的差别在于风险与报酬是否转移。对于买断式的代理代销业务，由于风险和报酬已经转移给代理方或受托方，可视同销售，按代理代销总额确认收入；对于非买断式的代理代销业务，由于风险和报酬仍然保留在被代理方或委托方，代理方或受托方应当按代理代销可望收取的净额（如代理佣金）确认收入。显而易见，总额法与净额法对利润表所体现的主营业务收入将产生迥然不同的影响。一些上市公司为了夸大收入，对会计准则的规定置若罔闻，通过借鸡生蛋的伎俩，将本应采用净额反映的业务改按总额法反映。

延伸阅读：广汇股份的“输血”收入

新疆广厦房地产交易网络公司是广汇股份（600256）旗下的一家控股子公司（以下简称“广厦房网”）。广汇房地产开发有限公司是广汇股份第一大股东广汇实业旗下的一家控股子公司。从2000年9月起，房地产包销成为广汇股份主要的收入和利润来源。广厦房网与广汇房地产开发有限公司于2000年8月签订并于2002年2月5日修订了《商品房包销合同书》。广汇房地产开发有限公司与上市公司系同一母公司控制的两个子公司。合同规定，上市公司以买断代销的方式，销售该房地产公司自行开发的、全部已建成的具备商品房现房销售条件的，以及尚未建成的已具备预售条件的房屋（含住宅、车库、铺面、库房等），代销价格经双方认可的中介机构评估后协商确定。上市公司从该项业务中获得的收益占2002年净利润的71.95%。从本案来看，这个“包销”合同只是母公司向上市公司输入利润和收入的一种方式。广汇股份并没有真正履行包销义务，只是房产销售时象征性地在上市公司走一下账，上市公司为此确认了商品房销售额25%的毛利率。

57

收入地雷六：瞒天过海，虚构经营收入

我国的《企业会计准则第14号——收入》中规定，收入应当在下列条件均能满足时予以确认：(一)企业已将商品所有权上的主要风险和报酬转移给购货方；(二)企业既没有保留通常与所有权相联系的继续管理权，也没有对已售出的商品实施控制；(三)与交易相关的经济利益能够流入企业；(四)相关的收入和成本能够可靠地计量。有一些公司进行交易结构设计，通过关联公司为取得的收入提供了各种金融服务，比如贷款担保、自己提供资金给客户等，从而影响到了风险和报酬转移的问题。在主要风险和报酬没有转移的情况下，销售方或者提供服务方是不能确认收入的。还有一些极端的公司，连交易结构设计都没有做，而是通过虚开发票来虚构经营收入。

延伸阅读：桂林集琦的自我销售

2000年1月、3月、4月，桂林集琦的控股子公司——南宁集琦荣高实业有限公司(以下简称“集琦荣高”)先后与汕头金环海经济发展总公司(以下简称“汕头金环海”)、桂林漓江房地产开发有限公司(以下简称“漓江房地产”)签署铺面销售协议，转让该公司1.26万平方米的建材市场铺面50年经营权，交易金额10 076.91万元。在转让过程中，由桂林集琦作担保，桂林集琦的母公司桂林集琦集团有限公司及下属桂林集琦旅行社、桂林集琦航空机票代理公司向银行贷款10 000万元，并将其中8 000万元借给漓江房地产。漓江房地产将此8 000万元作为货款支付给集琦荣高。集琦荣高在所有权主要风险没有转移的情况下，确认2000

年中期实现转让收入10 076.91万元，利润6 776.51万元，致使桂林集琦2000年中期财务报告中包含虚假利润。

延伸阅读：多种手段虚构收入的纵横国际

为完成2000年的利润目标，在时任纵横国际草地机械分公司（以下简称“草地机械”）销售分公司总经理赵海泉的安排下，当年有1 716台已开票但未发货的草地机械（发票抵扣联仍保留在公司）移库至公司租赁的仓库中，商品的所有权未转移。纵横国际将上述未销售出的草地机械记作销售收入，由此虚构该分公司销售收入1 953万元，由此纵横国际虚构2000年利润703万元。另外，纵横国际与北京北方东宝建筑材料有限公司、深圳运纬达机床贸易有限公司（以下简称“深圳运纬达”）、广东金星园林机具有限公司等公司之间的销售关系是代销而非经销，庄秀文却将此代销关系认定为经销并以此确认销售收入。2000年，上述三家公司实际代销了196台，而纵横国际的账面销售记录却是872台。由此虚构草地机械销售收入663万元，虚构纵横国际利润238.7万元。

2000年12月，为完成董事会安排的销售任务，经徐鲁萍的同意，庄秀文要求纵横国际的财务人员向深圳运纬达开具了5台数控机床的销售发票，并确认销售收入382.05万元。2001年，纵横国际又通过南通威特机械有限公司开票将上述5台数控机床从运纬达购回自用。事实上，这5台数控机车2000年度从未出过纵横国际仓库。为此，纵横国际虚构5台数控机床382.05万元的销售收入，由此虚构2000年利润179.51万元。

2000年12月，在庄秀文的安排下，纵横国际通过向全资子公司南通扬帆贸易有限公司和南京波尔新技术产业有限公司虚开零件委托加工费发票的形式，虚构对上述两公司两笔加工费417万元，由此虚构利润417万元。

2000年年末，为满足纵横国际提出的迅速提高利润的需要，在纵横国际控股子公司江苏省纵横同创软件有限公司（以下简称“同创软件”）原总经理宋小冬和原副总经理汤春平的安排下，同创软件通过与上海福欣科技有限公司等9家客户签订虚假软件销售合同，虚构软件收入3 450万元，虚构利润3 450万元，纵横国际由此虚构2000年利润3 105万元（按合并报表的90%计算）。

58 收入地雷七：里应外合，相互抬高收入

有一些公司借助循环交易虚构收入规模。循环交易又称“套换交易”和“背靠背交易”，是指卖方在向买方出售商品或提供劳务的同时，又按与售价完全一致或十分接近的价格向买方购入资产。出售的商品或提供的劳务立即确认为收入，而向对方买入的资产一般则作为资本性支出，列为固定资产或无形资产，从而达到加速确认收入和利润的目标。

延伸阅读：海王生物的“产品”和媒体的“广告”

2003年年报披露，海王生物公司（以下简称“海王生物”）2003年度销售给报刊媒体及广告公司的产品使应收账款增加了2.79亿元。该公司承诺在未来1~3年内以广告版面偿还本公司债务，海王产品已经提供给上述单位。海王生物2003年度实现收入14.56亿元，而这14.56亿元中，主要是本年度新纳入合并范围的子公司药品收入金额较大，其中山东潍坊海王医药有限公司属药品批发公司，本年度实现药品销售收入9.98亿元。扣除近10亿元批发收入，海王生物实际实现收入只有4.58亿元，而这里面至少有2.79亿元是卖给报刊媒体的，报刊媒体买回这么多的药品、保健品及食品干什么了？是用来搞媒体发行促销的吗？如果真是用来搞媒体发行促销，需要这么多吗？而且媒体承诺是以1~3年内广告版面偿还货款，不是真正的现金流入。1~3年等于是“分年付款”，可以在2003年度全部确认收入？这是一种互换交易或者称对敲交易，非常容易虚增金额，反正彼此又不付出真正的现金。2003年海王年报至少留给人们几点思考：第一，它开创了媒体买海王产品的先例；第二，虚构的销售收入在不具备确认条件的情况下进行了迫不及待的确认。

59

地雷八：六亲不认，隐瞒关联收入

在充分竞争且已经告别短缺经济的经营环境下，最重要的或许不再是企业能够生产什么产品或提供什么劳务，而是其产品或劳务的市场实现程度。市场实现包括两个方面：产品或劳务是否适销对路，产品或劳务的交易价格是否足以弥补成本。市场实现的途径主要有两种：一是与独立当事人的交易，二是与关联方的交易。与独立当事人的交易一般遵循供求关系并通过价格机制决定是否成交和成交价格，以这种方式达成的交易最有价值，体现出企业的竞争力，且其价格是经过追求自身利益最大化的独立当事人讨价还价达成的，最为公允和真实。相反的，与关联方发生的交易，很可能扭曲供求关系和价格机制，掩盖企业产品或劳务的市场实现缺乏竞争力的事实。会计准则并没有禁止确认来自关联交易的收入，但要求上市公司披露与此相关的关联交易的性质、交易条件、金额和对财务报表的影响。由于证券市场对独立交易和关联交易所产生的销售收入赋予迥然不同的权重，如实披露很可能降低证券市场对上市公司的价值评估。为此，一些上市公司蓄意隐瞒关联关系，暗度陈仓，将关联交易所产生的收入包装成独立交易的收入，以获得证券市场的青睐。

延伸阅读：如何判断是否“关联”？

银广夏(000557)在2002年半年报确认了股权转让收益5 378万元。根据会计报表附注，公司于2002年6月3日与大金投资签署协议，向其转让公司所持超临萃取62.5%、天津广夏75%、北京科技80%的股权；公司又于2002年6月23日与大金投资签署协议，向其转让公司所持固原实业90%的股权。此次转让资产的总价款为7 080万元，资产账面投资成本合计为1 737万元。该笔交易是否是关联交易对银广夏当期损益影响重大,它将决定银广夏能否恢复上市。因为如果这是一笔关联交易,非公允的关联交易收益只能进资本公积,银广夏2002年半年报不能扭亏(2002半年报扣除非经常性损益是亏损3 421万元)。北京隆安律师事务所已于2002年7月8日出具法律意见书认定大金投资为非关联方。该所从五个方面论证了大金公司并非银广夏的关联方:①大金公司与银广夏之间互不直接或间接持有对方公司股权;②任何直接或间接持有大金公司股权的公司或个人在银广夏均不持有足以控制银广夏的股权;③大金公司与银广夏并非同受中联公司控制的公司;④大金公司并非银广夏的关联自然人直接或间接控制的企业;⑤大金公司与银广夏不存在其他关联关系。

生态农业2002年年报扭亏手法与银广夏如出一辙。神秘的北京裕佳置业公司竟然愿意花6 867万元买下账面净值仅4 163万元的蓝田大酒店。生态农业也称裕佳与其是非关联方,这笔交易也不是关联交易。其实,在这些非公允交易背后存在着"关联交易非关联化"现象:从法律形式上看,交易双方是非联方,但实质上他们是关联方。因为只有关联方才愿意高价购买不良资产。美国的SFAS 57、英国的FRS 8、国际会计准则委员会的IAS 24以及中国的《关联方关系及其交易的披露》准则等均不仅将存在经济依存性的双方视为关联方,而且在判断某一方是否是报告主体的关联方时关注双方关系的实质,而不是仅看到关系的外在形式。只要双方中一方能够控制或施加重大影响于另一方财务和经营政策的制定,或双方受同一方控制或重大影响,使得其中一方难以按其独立意志全力追求和维护自身的独立经济利益,双方便互为关联方。如果仅看到关系的外在形式,则会导致错误的判断。银广夏和生态农业重组中产生的非公允交易实质是,交易双方是关联方。

60 收入地雷九：随心所欲，篡改收入分配

在一些特殊行业里，尤其是设备租赁和系统软件行业，企业在出售产品的同时，还向客户提供融资和售后服务。这些行业允许客户分期付款，向客户提供维护和技术更新服务，往往是取得销售收入的前置条件。因此，在这些行业里，企业与客户签订一揽子协议，进行捆绑销售(Bundled Sales)的现象司空见惯。以捆绑销售的方式进行交易时，每份销售合同通常包含三个要素：产品销售、资金融通、售后服务，且往往只有一个总价。涉及的主要会计问题是这三个要素在何时确认收入的实现、确认多少。根据公认会计准则的要求，对于捆绑销售的产品销售要素，同时符合四个标准(已签订不可撤销的销售合同、产品已交付客户使用、合同后续执行成本以及货款的可回收性能够合理确定)的，可以立即确认收入的实现。而对于捆绑销售的资金融通和售后服务要素，必须在融资和维护期限内分期确认。至于收入的确认金额，公认会计准则要求按照公允价值，将合同总价在三个要素之间进行分配。在捆绑销售中，收入确认最棘手的问题是如何将合同总价分配至各个要素。其他条件相同，资金融通和售后服务要素分配的金额越少，企业能够立即确认的产品销售收入就越多。为此，一些上市公司随意改变收入分配所运用的假设，低估融资收入和服务收入，夸大产品销售收入。

 延伸阅读：新宇软件的澄清公告

新宇软件在2002年年报澄清公告中附加了审计师的证明：关于厦门新宇软件股份有限公司2001年度报告有关数据更正及说明：厦门新宇软件股份有限公司在编制2001年度报告时，由于工作疏忽，将公司部分随同计算机硬件设备销售所提供的软件及技术支持服务收入列入网络设备类收入反映，致使公司2001年年报主营业务分类收入成本数字与2001

年中报数字比较异常。现经我所审核，将公司 2001 年年报上述相关数据更正如下：

项目	原公告数(元)	重新确定数(元)
主营业务收入：	204 506 102.27	204 506 102.27
其中：网络设备	179 225 847.77	150 850 843.44
软件及技术服务	25 280 254.50	53 655 258.83
主营业务成本：	146 592 361.94	146 592 361.94
其中：网络设备	141 268 742.70	127 036 038.85
软件及技术服务	5 323 619.24	19 556 323.09

特此说明。

湖南开元有限责任会计师事务所

收入地雷十：混淆代销方式，扩大收入规模

我国企业会计准则规定，代销业务分为“视同买断方式代销”和“收取手续费方式代销”。视同买断方式代销，即由委托方和受托方签订协议，委托方按协议价格收取所代销的货款，实际售价可由受托方自定，实际售价与协议价之间的差额归受托方所有的销售方式。收取手续费方式代销，即由委托方和受托方签订合同或协议，委托方根据代销商品数量向委托方支付手续费的方式。如果委托方和受托方之间的协议明确标明，受托方在取得代销商品后，无论是否能够卖出、是否获利，均与委托方无关，那么委托方和受托方之间的代销商品交易，与委托方直接销售商品给受托方没有实质区别，受托方的会计处理与一般商品的采购与销售无异。如果委托方和受托方之间的协议明确标明，将来受托方没有将商品售出时可以将商品退回给委托方，或受托方因代销商品出现亏损时可以要求委托方补偿，那么委托方在交付商品时不确认收入，受托方也不作购进商

品处理。受托方应在商品销售后，按合同或协议约定的方法计算确定的手续费收入。但是，有些企业不区分代销方式，把所有的代销业务都作为“视同买断方式代销”，从而扩大收入规模。

延伸阅读：飞马国际——可疑的成长

2008 年 4 月 24 日，飞马国际公布了 2007 年度报告，递交了一份“漂亮的成绩单”。在其董事会报告中这样描述了 2007 年度的总体经营情况：“2007 年，本公司继续保持着几年来持续、快速发展的良好势头，在业务经营的各个方面都取得了较好的进展。报告期内实现营业总收入 59 463.20 万元，比去年同期增长 98.15%；实现营业利润 4 999.70 万元，比去年同期增长 16.30%；实现净利润 4 314.67 万元，比去年同期增长 16.10%。”从上述描述中可以看出，飞马国际出现了明显的“增收不增利”现象。为什么呢？

可疑的收入确认政策

我们首先来看一下飞马国际的收入情况。飞马国际主要从事综合物流服务、塑胶物流园经营和贸易执行服务，其 2007 年分业务收入情况如下：

飞马国际收入情况　　单位：人民币元

业务项目	业务收入	业务成本	毛利率	业务收入比上年增加	业务成本比上年增加	毛利比上年增加
综合物流服务	244 959 966.50	185 248 774.08	24.38%	25.34%	19.23%	49.06%
贸易执行服务	308 393 708.80	302 938 741.76	1.77%	476.94%	467.82%	5 259.52%
物流园经营收入	37 109 523.73	17 018 293.71	54.14%	10.86%	64.07%	13.03%
合计	590 463 199.03	505 205 809.55	14.44%	98.16%	119.89%	24.97%

报告期内，公司贸易执行服务收入快速增长，综合物流服务和物流园经营保持了稳定的增长。公司成功开发的物流园驱动综合物流服务的经营模式为公司在拓展综合物流服务业务中拥有更高效的拓展手段，取得了较好的成果，公司各项业务相互推动，公司业务结构正持续优化。

从上表可以看出，对营业总收入作出巨大贡献的是贸易执行服务。

那么,什么是贸易执行服务呢？在飞马国际《首次公开发行股票招股意向书》中,对贸易执行服务的定义是:在国内、国际贸易中由本公司先行“形式买断”供应商产品,通过本公司自身的物流网络将货物配送到供应商指定的产品经销商或代理商所在地后,经销商、代理商按预先约定的采购数量付款提货的综合物流服务。该服务融合了资金服务、物流服务、信息服务和商务订单服务,真正实现了四流合一。在该项服务中,本公司仅充当“贸易执行者”的角色而非实际的贸易参与方。在贸易执行服务模式下,本公司按厂家或供应商指令,先行从厂家或供应商处付款提货,进入本公司在全国各地的区域分拨仓库,然后厂家指定其经销商到本公司仓库提货或由本公司组织物流配送,从而执行了生产厂家或供应商到经销商之间的销售执行功能。贸易执行服务的特点是:①为生产厂商解决了资金回笼和仓库储存问题;②在经销商因资金或储存条件的限制,难以全部购买需要的数量,而供应商又不愿意代客户压库或赊销情况下,这种服务模式很好地解决了这个问题。经销商可以在规定的时间内,分期分批付款提货,摆脱流动资金不足的困境。供应商也不再为货物储存和销售回款问题头疼,专注发展自己的销售渠道,培养自己的经销商。在提到如何控制贸易执行服务的风险时,飞马国际控制风险的第一条措施是“规避产品的市场风险制度:公司在贸易执行过程中,虽然‘买断’供应商产品,但不承担跌价和库存等风险。遇有经销商或贸易商未按合同约定提货情形,产品供应商须按合同约定的规定时限内回购原产品。”由上述可知,贸易执行业务其实是一种“代销”业务。

那么,飞马国际如何确认贸易执行服务收入呢？在2007年年报附注4(21)中,贸易执行服务收入确认条件为:已将贸易执行标的上的主要风险和报酬转移给执行对方,公司既没有保留通常与所有权相联系的继续管理权,也没有对已执行标的实施控制,与贸易执行相关的经济利益能够流入企业,相关的收入和成本能够可靠计量。公司按照从执行对方已收或应收合同或协议价款确定贸易执行收入金额,但已收或应收的合同或协议价款不公允的除外。合同或协议价款的收取采用递延方式,实质上具有融资性质的,按照应收的合同或协议价款的公允价值确定贸易执行收入金额。应收的合同或协议价款与其公允价值之间的差额,在合同或协议期间内采用实际利率法进行摊销,计入当期损益。

由于飞马国际并不承担产品跌价和库存风险,按照企业会计准则"实质重于形式"的原则,飞马国际跟大多数企业收取手续费方式的代销业务没有太大的区别,存在的差异可能就是为供货商提供了融资服务。这可以从飞马国际贸易执行服务 1.77% 极低的毛利率看出些许端倪,其所谓的贸易执行服务,应该就是企业会计准则中的"收取手续费方式的代销业务"。如果飞马国际按收取手续费方式的代销业务处理,那么其 2007 年贸易执行服务的收入就不应该是 308 393 708.80 元,而是贸易执行服务收入减去成本的差额,为 5 454 967.04 元,营业总收入不是增长98.15%,而是只增长了 10.86%。调整以后的数据如下:

单位:元

业务项目	业务收入	业务成本	毛利率	业务收入比上年增加	业务成本比上年增加	毛利比上年增加
2007 综合物流服务	244 959 966.50	185 248 774.08	24.38%	25.34%	19.23%	49.06%
2007 贸易执行服务	5 454 967.04			5 259.54%		
2007 物流园经营收入	37 109 523.73	17 018 293.71	54.14%	10.86%	64.07%	-13.03%
合计	287 524 457.27	202 267 067.79	14.44%	25.55%	22.03%	34.76%
2006 综合物流服务	195 439 183.94	155 378 707.74	20.50%			
2006 贸易执行服务	101 780.57					
2006 物流园经营收入	33 474 830.29	10 372 660.59	69.01%			
合计	229 015 794.80	165 751 368.33	27.62%			

大幅增长的应收款项

大家都知道大幅增长的应收款项意味着什么。根据飞马国际 2007 年度报告,飞马国际 2007 年应收款项合计增长了 325.16%,增长金额为 180 178 703.03 元。结合上述收入资料,可以初步判断,应收款项的增加可能主要是由于贸易执行服务收入的扩展引起的。而报表注释 3 预付款项:"预付款项 2007 年年末余额比 2006 年年末余额增长 403.37%,主要是公司贸易执行业务发展从区域向全国、从化工行业向多行业拓展所致",也证明了这一初步判断。

那么,接下来的一个问题就是,贸易执行服务是一个前景良好的业务吗？即使不考虑贸易执行服务引起的应收账款的增加，只考虑预付账款垫付的6 000万左右的资金，那么贸易执行服务5 454 967.04元的收益其实也就略微比银行正常融资收益高一点而已，甚至还赶不上民间的融资收益。如果按10%的利率计算，则预付账款所带来的利息收入应当在600万左右，比贸易执行服务收益还要高。当然，笔者是拿期末数计算的，因为没有资料不能考虑全年平均数，可能会略有偏颇。

金额单位：元

项目	2007.12.31	2006.12.31	
应收票据	—	—	
应收账款	153 213 572.5	63 403 653.88	241.65%
预付款项	73 611 223.63	14 623 771.77	503.37%
应收利息			
其他应收款	33 376 946.94	1 995 614.42	1 672.51%
合计	260 201 743.1	80 023 040	325.16%
总资产	527 360 364.12	275 002 696.3	191.76%
占总资产比例	49.34%	29.09%	
净资产	157 813 354.03	108 416 617.36	
占净资产比例	164.88%	73.81%	
净利润	43 146 736.67	36 537 244.06	

收入地雷的预警信号

收入操纵是上市公司最常采用的舞弊或粉饰手法。那么，如何有效地加以抑制，防范由此产生的审计失败，便成为摆在审计师面前的迫切问题。不论上市公司采用何种收入操纵手法，终归要留下一些痕迹，这些痕迹就是我们通常所说的预警信号(Warning Signs)。只要我们保持高度的职业怀疑(Professional Skeptism)态度，审慎对待预警信号，就可提高发现

收入操纵的几率,将审计失败的风险降至可接受的水平。具体地说,发现以下预警信号时,可能表明上市公司存在着收入操纵行为:

(1)应收账款的增幅高于销售收入的增幅。这可能意味着:①上市公司放宽信用条件以刺激销售;②上市公司利用"开票持有"或"填塞分销渠道"等方式提前确认收入;③上市公司通过补充协议或口头协议隐瞒退货条件,提前确认收入。

(2)计提巨额的坏账准备。上市公司如果计提了巨额的坏账准备,可能意味着其收入确认政策极端不稳健或在以前年度确认了不实的销售收入。

(3)收购日前后毛利率发生大幅波动。上市公司发生收购兼并时,如果收购日前后的毛利率发生大幅波动,可能意味着上市公司将购买日前的收入推迟至购买日后确认,或者将购买日后的费用提前至购买日前确认。例如,Y 上市公司于 2010 年 6 月收购了 W 公司,W 公司 2010 年上半年的毛利率为 5.26%,而下半年则高达 25.74%。通过推迟确认收入和提前确认成本,Y 上市公司如愿以偿地将一部分本应在 2010 年上半年确认的收入推迟至下半年确认,从而达到规避财政部关于只有并购日后的利润才能纳入收购企业合并报表的规定。

(4)销售收入与生产能力比例失调。销售收入显然与生产能力密切相关。销售收入容易被虚构,但生产能力却难以被篡改。一些上市公司在虚构销售收入时,经常会忽略销售收入与生产能力的关系。通过分析上市公司的生产能力,并与行业数据(如产销率)和市场占有率等信息交叉复核,是发现上市公司虚构销售收入的有效手段之一。例如,臭名昭著的银广夏公司在 1999 年和 2000 年分别虚构了 2.39 亿美元和 7.24 亿美元的销售收入。《财经》记者通过分析上市公司的生产能力,得出的结论是:即使该公司的二氧化碳超临界萃取设备 24 小时运转,全年萃取产品产量绝对不会超过 20 ~ 30 吨,而该公司声称向德国诚信公司出售价值 1.1亿马克的萃取产品,折合吨位数超过 100 吨。正是发现上市公司的生产能力与销售收入比例严重失调这一重要线索,并通过调查出口报关等数据,《财经》记者才最终揭露了这宗虚构收入的惊天舞弊案。

(5)与客户发生套换交易。如果上市公司在向其客户销售产品或提供劳务的同时,在缺乏正当商业理由的情况下,又大量向客户购买产品或接受劳务，且交易价格具有显失公允或对等特性，我们就应当关注该上市公司是否利用与客户的套换交易进行收入操纵。例如，2001 年 EPIK 公司向环球电信公司支付了 4 000 万美元，以获得环球电信公司所拥有的拉美这一热线光纤的使用权。与此同时，环球电信公司也向 EPIK 公司支付了 4 000 万美元，向其租用了连接亚特兰大至迈阿密的光纤网络。一年后，这条光纤网络仍然没有派上用场。环球电信公司以对等价格将话务量很大的光纤网络换成闲置的光纤网络，显然缺乏正当的商业理由，目的就是为了记录 4 000 万美元的销售收入。

(6)收入主要来自关联销售。市场实现是检验企业核心竞争力的最重要标准。如果上市公司的收入主要来自关联交易，尽管也能解决其产品的市场实现问题，但这种市场实现不是上市公司与独立的当事人通过价值判断和讨价还价达成的，并不能反映上市公司的核心竞争力。通过关联交易确认的销售收入，不仅其可持续性存在不确定因素，且交易规模和交易价格也容易被操纵。例如，我国的家电行业竞争激烈，价格战硝烟四起，Z 上市公司通过将 99% 的产品销售给其关联公司，不仅轻易地解决了其产品的市场实现，而且免受价格竞争之苦，可谓一举两得。这种高度倚重关联交易的销售模式，为其操纵收入提供了极大的便利，可能使投资者和债权人误判 Z 上市公司在家电行业的核心竞争力。

(7)销售收入与经营性现金流量相背离。提前确认销售收入是上市公司操纵收入最常见的手法，其显著的财务特征是销售收入与经营性现金流量的严重背离。充分关注销售收入与经营性现金流量的关系及其变动趋势，是发现收入操纵的有效手段之一。

虚假的成本费用

虚计费用主要是虚增、虚减生产成本和期间费用，以达到少计利润少交税或虚盈实亏筹集资金目的，其手段主要有以下几种：

(1)提前、延后虚计费用，调节当期利润。

会计上提前确认费用的手段很多，比如，对原材料以领代耗，将应分担的材料全部计入本期产品成本，对剩余材料不办理退料手续，致使直接材料成本虚增；采用高定定额成本调节利润或少估约当产量，将在产品成本提前确认为完工产品成本；将本该计入"长期待摊费用"的支出一次性计入当期费用；一次性大额、全额计提坏账准备、资产减值准备，来年再采取有关办法收回，同时冲销上年费用，调剂各年利润；缩短固定资产的折旧年限或将一般折旧方法改为加速折旧法，增加折旧费用；减少无形资产的摊销期限，从而增加摊销费用；在提供建造合同时，在建造合同能够可靠估计时不是以完工百分比法确认费用，而是在成本发生时全额确认为当期费用。

延后确认费用与上述做法正好相反，尤其是对不是按月结算的费用，如水电费、利息费等，在一季或结算期时将若干个月的费用一次列入支付月份的生产成本中，或将应由当月负担的费用和损失如广告费、修缮维护费用、试车损失等长期挂在"待摊费用""长期待摊费用""待处理财产损溢"账上，造成损益不真实。一个实例就是，我国上市公司原野公司1989年至1991年共发生管理费用8 300万元，其中1989年为1 440万元，1990年为2 730万元，1991年为4 130万元。原野公司将管理费用列作开办费分摊给下属公司，分摊不了的作为"待摊费用"等挂账，直接造成几年的损益不真实。

（2）不提、少提资产减值准备，虚增当期利润。

对应收账款不计提坏账准备；对存货可变现净值低于历史成本时，不计提存货跌价准备；同时对固定资产、无形资产、在建工程、委托贷款等发生减值时不计减值准备，仍以历史成本反映。这样一方面高估存货，另一方面因少计管理费用、营业外支出而达到实际虚增利润总额。更有甚者，在存货因长期积压已发生霉变、腐烂或已过期且无转让价值时，会计上通过不处理或延期处理达到资产虚估、利润虚增的目的。当然也有些企业通过改变资产减值准备的计提方法来操纵利润数字，如坏账准备的计提，企业可根据自己的需要采用低比例计提，或者在应收账款余额百分比法、账龄分析法和销货百分比法中灵活运用。如已受到处罚的红光实业上市公司，就是通过隐瞒重大事项，对关键生产设备彩玻池炉废品率上升，不能维持正常生产的重大事实未做任何披露，导致其在股票发行上市申报材料中利润严重失真，虚盈实亏现象严重。

(3)收益性支出资本化,高估当期利润。

支出是作为资产入账还是作为费用反映,其标准是该项支出是资本性支出还是收益性支出。虚盈实亏的舞弊行为往往是利用资本性支出与收益性支出界限并不明显,很难区别或严格划分时进行操作的。如美国的电信龙头——世界通信从2001年至2002年第一季度共将38亿美元的营业支出计入资本支出,目的就是为了虚报利润。因为费用性支出列为资本性支出可以推迟从利润收益中扣减的时间,并且可以将扣减分摊到以后数年之内。这样可以抬高公司当年或当季的账面利润。

在我国,费用计入资产的舞弊手段主要是利用固定资产、无形资产入账价值不易界定的特点将非货币性支出资本化。比如,对专门用于购建固定资产所发生的借款费用、发行债券筹集资金的发行费用,会计准则规定金额大的直接计入所购建的固定资产成本,而发生金额小的则计入当期财务费用。而在实务操作中,金额大小的确定、发行费用中是否扣减发行期间冻结资金产生的利息收入,则成为虚假确认费用舞弊行为的最好机会。

在自创无形资产入账价值的确认方面,费用资本化的舞弊手段就是混淆研究与开发阶段,将自行开发的无形资产在研究与开发过程中发生的全部材料费、参与人员的工资及福利费用、研究与开发过程中发生的租金、借款费用直接作为无形资产的价值构成。

延伸阅读:两面针的收入与费用

两面针2003年年度报告披露的主营业务收入为585 906 094.10元,主营业务成本为419 486 373.17元,利润总额为67 968 862.76元,净利润为40 967 862.76元。2003年两面针通过虚假销售和少计广告费的方式虚增利润合计88 516 088.00元,而当年实际亏损。

(1)虚构销售

2003年11月至12月,两面针通过虚构与上海三樱包装材料有限公司、上海诗玛尔家居用品有限公司、广东梓星工贸有限公司、汕头方大应用包装科技有限公司、广东财丰发展有限公司等五家企业发生的牙膏牙刷销售业务,虚增当年销售收入和利润。2003年共计虚构销售收入

106 977 969.23 元,占当年销售收入的 18.25%,相应虚构合并销售成本为52 331 048.23 元。

(2)少计广告费

两面针 2003 年年度报告披露的营业费用:合并数为 70 653 050.23 元,母公司数为 49 867 757.94 元。其中,营业费用——广告费合并数为 20 870 040.71 元,母公司数为 9 034 510.71 元。2003 年度两面针与 29 家广告单位签订 97 份广告合同,金额总计为 54 739 207.71 元。根据其广告合同实际播放期间应计入 2003 年度营业费用的广告费为 54 739 207.71元。上述关联公司代付广告费均在两面针公司与关联公司往来的预付账款、应付账款中挂账反映,两面针少计 2003 年度营业费用——广告费 33 869 167.00 元。

两面针 2004 年年度报告披露的主营业务收入为 568 924 724.55 元,利润总额为 51 721 851.11 元,净利润为 40 594 665.64 元。2004 年两面针通过提前确认股权转让收益和少计广告费的方式虚增利润 93 713 487.10元。

(1)两面针转让 4 000 万股中信证券股权不应当确认收入

为增加当年利润,两面针于 2004 年 11 月将其持有的中信证券股权 4 000万股以每股 2.20 元的价格出售给上海诗玛尔实业发展有限公司(以下简称上海诗玛尔)。上海诗玛尔于当年支付中信证券股权转让款中的 4 440 万元,两面针由此确认当年投资收益 2 400 万元。

实际上,2004 年上海诗玛尔向两面针支付中信证券股权转让款4 440 万元系由两面针垫付。两面针通过汕头市方大印刷有限公司(以下简称汕头市方大印刷)、柳州市联阳彩印包装厂将 2 640 万元汇给上海诗玛尔,两面针子公司柳州达美实业有限公司将余下 1 800 万元汇给上海诗玛尔,上海诗玛尔再将上述 4 440 万元作为中信证券股权转让款汇入两面针账户。因此,上述股权转让款支付不真实,两面针在 2004 年年度报告中虚增当期利润 2 400 万元。

(2)2004 年两面针通过相关公司挂账少计广告费

两面针 2004 年年度报告中披露的营业费用:合并数为 73 245 573.83 元,母公司数为 45 202 844.39 元。其中,营业费用——广告费合并数 14 174 065.57 元,母公司为 4 776 085.57 元。

经查，两面针2004年与24家广告单位签订134份广告合同，金额总计为86 179 736.00元，按其广告合同实际播放期间应计入2004年度营业费用的广告费为83 887 552.67元。

两面针2004年广告合同均已执行，其广告费由两面针及其关联公司支付，累计支付金额82 786 213.57元。上述关联公司代付广告费均在两面针与关联公司往来的预付账款、应付账款中挂账反映，两面针少计2004年度营业费用——广告费69 713 487.10元。

两面针2005年年度报告披露的营业费用为：合并数为58 159 446.76元，母公司数为34 794 826.67元。公司进一步提供的财务资料显示，其中，营业费用——广告费合并数为2 027 505.89元，母公司数为2 027 505.89元。

经查，2005年度两面针与32家广告单位签订88份广告合同，金额总计为60 631 649.93元，按其广告合同实际播放期间应计入2005年度营业费用的广告费为59 158 573.26元，应计入2006年及以后营业费用的广告费为1 473 076.67元。两面针2005年广告合同均已执行，其广告费由两面针及其关联公司支付，累计支付金额48 635 467.43元。上述关联公司代付广告费均在两面针公司与关联公司往来的预付账款、应付账款中挂账反映，两面针少计2005年度营业费用——广告费并虚增利润58 326 200.70元。

营业税金及附加的异常波动

“营业税金及附加”属于利润表的项目，用来反映企业日常主要经营活动应负担的税金及附加，包括营业税、消费税、城市维护建设税、资源税、土地增值税和教育费附加等。这些税金及附加，一般根据当月销售额或税额按照规定的税率计算，于下月初缴纳。城市维护建设税和教育费附加属于附加税，按企业当期实际缴纳的增值税、消费税和营业税税额的一定比例计算。

一般来说，在公司业务没有发生变动，并且没有特别说明公司税收政策优惠的话，公司的营业税金及附加占公司营业收入的比重应该不会出现大幅波动。

延伸阅读：黎明股份的营业税金及附加

黎明股份1999年1月在沪交所上市交易。为了粉饰经营业绩，黎明股份1999年虚增资产8 996万元、虚增负债1 956万元、虚增所有者权益7 413万元、虚增主营业务收入1.5亿元、虚增利润总额8 679万元。其中，虚增主营业务收入和利润总额两项分别占该公司对外披露数字的37%和166%。经过调查组审定核实，发现黎明股份90%以上的交易或事项的造假都是造出假购销合同、假货物入库单、假出库单、假保管账、假成本计算单等原始凭证，然后假账真做进行账务处理，并编制报表。其主要手段有：

(1)对开增值税发票，虚增收入和利润。比如，该公司所属的毛纺织厂通过与11户企业对开增值税发票，虚增主营业务收入1.07亿元，虚转成本7 812万元，虚增利润2 902万元，虚增存货2 961万元，巧妙地利用增值税抵扣制度对开增值税发票，既达到了虚增收入的目的，又不增加税负。

(2)虚开产品销售发票，虚增收入和利润。该公司所属的营销中心，1999年6月和12月，虚拟了两个销售对象，即沈阳红尊公司、宜昌盛泰服饰公司，虚开不能作进项抵扣的小规模企业增值税发票。虚增主营业务收入2 269万元、主营业务成本1 124万元以及管理费用105万元，虚增利润1 039万元，相应的虚增应收账款1 748万元。

(3)利用有关出口货物优惠政策，虚增收入。即利用出口货物企业可以自制销售发票的条件，虚拟外销业务。例如，该公司所属的进出口公司1999年6月借此虚拟主营业务收入582万元、主营业务成本519万元，虚增利润63万元，相应虚增应收账款582万元，虚减存货519万元。

(4)人为扩大企业销售业务的核算范围，虚增收入。例如，该进出口公司擅自将其本应在“委托发出材料”科目核算的对外委加工服装业务，通过与被委托方对开发票的形式，进行销售核算，虚增销售收入888万元。

黎明股份一条龙虚构收入，具有均衡性、完整性、多样性和隐蔽性等特点，很难发现。但是我们可以从黎明股份的报表来寻找线索：黎明股份1999年主营业务收入为40 942.56万元，但主营业务税金只有82.43万元，税率只有千分之二，这与一般情况不符；期初主营业务税率在千分之六，税率的波动幅度不均衡。具体情况见下表：

单位：元

项目	期末数		期初数	
	合并	母公司	合并	母公司
一、主营业务收入	409 425 599.07	250 223 094.23	373 340 323.40	234 734 463.39
减：折扣与折让				
主营业务收入净额	409 425 599.07	250 223 094.23	373 340 323.40	234 734 463.39
减：主营业务成本	315 659 215.93	187 109 272.78	274 219 294.29	161 588 775.25
主营业务税金及附加	824 268.47	612 637.67	2 491 617.11	2 331 529.98
二、主营业务利润	92 942 114.67	62 501 183.78	96 629 412.00	70 814 158.16
加：其他业务利润	1 895 550.30	1 689 561.12	45 897.52	29 843.77
减：存货跌价损失	687 065.71	675 838.69	990 499.53	934 826.59
营业费用	20 285 353.79	11 001 143.35	15 014 058.85	7 007 356.91
管理费用	30 363 349.79	221 21512.40	26 138 285.63	18 502 113.02
财务费用	-1 094 591.29	-1 926 687.35	12 848 471.35	11 582 835.72
三、营业利润	44 596 487.18	32 318 935.75	41 683 994.16	32 816 869.69
加：投资收益	-489 397.03	5 683 041.01	-218 190.59	3 558 339.86
补贴收入	6 412 779.95	6 412 779.95	723 000.00	723 000.00
营业外收入	2 303 826.32	2 195 429.45	1 235 516.00	88 072.50
减：营业外支出	511 620.25	347 004.78	1 051 615.19	628 311.56
四、利润总额	52 312 076.17	46 263 181.38	42 372 704.38	36 557 970.49
减：所得税	12 763 438.42	11 756 763.24	14 900 726.29	13 505 798.09
减：少数股东损益	4 140 218.45	4 140 218.45		
五、净利润	35 408 419.30	34 506 418.14	27 471 978.09	23 052 172.40
主营业务税金及附加率	0.201%		0.667%	

第四篇

财务分析篇

6.5

财务比率分析的几点说明

在财务分析中,比率分析占有比较重要的地位。透过比率分析,可以评价企业的财务状况、经营成果和现金流量,寻找企业经营的问题所在,为改善企业经营提供线索。然而,有关财务比率的分析和解释的方法却不尽如人意,不能对企业财务状况和盈利能力做出合理的判断分析。

(1)财务比率分析的不足之处

1)对比率分析的解释存在着就事论事的理念

比率分析就是将财务报表中有直接或间接关系的两个财务指标进行对比分析。这种分析不是任意的比较分析,比如将现金与累计折旧进行比较分析就没有多大的意义,因为它们之间缺乏应有的联系。将净利润与销售收入进行比较分析,就可以看出每销售 1 元钱能够产生多少净利润,因为企业净利润主要来源于企业的销售收入,它们之间存在着内在的联系。尽管两个财务指标的比较分析涉及两者之间的关系分析,但一般情况下,这种分析只停留在指标本身的会计解释上,指标背后的经济含义是什么则少有提及。

如果不能解释财务指标的经济含义,就不可能对企业现实的财务指标做出合理判断和分析。就销售净利率而言,它的经济含义是什么呢?从会计意义上看,它是净利润与销售收入的比较,中间隔着经营成本和其他收益。从经济意义上看,这个指标反映了企业的经营策略、对成本的控制能力,反映了企业产品和服务的特性。在经营策略方面,企业可以采取高价策略,也可以采用中低价大规模销售的策略与对手展开竞争,这是由市场竞争环境、企业产品和服务特性所确定的。但是在大打价格战的行业里,一些企业由于有了比较好的成本控制能力,也取得了不错的经营业绩。所有这些努力都是围绕着市场、成本、产品和服务展开的。因此,销售利润率指标综合反映了企业产品和服务的盈利能力。它的缺陷是明显的,没能反映企业整个资产的配置效率和管理水平,这样就不能以该指标的高低判断企业经营成果好坏。因为它只是反映了企业不同经营策略的效果,是实现企业财务目标、企业价值最大化的一个手段而已。

2)以理论和行业值解释比率,显得比较宽泛

财务比率是两个财务指标比较的结果,除了财务本身的经济含义外,对结果值的解释是财务分析和解决实际问题的关键所在。在一定假设条件下的理论比值,并不能很好地解决实际问题,比如以流动比率2:1为标准,对企业短期偿债能力的分析和判断,被认为是理论上的标准比率。但是企业经营环境的动态多变,经营和经营规模各种各样,使得这种理论比值变得不合实际。如果不考虑经济环境因素对财务比率的不同要求,用一个普遍适用的理论值作为财务分析的参照物,对实际的财务分析不会有多大帮助。从会计的角度来看,比率愈大,营运资产越多,对流动负债偿还的保证程度愈高。从经济的角度来看,流动比率是一个静态比率,资产的偿债能力以资产流动性为依据。现金流动性最强,1元钱现金偿还1元钱债务;存货流动性差,1元钱存货不一定能偿还1元钱的债务。流动资产超过流动负债的越多,资产可以缩水的空间越大,对负债保护的程度也越大。但即使在流动比率比较高的情况下,由于应收账款到期日与流动负债到期日的不一致,企业可能还是要向银行借入短期资金偿还到期债务。一般来讲,在企业经营环境趋好的情况下,可以放松对财务比率的要求,而在经营环境险恶的情况下,则要收紧对财务比率的要求。

尽管以行业比值为参照可以反映不同行业的经营方式和经营特点,但经营规模对财务比率的影响也是不可以忽略的要素。因为财务比率毕竟是个相对数,不能忽略财务指标的绝对数对财务分析的影响。

财务比率分析就是要从相关财务指标的比较分析中发现问题线索,寻找解决问题的答案。但这容易造成对比率本身的解释和分析重视有余,而对不同财务比率的关系分析重视不足。事实上,杜邦财务分析体系是一种典型的有关财务比率之间内在关系的分析方法。这种分析方法是将财务比率之间的关系,采用目标管理的方法加以连接,即财务比率之间有层次关系,上一层的财务比率成为下一层财务比率的管理目标,下一层的财务比率则是上一层财务比率实现的手段。通过对比率之间的关系及其相互影响的分析,就可以对企业的财务状况和经营成果做出符合情理

的判断，再借助于其他相关信息的分析，就能从中探测企业经营的症结所在。

如果要把提高资产周转率作为营运资产的管理目标，就应该以提高存货周转率、应收账款周转率和固定资产周转率等为手段，并采取相应管理方式和方法，才能达到预期的效果。而资产周转率只是提高净资产收益率，实现股东价值最大化的手段之一。按照这样的思路进行下去，提高资产周转率目标的实现，需要在存货周转率、应收账款周转率以及固定资产周转率等之间进行不同的组合，尽管它们之间并不存在明显的线性关系，或许较大程度的提高应收账款周转率，而稍稍降低存货周转率或固定资产的周转率，这样组合的结果有利于提升资产周转率。因此，仅仅比较存货周转率高低或者应收账款周转率等这样财务比率的高低，并不能把握财务分析的实质，毕竟它们只反映了企业经营战略和策略的一部分，但战略和策略的好坏要看综合的结果。

销售净利率、资产周转率和资产负债比率也同样存在不同组合的问题。

3）注意报表数据的局限性

①以历史资料为依据。会计报表提供的信息都是历史情况，记录着过去发生的事情，尚未考虑现行市价、重置成本等因素，其数据均是对已发生的成本、费用、收入的记载，缺乏时效性。会计报表的资产价值都是过去的实际成本，在物价变动幅度较大的情况下，虽然有的计提减值准备，但也不能完全正确反映企业资产的现实价值。投资者需要了解未来的变化，这些只能由自己来预计未来可能发生的变化。

②以货币计量为前提。由于会计采用货币为计量单位，会计报表也只能反映能用货币衡量的物品，许多不能用货币表示但对企业未来盈利有影响的因素如企业可能取得的科技上的突破、企业人力资源情况、企业所处的社会经济环境的变化信誉度等，会计报表却反映不出来，而这些内容对决策具有重大的参考价值。

③币值的稳定性。会计报表是以货币来计量的，并且假设货币的购买力是稳定的，没有考虑通货膨胀等因素和物价变动，其数据隐含着资产超值或贬值的风险。这种假设是不现实的。

④会计估价。在会计账务处理中涉及许多数字带有估计性，如固定资产使用年限和残值的估计以及存货价值的确定。因此，会计的许多数据仅仅是它们的近似值。

⑤账务处理方法的差异。国家对企业某些业务的记账方法允许作不同的处理，如对存货的价值，有些企业使用先进先出法，而另一些企业使用后进先出法、加权平均法。不同的账务处理方法其结果也是不一样的。

⑥报表数据记录的时间差异。财务报表数据未考虑期初到期末之间的变化数据以及全年不规则变化的数据，使数据之间的比较产生一定的困难。另外，资产负债表与利润表所反映的时间不同，以比率形式将两表的数据进行比较，可比性程度不一致。利润表是时期报告，反映的是跨越了整个会计年度的数据信息；而资产负债表是时点报告，只反映企业某一时点的财务状况，将两报表的数据进行比较会有一些困难。

(2)对财务比率分析的一点想法

尽管财务比率分析并不能解决所有问题，但是通过财务比率之间的关系，把握正确的分析方法，运用应有的职业判断，对于发现和寻找企业经营的症结所在，还是大有裨益的。综合评分的方法适用于对企业经营者的业绩评价，但由于这种方法割裂了财务指标之间的关系，所选取的财务比率和给予的相应权重带有主观性，容易掩盖弱项比率对企业经营情况的财务判断，对财务分析并没有多大好处。

1)采用系统的、目标管理的方法对财务比率进行层层分解，逐步分析和判断，容易找到分析的要点，发现问题所在。财务的最终目标当然是净资产收益率的提升，这也是财务管理目标所追求的。接下来的财务指标是销售净利率、资产周转率和权益乘数，它们作为中间目标是实现净资产收益率目标的手段。与中间目标相对应的是下一级子目标，如销售毛利率、存货周转率等，下一级目标是实现上一级目标的手段。每一级财务比率不应追求单一财务比率最优，而是综合最优。在这样思想的引导下，财务分析就不会因个别指标不理想而误入歧途。

2)除了财务比率的会计内涵外，把握其经济内涵可以提升对财务比率的分析判断能力。应该说每一种财务比率都应当有其经济含义，这样才能将企业的经营活动与财务比率联系起来，分析企业的经营战略和策略的得失。比如,应收账款周转率的高低,从经济角度来看,就可能反映应收账款的质量和流动性的高低,而不仅仅是反映企业的营运能力。应收账款周转率高,发生坏账的可能性就小,质量就高。如果货币市场发达,当企业缺少现金时就容易贴现,其流动性也高。如果应收账款周转率低,反映的是质量和流动性差,可能是企业收账不努力,信用政策存在一些问题,购货方陷入财务困难,或者是宏观经济环境变差等。

3)不同报表使用者对企业财务信息的要求不同,财务分析的侧重点也应有所不同。财务信息是为了满足通用目的而设计和披露的,在财务分析中,比率越多,越不知道如何分析判断。因为目的不同,要求也不一样,或许用少数的比率代替更多的比率会更有效。实际上,债权人所关心的是企业的偿债能力,而不是什么存货周转率;投资人考虑的是被投资企业的盈利能力、成长性和投资风险;企业股东和经营者则不仅要对企业经营管理的结果进行评价,而且对企业经营管理的过程予以特别关注,对财务比率的要求和分析也最全面。

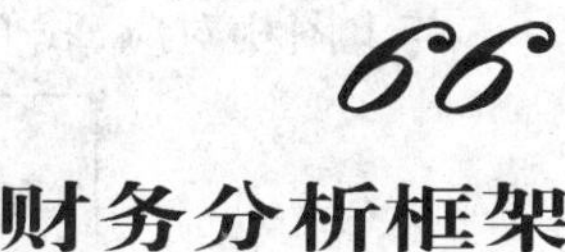

66 财务分析框架

如前所述,我们进行财务分析,从公司管理者的角度,是为了提高公司的管理从而提高公司的价值;从投资者的角度,是为了对公司的前景作出判断,从而给予公司一个合理的估值。公司的价值取决于其增长和盈利能力。因此为了达到上述目标,我们需要对公司的增长和盈利能力进行分析。

公司的增长和盈利能力受其产品市场和金融市场战略影响。产品市场战略通过公司竞争战略、经营方针和投资决策体现,金融市场战略通过融资和股利政策体现。公司为了达到增长和盈利目标可使用的四种手段是:①经营管理,②投资管理,③融资决策,④股利政策。如图 3－2 所示:

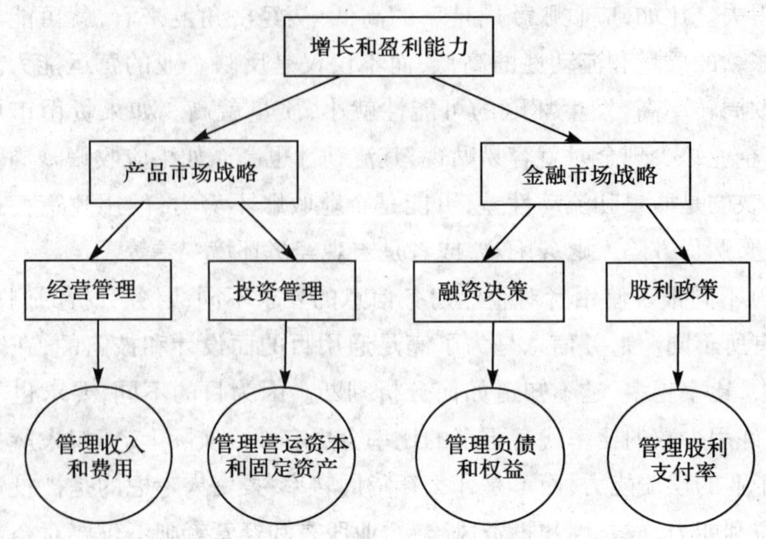

图 3－2　公司增长和盈利能力的驱动因素

与上图相对应，我们可以建立财务比率分析框架，如图 3－3 所示：

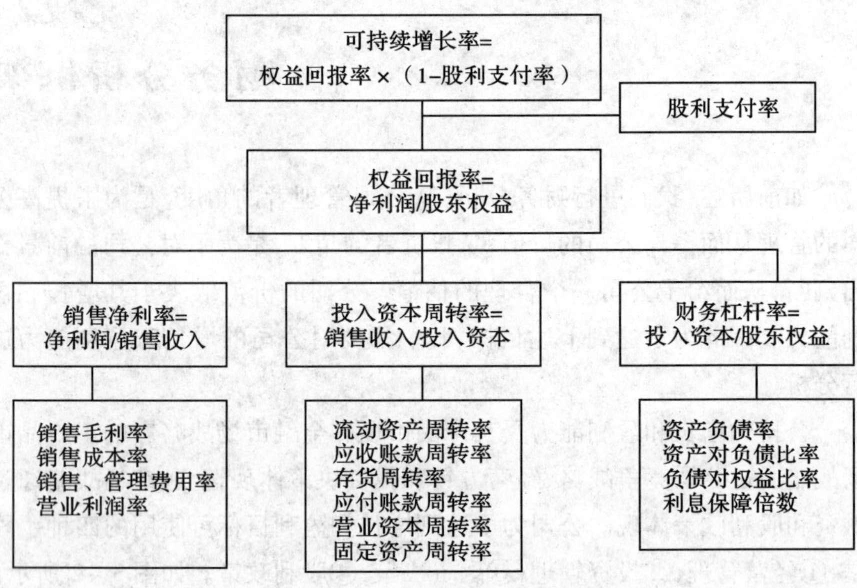

图 3－3　公司财务分析框架

可持续增长率(Sustainable Growth Rate)是公司在不发行新股票，不改变营业政策(不改变销售净利率和投入资本周转率)和融资政策(不改变负债权益比和支付红利比)时，其销售额的最大增长率。可持续增长率是怎样确定的呢？我们以甲公司为例，介绍它的计算方法。年初公司的权益值为 7 000 万元，并在当年创造了 1 020 万元的净利润。公司留存利润 700 万元，以 320 万元给股东发放股利。因此，股东权益从 7 000 万元增加了 700 万元，增加了 10%。如果希望在下一年度权益增加相同比例，而负债权益比保持不变，那它的负债值也必须以 10% 的比例增加。这样负债与股东权益都增加 10%，其总和，即公司投入资本，也是以 10% 增加。另外，若公司投入资本周转率(销售收入除以投入资本)不变，那它的销售额增长率也是 10%。这个 10% 的销售增长率就是甲公司的可持续增长率，它等于公司权益的增长率 10%。同时也是公司在不改变资本结构和营业方针，也不通过发行股票增加权益的情况下获得的最高的销售增长率。通过此例，我们得到一个适用于各类企业的计算可持续增长率的一般公式。用留存收益和净利润的比率表示留存收益率：

留存收益率 = 留存收益/净利润

由于可持续增长率等于所有者权益增长率，所以可写成：

可持续增长率 = 留存收益/期初股东权益

= (留存收益/净利润) × (净利润/期初股东权益)

= 留存收益率 × 权益回报率

其中，权益回报率是企业该年度净利润除以公司年初的权益账面值。权益回报率可表示成销售净利率、投入资本周转率、财务杠杆率的乘积。

权益回报率 = 净利润/期初股东权益

= (净利润/销售收入) × (销售收入/投入资本) × (投入资本/期初股东权益)

= 销售净利率 × 投入资本周转率 × 财务杠杆率

= 投入资本回报率 × 财务杠杆率

其中：

投入资本回报率 = 净利润/投入资本

= (净利润/销售收入) × (销售收入/投入资本)

= 销售净利率 × 投入资本周转率

因此公司的可持续增长率可写成:

可持续增长率 = 留存收益率 × 销售净利率 × 投入资本周转率 × 财务杠杆率

这个等式清楚地表明了公司在不增加权益的情况下决定其发展能力的4个因素。第2和第3个因素反映了公司的产品战略(销售净利率和投入资本周转率),第1个和第4个因素反映了融资战略(留存收益率和财务杠杆乘数)。销售净利率是衡量一个公司经营管理方面对于收入提高和费用控制所做出的努力,以及公司的产品或者业务是否能创造出足够多的价值。与销售净利率为同一类的指标,包括销售毛利率,销售成本率,销售、管理费用率,营业利润率等等。资产周转率衡量公司投资管理方面的效率,以及营运资本和固定资产的投资是否能够有效利用起来。与资产周转率为同一类的指标,包括流动资产周转率、应收账款周转率、存货周转率、应付账款周转率、营业资本周转率、固定资产周转率、总资产周转率等等。财务杠杆率衡量一个公司的融资决策是否合理,负债和权益的比例是否能够带来更高的净资产回报率。与财务杠杆率为同一类的指标,包括资产负债率、资产对负债比率、负债对权益比率、利息保障倍数等等。股利支付率衡量一个公司的股利政策。

我们应记住一点:如果这4个因素均保持不变,公司除非发行新的股票,否则无法以超过可持续增长率的比率增加销售收入。

如果销售增长率总是大于可持续增长率,那么公司最终会出现现金赤字;相反前者总是小于后者,那么公司会创造出现金余额。图3-4说明的就是这种现象。在中分线上的公司即处于财务平衡(Financial Balance)状态,其可持续增长率等于销售增长率。销售增长率大于可持续增长率的企业位于线上部分,销售增长率低于可持续增长率的公司位于线下部分。现金赤字的公司面临筹资问题,现金盈余的公司面临投资问题——它们创造的现金超过了投资需求。

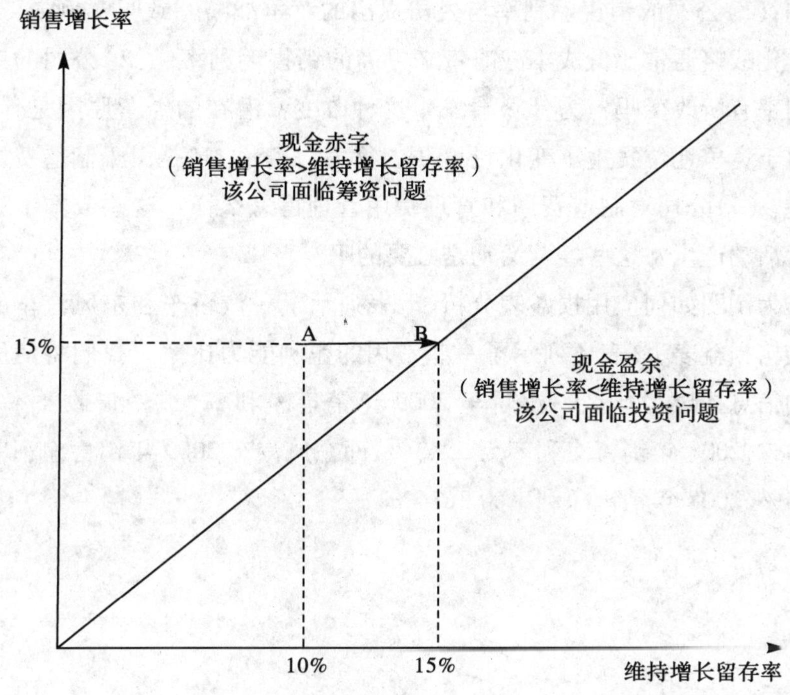

图 3－4 销售增长率与可持续增长率关系对企业的影响

评估经营活动的盈利能力：一汽轿车和东风汽车，谁的汽车更赚钱？

公司的销售净利率表明公司经营活动的盈利能力，对公司销售净利率的进一步分解使我们得以评估公司的经营管理效率。进行这种分析时，普遍使用的工具是总体结构损益表。在这张报表中，所有项目都被表示为销售收入的一定比率。通过编制总体结构损益表，可以比较公司不同时期损益表项目之间关系的变动趋势，也可以比较同行业不同公司损益表项目之间关系的变动趋势。进行损益表分析时，我们可以提出以下问题:(1)公司的销售毛利率与公司提出的竞争战略一致吗？例如,产品差异化战略通常比低成本战略带来更高的销售毛利率。(2)公司的销售毛利率有所改变吗？为什么会发生这种改变？潜在的经营原因是什么？是由于竞争地位发生了变化、投入成本发生了变化,还是由于制造费用管理差？(3)公司对制造费用和管理费用管理得怎么样？这些成本由哪些经营活动产生？这些经营活动是必要的吗？

为阐明如何应用损益表分析,下表列示了一汽轿车和东风汽车的总体结构损益表,该表还列示了一些常用的盈利能力比率。我们将使用表中的信息探讨为什么一汽轿车 2009 年销售净利率(或销售收益率)为 5.93%,2008 年销售净利率为 5.43%,而东风汽车 2009 年销售净利率为 2.55%,2008 年销售净利率为 3.34%。

单位:元

项目 \ 年度 \ 公司	东风汽车		一汽轿车		东风汽车		一汽轿车	
	2009	2008	2009	2008	2009	2008	2009	2008
营业总收入	14 311 440 851.12	12 431 496 585.78	27 744 501 058.64	20 245 456 624.11	100.00%	100.00%	100.00%	100.00%
营业成本	1 244 6257 962.65	10 848 709 724.14	21 612 679 229.15	15 747 067 537.87	86.97%	87.27%	77.90%	77.78%
营业税金及附加	196 712 424.43	213 791 502.85	1 374 569 172.32	986 289 527.16	1.37%	1.72%	4.95%	4.87%
销售费用	920 168 201.18	741 324 439.30	2 024 616 861.92	1 655 739 505.05	6.43%	5.96%	7.30%	8.18%
管理费用	676 471 527.06	510 949 684.27	920 819 507.36	642 133 577.38	4.73%	4.11%	3.32%	3.17%
财务费用	(59 801 496.94)	39 580 356.31	(26 234 278.88)	(74 534 904.20)	-0.42%	0.32%	-0.09%	-0.37%
资产减值损失	72 360 412.30	64 920 532.72	13 651 978.08	96 420 289.73	0.51%	0.52%	0.05%	0.48%
加:公允价值变动收益	(155 116.94)	(13 718 203.19)			0.00%	-0.11%	0.00%	0.00%
投资收益	268 678 653.74	393 881 329.00	81 304 880.43	98 853 987.49	1.88%	3.17%	0.29%	0.49%
其中:对联营企业和合营企业的投资收益			81 304 880.43	98 853 987.49	0.00%	0.00%	0.29%	0.49%
三、营业利润(亏损)	327 795 357.24	392 383 472.00	1 905 703 469.12	1 291 195 078.61	2.29%	3.16%	6.87%	6.38%
加:营业外收入	104 666 099.08	54 559 473.07	7 036 813.58	8 597 667.28	0.73%	0.44%	0.03%	0.04%
减:营业外支出	11 310 782.67	17 120 525.09	17 251 163.32	23 654 421.42	0.08%	0.14%	0.06%	0.12%

续表

项目 \ 年度 \ 公司	东风汽车		一汽轿车		东风汽车		一汽轿车	
	2009	2008	2009	2008	2009	2008	2009	2008
其中:非流动资产处置损失	4 231 945.78	1 956 841.35	3 129 462.25	14 651 734.93	0.03%	0.02%	0.01%	0.07%
四、利润(亏损)总额	421 150 673.65	429 822 419.98	1 895 489 119.38	1 276 138 324.47	2.94%	3.46%	6.83%	6.30%
减:所得税费用	56 325 169.75	15 212 838.78	250 103 450.08	17 717 4401.71	0.39%	0.12%	0.90%	0.88%
五、净利润(亏损)	364 825 503.90	414 609 581.20	1 645 385 669.30	1 098 963 922.76	2.55%	3.34%	5.93%	5.43%
主要盈利能力比率								
销售净利率					2.55%	3.34%	5.93%	5.43%
销售成本率					86.97%	87.27%	77.90%	77.78%
销售毛利率					13.03%	12.73%	22.10%	22.22%
营业利润率					2.29%	3.16%	6.87%	6.38%

公司销售收入与销售成本之差是销售毛利。销售毛利率(Gross Profit Margin)表明收入超过与销售收入相关的直接成本的程度,计算公式如下:

$$销售毛利率 = \frac{销售收入 - 销售成本}{销售收入}$$

销售毛利率受两个因素影响:(1)公司产品或劳务在市场中要求的价格;(2)公司购买和生产过程的效率。公司产品或劳务要求的价格受竞争程度和产品独特程度的影响。如果公司能够以低于竞争对手的成本购入原材料或能够更有效地组织其生产过程,则公司销售成本可能较低。实行低成本战略的公司通常属于这种情况。

从上表中可以看出,一汽轿车2009年的销售毛利率略有下滑,但是其2009年和2008年毛利率明显高于东风汽车13.18%的销售毛利率。

销售费用率和管理费用率是指公司的销售费用和管理费用占销售收入的比重。公司的销售费用和管理费用受执行竞争战略所必须采取的经营活动的影响。执行产品差异化战略的公司必须采取能够实现产品独特性的方法。与单纯以成本为基础参与竞争的公司相比,在质量和开发新产品基础上,参与竞争的公司拥有更高的研究和开发成本。同样,与通过仓储零售商或直接邮寄销售且不提供客户支持的公司相比,试图建立品牌形象、通过全方位服务零售商销售产品以及为消费者提供重要服务的公司拥有更高的销售和管理成本。销售费用和管理费用还受公司管理经营活动效率的影响。对以低成本为基础参与竞争的公司而言,营业费用的控制尤为重要。即使对产品差异化战略执行者而言,评估具有独特性的产品的成本是否与在市场上获得的高价格相称也很重要。

表中的比率使我们得以评价一汽轿车和东风汽车管理销售费用和管理费用的效果。首先,销售费用和管理费用与销售收入的比率表明公司每创造1元销售收入发生多少耗费。我们可以看到,一汽轿车的销售费用率高于东风汽车,但是一汽轿车正在销售费用的控制方面做出努力,从2008年的8.18%下降到了2009年的7.30%,这方面的控制效果还有待2010年销售费用率的进一步验证。东风汽车虽然销售费用率比一汽轿车低,但是其趋势却并不太好,从2008年的5.96%上升到2009年的6.43%。在管理费用率方面,一汽轿车要明显低于东风汽车,说明一汽轿车的行政管理效率比东风汽车要高,2008年为3.17%,2009年为

3.32%,比率有轻微的上浮,需要引起注意。东风汽车的管理费用率2008年为4.11%,2009年为4.73%,费用上涨的速度较快,并且比一汽轿车要高出很多,说明东风汽车应该在管理费用的节约方面做出更多的努力。

问题在于,如果将这两种成本都从销售收入中减去,哪个公司经营得更好?在这里,销售净利率提供了有用的信号:

销售净利率=净利润/销售收入

销售净利率能够全面说明公司的经营业绩,因为它反映了公司全部经营政策,而且排除债务政策的影响。从表中我们可以看到,2008年~2009年一汽轿车的销售净利率稍有提高,从5.43%到了5.93%,即一汽轿车2009年每1元销售收入能取得5.93分的税后利润。而东风汽车的销售净利率从2008年的3.34%下降到了2009年的2.55%,即2009年东风汽车每1元的销售收入能取得2.55分的净利润,比一汽轿车低了一大截。从上述分析可以看出,一汽轿车比东风汽车要更赚钱。

68

从战略的角度评价一个公司的利润质量

每年岁末年初,“利润”一词的曝光率骤然上升。所有的出资者、企业家、经理人将开始评价过去一年的利润,也纷纷开始规划下一年度的利润计划。但是,“利润”一词却几乎是企业经营领域中用得最滥的词语。利润本身有着诸多相互冲突的定义,这些定义对于经营管理来说往往是一种误导。其中,最容易令人迷惑的就是会计报表上的利润数字。

尽管会计利润的发展在一定程度上为企业相关人员提供了比较充分和准确的经营信息,但是,如果不能客观地认识到会计利润的局限性,会计利润将是一枚“烟幕弹”。这一切正如美国华盛顿大学的一位会计学权威所言:“会计报表在一定程度上就是三点式的‘比基尼’,展示给你的仅是那些你不感兴趣的地方,而你感兴趣的地方全被遮了起来。”

我们将通过"战略性利润"(如图3-5所示)的概念来揭开会计利润数字的伪装,为准确而客观地评价利润、务实而高效地提升利润提供富有实效的策略图景。

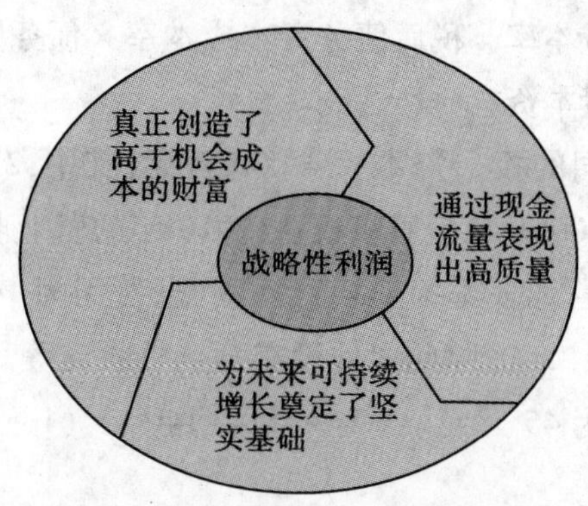

图3-5 战略角度利润的三个层次

(1)经济利润(EVA)

很多公司的销售和资产规模不断扩张,会计利润也在不断增加,他们通过会计报表谱写了一个个"脱贫致富"的动听故事。然而,在会计利润的数字背后,这些公司是否真的提高了营运效率、创造了真正的财富?

会计利润的计量方法以利息费用的形式反映债务融资成本,但它却忽略了股权资本的成本。在会计报表上,出资者的股权资本投入对公司来说是无成本的。会计利润"股权资本免费"的幻觉,造成很多企业的经营者根本不重视资本的有效配置,以至于不断出现投资失误、重复投资、投资低效等决策行为。正如著名的管理学大师彼得·德鲁克在1995年《哈佛商业评论》上撰文指出的:"我们通常所说的利润,其实并不是真正意义上的利润。如果一家企业未能获得超出资本成本的利润,那么它就处于亏损状态。"因此,企业需要获取足够利润并超过其所投入的资本成本,企业才真正为股东创造了财富,这就是"经济利润(EVA)"——这是迄今为止对利润最准确的定义。从出资者的角度看,经济利润才是真正的财富,会计利润仅仅是纸面上的财富。经济利润的计算公式如下:

EVA = 税后净营业利润 - 投入资本成本

= 税后净营业利润 - 投入资本 × 加权平均资本成本率

其中：

税后净营业利润(NOPAT)=(利润总额+财务费用)×(1-实际所得税税率)

加权平均资本成本率=税后债务资本成本率×债务资本/投入资本+股本资本成本率×股本资本/投入资本

我们假设某公司的投入资本为4 000万元，其中，2 000万元来自利率为7%的负债，2 000万元为股东权益；2010年的营业收入为900万元，不包括利息费用的营业成本为700万元，利息费用为140万元(2 000×7%)；所得税税率为25%；除此之外没有营业外收支等其他项目，则2009年该公司的净利润为45万元[(900-700-140)×(1-25%)]。看起来公司的盈利还不错。

可是如果考虑了股权资本成本，结果将会怎样呢？中国资本市场研究表明，不考虑公司风险的股权资本的成本率为9.4%。我们暂时不考虑该公司的风险因素，那么：

公司的加权平均资本成本率=7%×(1-25%)×2 000/4 000+9.4%×2 000/4 000=7.325%

税后净营业利润=(900-700)×(1-25%)=150(万元)

EVA=150-4 000×7.325%=-143(万元)

通过上述例子，我们可以发现看似可圈可点的会计利润，在考虑了股权资本成本的情况下，不但没有创造价值，而且还在“毁灭”财富。

(2)利润的质量是什么

如果一个企业的经济利润很高，那么是否就意味着该企业具有广阔的发展远景呢？这并不一定。

原因之一是，经济利润是基于会计利润调整而来的，而会计利润可以通过“利润操纵”进行调整。所谓利润操纵就是企业管理当局为了达成某种目的，通过选择最有利的会计政策控制应计项目，甚至通过编造、变造、伪造等手法做假账，掩盖企业真实经营成果，使会计利润达到某种期望水准。

原因之二是，利润和现金流量之间具有差异性。如果某公司收入是100元，而成本费用为80元，则利润为20元。如果上述收入都是现金性收入,成本费用都是付现性项目,则利润 20 元与现金净流量 20 元是等值的。但是,如果因为竞争激烈,该企业为了扩大销售而采用了大量的赊销政策,使得收入并不全部是现金收入,而只有 80% 是现金收入,其余的 20% 则表现为具有风险性的应收账款。这样,现金性收入不是 100 元而是 80 元,会计利润仍为 20 元,但是现金净流量却变成了 0。这就是现金流量与利润间的差异性。

利润是通过会计制度编制而来的,即使排除利润操纵和做假账的因素,它也只是一个账面的结果。与此相反,现金是通过实实在在的现金流入量与流出量表现出来的,它不单表现在账面上,而且还实实在在地表现在企业的银行账户中。由此可见,利润与现金的关系,既非常简单,又非常复杂。简单到一目了然,复杂到需要调整很多因素才能理解它们之间的数量关系。利润与现金的差异是企业经营状况的综合体现,也是深刻认识企业盈利能力的基本线索。因此,企业必须厘清利润和现金之间差异的表现形式及其根本原因后进行控制,以防患于未然。

(3)利润是否具有可持续性

如果一个公司的利润很高,同时现金流量也很多,那么是否就意味着该企业具有广阔的发展远景呢? 答案还是不一定。

提高利润和现金流量的方法,无非是在提高收入和降低成本下工夫。但是,许多公司只是片面地通过削减成本、压缩投资来提高利润和现金流量。这些公司不需要发展新业务、开辟新领土、创新新产品,要做的只是力争把同样的事情做得“更好”,这样利润数字便会令人羡慕。但是,这些公司在今天的竞争环境中,会很快遭到围攻或即将出局,利润数字会骤然下落。真正富有盈利能力的公司懂得平衡地追求“更好”和“更多”,它们通过连续不断地巩固核心业务、创建新兴业务和创造未来业务来保持增长引擎的活力。这些公司是行业的领导者,而不是追随者,他们不断地拓展增长的自由度,尽管这些投入或投资会暂时影响到利润和现金流量的“漂亮”度。这些公司对利润持续上升的解释是“我们正在改变着市场”,而那些单纯的利润追求型公司对利润下降的解释则是“我们的市场正在改变”。这两类公司的比较如图 3 – 6 所示。

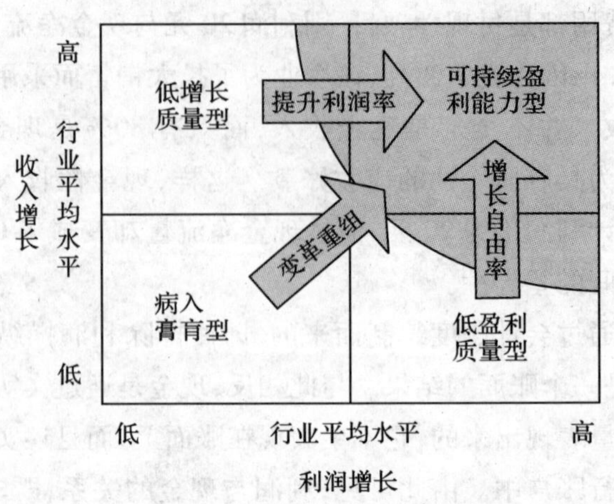

图 3-6　战略性利润策略矩阵

对于很多公司来说，当前的利润最多能解释 18% 的公司价值，而其他则要由利润的预期增长来决定，而尚未实现的利润又依赖于公司未来的增长。所以说，当前会计期间的利润，必须为企业的进一步增长做好准备，打下基础。在现金流量方面，一个专业术语是自由现金流量。该术语是指考虑所有净现值为正的投资计划或增长机会所需资金后所剩余现金流量。显然，真正反映一个企业盈利能力的还不是一般的现金流量，而是自由现金流量。

综上所述，战略性利润认为，会计报表上的利润数字并不能说明任何东西，会计利润必须转化为经济利润。同时，战略性利润还要求保障利润增长的可持续性。也就是说，会计报表的利润数字必须经过资本成本、现金流量和自由现金流量的三次技术性调整，才能反映出一个公司名副其实的盈利能力。

我们来看一下一汽轿车和东风汽车 2008 年和 2009 年的利润质量，具体数据如下：

单位:元

项目 \ 年度 \ 公司	东风汽车		一汽轿车	
	2009	2008	2009	2008
利润总额(1)	421 150 673.65	429 822 419.98	1 895 489 119.38	1 276 138 324.47
财务费用(2)	0.00	39 580 356.31	0.00	0.00
利润总额+财务费用(3)=(1)+(2)	421 150 673.65	469 402 776.29	1 895 489 119.38	1 276 138 324.47
所得税率(4)	18.00%	18.00%	15.00%	15.00%
税后净营业利润(5)=(3)×[100%-(4)]	345 343 552.39	384 910 276.56	1 611 165 751.47	1 084 717 575.80
短期借款(6)	181 088 424.38	242 500 000.00	0.00	0.00
长期负债(7)	90 386 441.77	74 794 194.75	49 876 732.99	53 196 907.38
负债资本小计(8)=(6)+(7)	271 474 866.15	317 294 194.75	49 876 732.99	53 196 907.38
负债资本/投入资本(9)=(8)/(15)	0.04	0.05	0.01	0.01
税后负债资本成本率(10)	4.10%	4.10%	4.10%	4.10%
股东权益(11)	6 765 710 661.85	5 825 111 157.95	7 744 377 415.54	6 618 269 295.07
股东资本/投入资本(12)=(11)/(15)	0.96	0.95	0.99	0.99
股东资本成本率(13)	9.40%	9.40%	9.40%	9.40%
加权平均资本成本率(14)=(10)×(9)+(13)×(12)	9.20%	9.13%	9.37%	9.36%

续表

项目 \ 年度 \ 公司	东风汽车		一汽轿车	
	2009	2008	2009	2008
投入资本(15)	7 037 185 528.00	6 142 405 352.70	7 794 254 148.53	6 671 466 202.45
资本总成本(16)=(15)×(14)	647 107 271.73	560 569 510.83	730 016 423.11	624 298 386.94
经济利润(17)=(5)-(16)	-301 763 719.33	-175 659 234.27	881 149 328.36	460 419 188.86
会计净利润	364 825 503.90	414 609 581.20	1 645 385 669.30	1 098 963 922.76

*上表中,股东资本成本按中国资本市场的相关研究,不考虑特定公司的风险,无风险的股东资本成本为9.40%;如果考虑特定公司的风险,则股东资本成本会更高,因此表中对于经济利润的计算是非常稳健的计算;所得税税率根据公司年度报告进行估算,东风汽车为18%,一汽轿车为15%;由于负债结构中,两家公司的长期负债都是无息负债,只有短期借款需要承担资本成本,考虑长期负债和短期借款的比重,总体的税前资本成本率按5%估算。

从上表可以看出,在两家公司的资本结构中,负债所占的比重都非常低,几乎可以忽略不计。虽然东风汽车 2008 年的会计净利润为414 609 581.20 元,2009 年为364 825 503.90 元,但是,这两年的经济利润其实都是负的,2008 年为 -175 659 234.27 元,2009 年为 -301 763 719.33 元。相对来说,一汽轿车的经济利润比较好,2008 年为460 419 188.86 元,2009 年为881 149 328.36 元。

当然,我们还要结合公司的投资情况等,来考察公司未来的发展情况。这部分内容我们在分析公司现金流量质量的时候再进一步介绍。

69

评估公司的营运资本管理效率：一汽轿车和东风汽车，谁的汽车卖得快？

投入资本周转率是公司股东权益收益率的另一个驱动因素。由于公司将大量资源投资于资产，因此使资产具有更高的生产能力，对提高总体盈利能力至关重要。我们可以通过详细分析投入资本周转率来评估公司投资管理的效果。

资产管理包括两个主要方面：①营运资本管理；②长期资产管理。我们首先看营运资本管理的效率。

传统的营运资本被定义为公司流动资产和流动负债之间的差额。但是，该定义并不区分营业营运资本（如应收账款、存货和应付账款）和非营业营运资本（如现金、短期借款）。我们可以把标准的资产负债表改造为管理资产负债表，以便更好地评估公司的管理效率。下表对比地列出了管理资产负债表和标准资产负债表。

管理资产负债表

投入资本	占用资本
现金和现金等价物	短期借款
营运资本需求 流动资产 减：流动负债	长期资本： 长期借款 股东权益
非流动资产净值	

标准资产负债表

资产	负债和股东权益
现金	短期借款
流动资产 应收账款 存货 预付账款	流动负债 应付账款 预收账款
非流动资产净值	长期资本 长期借款 股东权益

管理资产负债表的左列有三项,统称为投入资本(Invested Capital),也称资产净值(Net Assets)。这三项是现金和现金等价物、营运资本需求(流动资产减流动负债)及非流动资产净值。

投入资本 = 现金和现金等价物 + 营运资本需求 + 非流动资产净值

管理资产负债表的右侧有两项,统称为占用资本(Employed Capital),它们是短期借款和长期资本,后者包括长期借款与股东权益:

占用资本 = 短期借款 + 长期借款 + 股东权益

一个公司的资本通常投入到三个项目上:①现金和现金等价物;②营运资本需求(WCR),即流动资产减流动负债;③非流动资产,如土地、厂房、设备、专利。我们先来简单分析一下现金和非流动资产,然后再详细讨论营运资本需求。

(1)现金和现金等价物

公司持有现金和现金等价物,至少有两点原因:①准备及时支付开销和意外费用;②及时购入有潜在价值的资产。也可能是因为银行要求其持有一定量现金与贷款取得平衡。我们用广义现金概念代表持有现金和现金等价物。

(2)非流动资产

非流动资产包括财产、厂房和设备。它们的账面价值就是资产负债表中的非流动资产净值,即购置价格减累计折旧和累计摊销。

(3)营运资本需求

非流动资产本身不能产生收入和利润。运用这些资产创造收入和利润的活动叫做营业活动(Operating Activities)。这些活动需要企业在营业循环(Operating Cycle)中以存货和应收账款等形式进行投资。图 3 - 7 是表示营业循环的方法。循环始于采购——获得原材料的行为,接下来是生产——原材料转化为产成品的过程,随后是销售。当从顾客手中收回现金时,循环结束。只要经营活动继续,循环就会再启动。注意,公司向供应商付款发生在向顾客收款之前,因为它持有存货(原材料、半成品和制成品)和应收账款债权的这段时期比付款延迟的期限长。付款日和收款日之间的这段时间就是现金循环周期(Cash conversion period or cash-to-cash period)。

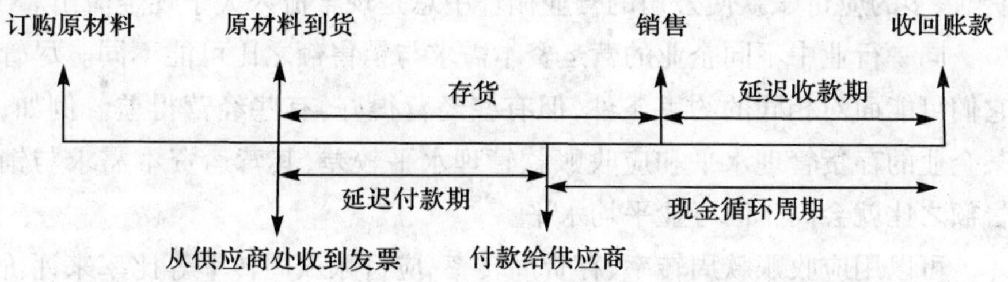

图3－7　企业经营循环

根据上述分析，我们可以计算一家公司的营业周期和现金周期。营业周期可以帮助我们判断哪一家公司的产品生产、销售的速度比较快，而现金周期可以帮助我们判断哪一家公司生产、销售并回收现金的速度比较快。一般来讲，同一行业中，营业周期和现金周期比较短的公司，其效率要高于其他公司，其营业资本需求也比较少。营业周期和现金周期的计算公式如下：

营业周期＝存货周转天数＋应收账款周转天数

现金周期＝存货周转天数＋应收账款周转天数－应付账款周转天数

什么是公司用以支持经营活动的"净投资"？简单地讲，净投资包括存货、应收账款减应付账款的余额。如果流动资产中包括预付账款，流动负债中包括预收账款，那么净投资就是流动资产减流动负债的差额，这一差额叫做营运资本需求。营运资本需求不包括现金，因为现金是公司全部投资剩下的部分。全部投资包括营运资本需求。现金受营业循环的影响，但严格地讲，它不是营业循环的一部分。同样，营运资本需求也不包括短期借款。短期借款是为支持公司的投资而筹集的，这里也包括为营运资本需求而筹集。短期借款为公司的营业循环筹集资金，但不是营业循环的组成部分。

对于大多数公司而言，流动资产大于流动负债，营运资本需求是正的。否则，营运资本需求是负的。那么，营业循环就成了现金的产生者而不是消费者。营运资本需求为负的公司多属零售业或服务业，这些公司的收款业务在付款业务之前发生，销售量大，而存货少。大型超市就是典型例子，现货销售，应收账款少；存货流动性强，存量少。同时，它们对供应商的欠款数额巨大，因为供货条款往往很宽松。很少的应收账款和存货、很多的应付账款使公司的营业循环中总是现金流入大于现金流出。

同一行业中不同企业的营运资本需求与销售额之比可能不同。尽管它们可能面对相同的约束条件,但有些经营得好,有些经营得差。例如,某企业的存货管理水平和应收账款管理水平较差,其营运资本需求与销售额之比就会高于同行业平均水平。

可以用应收账款周转率、存货周转率、应付账款周转率等比率来评价公司对营运资本需求的各组成项目的管理水平。这种方法简便易行,可以作为不同时期纵向比较和同行业横向比较的依据。各个指标的计算方法及其含义如下:

(1)应收账款周转率

公司的应收账款在营运资本需求中具有举足轻重的地位。公司的应收账款如能及时收回,公司的资金使用效率便能大幅提高。应收账款周转率就是反映公司应收账款周转速度的比率,它说明一定期间内公司应收账款转为现金的平均次数。用时间表示的应收账款周转速度为应收账款周转天数,也称平均应收账款回收期或平均收现期,它表示公司从获得应收账款的权利到收回款项、变成现金所需要的时间。一般来说,应收账款周转率越高越好,表明公司收账速度快,平均收账期短,坏账损失少,资产流动快,偿债能力强。与之相对应,应收账款周转天数则是越短越好。如果公司实际收回账款的天数超过了公司规定的应收账款天数,则说明债务人拖欠时间长,资信度低,增大了发生坏账损失的风险;同时也说明公司催收账款不力,使资产形成了呆账甚至坏账,造成了流动资产不流动,这对公司正常的生产经营是很不利的。其计算公式为:

应收账款周转率(次)=赊销收入净额/平均应收账款

应收账款周转天数=360/应收账款周转率

=(平均应收账款×360)/赊销收入净额

注意,“平均应收账款”是指资产负债表中“应收账款”和“应收票据”的期初、期末金额的平均数之和。在实际计算时,由于从公司财务报表中无法获得赊销收入净额的数据,我们往往用销售收入来替代赊销收入净额。有时候为了计算的方便,在应收账款波动不大的情况下,我们也可以用期末应收账款来替代平均应收账款进行直接计算。

有一些因素会影响应收账款周转率和周转天数计算的正确性。首先，由于公司生产经营的季节性原因，使应收账款周转率不能正确反映公司销售的实际情况。其次，某些公司在产品销售过程中大量使用分期付款方式。再次，有些公司采取大量收取现金方式进行销售。最后，有些公司年末销售量大量增加或年末销售量大量下降。这些因素都会对应收账款周转率或周转天数造成很大的影响。在分析这两个指标时，应将公司本期指标和公司前期指标、行业平均水平或其他类似公司的指标相比较，判断该指标的高低。

(2)存货周转率

存货周转率(Inventory Turnover)是衡量和评价企业购入存货、投入生产、销售收回等各环节管理状况的综合性指标，它是销货成本除以平均存货得到的比率，其意义可以理解为一个财务周期内，存货周转的次数。用时间表示的存货周转速度就是存货周转天数。一般来讲，存货周转速度越快(即存货周转率或存货周转次数越大、存货周转天数越短)，存货占用水平越低，流动性越强，存货转化为现金或应收账款的速度就越快，表明企业的销售能力越强，营运资本占用在存货上的金额也会越少。通过存货周转速度分析，有利于找出存货管理中存在的问题，尽可能降低资金占用水平。其计算公式为：

存货周转率(次数) = 销货成本/平均存货余额

其中：平均存货余额 = (期初存货 + 期末存货)/2

存货周转天数 = 计算期天数/存货周转率(次数)

= 计算期天数 × 平均存货余额 ÷ 销货成本

(3)应付账款周转率

应付账款周转率反映的是企业应付账款的流动程度。合理的应付账款周转率来自于同行业对比和公司历史正常水平。如公司应付账款周转率低于行业平均水平，说明公司较同行可以更多占用供应商的货款，显示其重要的市场地位，但同时也要承担较多的还款压力。反之亦然。如果公司应付账款周转率较以前出现快速提高，说明公司占用供应商货款降低，可能反映上游供应商谈判实力增强，要求快速回款的情况，也有可能预示原材料供应紧俏甚至吃紧。反之亦然。应付账款周转率的公式：

应付账款周转率(次数) = 采购成本/平均应付账款

其中：应付账款平均余额 = (应付账款期初数 + 应付账款期末数)/2

应付账款平均付账期(天数)= 360 天/应付账款周转率

采购成本需要我们根据有关资料进行计算。假设一个制造业企业,产成品的成本等于原材料的采购成本加上生产成本。把采购成本和生产成本加到期初存货账户上(含原材料、半成品、产成品)。当产成品卖出时,存货减去销售成本,得出期末存货:

期初存货+采购成本+生产成本-销售成本=期末存货

把上述公式变形,就得到采购成本计算公式:

采购成本=销售成本+期末存货-期初存货-生产成本

分析的时候,如果采购成本的信息无法取得,也可以简单地用销售成本来替代。

我们以一汽轿车 2008 年、2009 年和东风汽车 2009 年的数据为例,将两家公司的标准资产负债表调整为管理资产负债表。

单位:元

项目＼年度＼公司	一汽轿车		东风汽车	
	2009	**2008**	**2009**	**2008**
货币资金	2 794 075 240.83	1 926 013 156.99	4 591 707 566.05	2 451 272 357.23
营运资本需求	808 360 436.01	907 702 282.82	(2 158 424 953.21)	(69 821 259.01)
非流动资产净值	4 191 818 471.69	3 837 750 762.64	4 603 902 915.16	3 760 954 254.48
投入资本合计	7 794 254 148.53	6 671 466 202.45	7 037 185 528.00	6 142 405 352.70
短期借款	0.00	0.00	181 088 424.38	242 500 000.00
长期负债	49 876 732.99	53 196 907.38	90 386 441.77	74 794 194.75
股东权益	7 744 377 415.54	6 618 269 295.07	6 765 710 661.85	5 825 111 157.95
占用资本合计	7 794 254 148.53	6 671 466 202.45	7 037 185 528.00	6 142 405 352.70

从上表中我们可以看出,东风汽车的营运资本需求是负的。从报表中仔细分析,这是由于东风汽车较多地占用了供应商的资金,公司有巨额的应付票据和应付账款。一汽轿车的营运资本需求要比东风汽车的营运资本需求高。

根据东风汽车和一汽轿车 2009 年年报的资料,我们整理有关数据如下:

单位:元

项目 \ 年度 \ 公司	一汽轿车		东风汽车	
	2009	2008	2009	2008
应收账款	2 371 251 956.04	1 745 970 875.64	4 843 847 745.26	2 407 424 666.65
存货	2 525 746 631.03	2 427 265 590.40	1 499 605 386.04	1 294 610 130.18
应付账款	6 468 415 432.79	4 216 303 206.14	4 627 077 717.17	25 76 517 962.65
营业总收入	14 311 440 851.12	12 431 496 585.78	27 744 501 058.64	20 245 456 624.11
营业成本	12 446 257 962.65	10 848 709 724.14	21 612 679 229.15	15 747 067 537.87

根据上述资料,计算两家公司的营业资本管理效率如下:

项目 \ 公司	东风汽车	一汽轿车
营运资本需求占销售额的比率	(0.15)	0.03
应收账款周转率	6.95	7.65
存货周转率	5.03	15.47
应付账款周转率	2.33	6.00
应收账款周转天数	52.50	47.70
存货周转天数	72.63	23.59
应付账款周转天数	156.67	60.83
营业周期	125.13	71.29
现金周期	-21.54	10.64

* 由于披露的信息中没有购买成本的信息,所以用营业成本替代来计算应付账款周转率,计算的结果会比购买成本要大,即比实际的周转次数多。

从上述计算结果来看,一汽轿车2009年的营运资本管理效率要比东风汽车好一些。其应收账款周转率和存货周转率都要高于东风汽车,尤其是存货周转率,东风汽车为5.03次,而一汽轿车为15.47次。幸亏东风汽车的应付账款周转率比一汽轿车低,也就是东风汽车较多地占用了供应商的资金，这从短期来看可能对公司有利，但我们要警惕这是否会导致公司与供应商之间的关系日趋紧张，从而影响到公司的长远发展。总体而言，从原材料开始到生产到销售，一汽轿车的营业周期为71.29天，东风汽车的营业周期为125.13天，一汽轿车的汽车卖的要比东风汽车的快。

延伸阅读：零营运资本需求

越来越多的企业已经建立"零营运资本"的目标。减少营运资本需求有两点好处：第一，节约存货和应收账款的资金占用，加速现金流通；第二，增加收益，像所有投资一样，营运资本需求也有现金成本，所以，减少营运资本需求就意味着节约成本。另外，节约营运资本需求迫使公司加速生产和运输，超过竞争者，占领新的市场，并因此收取订单过满的额外收入。没有存货，就不必建仓库，不必雇佣叉车司机负责内部运输，不必提前作生产计划。"零营运资本需求"的关键是速度。目前，许多公司都煞费苦心地对销售作长期预测，提前几周或几个月就开始生产，创造了大批存货，最终它们不得不增加筹资以满足营运资本的需要。削减营运资本需求就必须打破这种系统。废弃预测，按订单即时生产，最好是建立一套针对订单的即时生产和送货系统。这种需求导向的管理体制与即时存货的原理相似，但范围更广。大多数公司都在一两个领域实现了即时管理，比如即时采购、即时送货，但是要保证及时、迅速，还必须持有大量存货，仍需要提前生产。到生产部门，生产马上开始，产成品随即装货运走。制造企业也给供应商施压减少存货，因为存货占压资金越少，原材料价格就越低。半成品、产成品、零部件不是积压在仓库中，而是在生产线上有序转移，速度越快，营运资本需求占压就越少。由此可知，为什么营运资本需求水平是衡量生产效率的标准。

评估公司的长期资产及投入资本管理效率：一汽轿车和东风汽车，谁的生产线利用得更加充分？

我们用固定资产周转率来衡量一个公司在固定资产方面的管理效率，用投入资本周转率来衡量公司在营运资本和长期资产方面的综合管理效率。

固定资产周转率也称固定资产利用率，是企业销售收入与固定资产净值的比率。固定资产周转率主要用于分析对厂房、设备等固定资产的利用效率。比率越高，说明利用率越高，管理水平越好。如果固定资产周转率与同行业平均水平相比偏低，则说明企业对固定资产的利用率较低，可能会影响企业的获利能力。其计算公式如下：

固定资产周转率 = 销售收入 / 平均固定资产净值

固定资产平均净值 =（期初净值 + 期末净值）/2

在计算固定资产周转率时需要注意，这一指标的分母采用平均固定资产净值，因此指标的比较将受到折旧方法和折旧年限的影响，应注意其可比性问题。在比较东风汽车和一汽轿车的固定资产周转率之前，我们首先来看一下两家公司的固定资产折旧方法和年限。

东风汽车在2009年年报附注中注明如下：

3. 各类固定资产的折旧方法

固定资产折旧采用年限平均法分类计提，根据固定资产类别、预计使用寿命和预计净残值率确定折旧率。

融资租赁方式租入的固定资产，能合理确定租赁期届满时将会取得租赁资产所有权的，在租赁资产尚可使用年限内计提折旧；无法合理确定租赁期届满时能够取得租赁资产所有权的，在租赁与租赁资产尚可使用年限两者中较短的期间内计提折旧。

各类固定资产折旧年限和年折旧率如下：

固定资产类别	折旧年限	残值率(%)	年折旧率(%)
房屋及建筑物	25~40年	3.00	2.43~3.88
机器设备	10~28年	3.00~10.00	3.46~9.70
运输设备	12年	3.00~10.00	8.08
其他设备	5~12年	3.00~5.00	8.08~19.00

一汽轿车在2009年年报附注中注明如下：

(2)固定资产的折旧方法

本公司除部分生产用设备采用双倍余额递减法计提折旧外，其他固定资产均采用年限平均法计提折旧，各类固定资产的折旧年限、预计净残值率和年折旧率如下：

固定资产类别	折旧年限(年)	预计净残值率(%)	年折旧率(%)
房屋及建筑物	5~35	5	2.71~19.00
机器设备	8	5	11.87~25.00
运输设备	6	5	15.83
其他设备	4~15	5	6.33~23.75

从上述附注中我们可以看出，一汽轿车比东风汽车在固定资产折旧方面采取了更加稳健的做法，其折旧年限更短，并且对部分设备采用了双倍余额递减折旧。因此，两家公司的固定资产周转率不能简单地进行比较。这里我们假设两家公司采用的折旧方法和年限都是合理的，下面的计算只是提供一个粗略的比较：

金额单位:元

公司 / 年度 / 项目	一汽轿车		东风汽车	
	2009	2008	2009	2008
固定资产	2 130 369 628.90	1 730 668 589.14	2 089 323 889.01	1 737 327 257.28
营业总收入	14 311 440 851.12	12 431 496 585.78	27 744 501 058.64	20 245 456 624.11
固定资产周转率	6.72	7.18	13.28	11.65

从上表的数据中,我们可以得出一个初步的印象:一汽轿车的固定资产利用效率要比东风汽车的高。

我们前面分析了营运资本需求的管理效率,上面分析了固定资产的管理效率,那么所有的资产放在一起考虑,是哪一家公司的效率高呢?这个时候我们就要用到投入资本周转率这个指标:

投入资本周转率 = 销售收入/投入资本

其中投入资本包括:现金和现金等价物、营运资本需求、长期资产投资。

一汽轿车和东风汽车两家公司的投入资本周转率计算如下:

金额单位:元

项目 \ 年度 \ 公司	一汽轿车		东风汽车	
	2009	2008	2009	2008
营业总收入	14 311 440 851.12	12 431 496 585.78	27 744 501 058.64	20 245 456 624.11
投入资本合计	16 441 810 486.74	14 162 165 182.10	29 833 824 960.93	21 982 783 893.04
投入资本周转率	0.87	0.88	0.93	0.92

由上表可见,一汽轿车的资产管理效率要略好于东风汽车。虽然一汽轿车的营运资本需求管理比东风汽车要差,但是其长期资产(固定资产)的管理效率要远高于东风汽车,因此一汽轿车的综合管理效率强于东风汽车。

产品战略的综合反映:投入资本回报率

前面我们分析了经营活动的盈利能力和资产的管理效率,在分析框架中,这两个方面构成了一个公司的产品战略。那么,公司的产品战略是否成功?对盈利能力和成长能力有什么样的影响?我们可以通过计算投入资本回报率来进行分析:

投入资本回报率 = 净利润/投入资本

= (净利润/销售收入) × (销售收入/投入资本)

= 销售净利率 × 投入资本周转率

显然,销售净利率和投入资本周转率越高,公司的营业获利能力也就越强。获得较高的销售净利率可通过以下两种途径或其中之一:① 提高价格或以快于营业支出增加的速度来提高销售量,从而使销售额上升;②以快于销售额减少的速度来压缩营业开支。另外,可通过提高投入资本周转率来有效地管理用于营业的资产净值。例如,提高存货周转速度、缩短应收账款回收期以及减少销售占用的固定资产数都是对资产的有效管理。

既然较高的销售净利率和投入资本周转率是提高营业获利能力的关键,那么获得这些较高指标的深层原因又是什么呢?根据有关研究,不考虑企业具体竞争市场的特殊性(存货与技术变革水平,供给及购买能力,市场成长速度),深层原因有三:①企业的竞争地位,即相对于竞争对手的市场占有率;②企业提供的产品和服务的相对质量;③企业成本和资产的结构,即资产的构成及主导成分、成本构成、纵向一体化及资本利用程度。研究结果表明,较高的市场份额和高质量的产品一般会提升营业获利能力,而大量的投资和过高的固定成本会降低营业获利能力。研究样本中,具有较高的市场占有量和优质产品及服务的企业,其平均税前营业利润率是 39%;而那些产品和服务的质量很差的企业,其平均税前营业利润率仅为 9%。投入资本周转率低的企业——每元销售额占用的固定资产和固定成本较高——一般不能以高的销售净利率来抵补低投入资本周转率,因此,它们的营业获利能力通常比那些投入资本周转率较高的企业要低。投入资本周转率低于 1.5 的企业平均税前营业利润率为 8%,而周转率高于 3.3 的企业平均税前营业利润率可达到 38%。

一汽轿车和东风汽车的投入资本回报率计算如下:

金额单位:元

项目＼年度＼公司	一汽轿车		东风汽车	
	2009	2008	2009	2008
净利润(1)	364 825 503.90	414 609 581.20	1 645 385 669.30	1 098 963 922.76
营业总收入(2)	14 311 440 851.12	12 431 496 585.78	27 744 501 058.64	20 245 456 624.11
销售净利率(3)＝(1)/(2)	2.55%	3.34%	5.93%	5.43%
投入资本合计(4)	7 037 185 528.00	6 142 405 352.70	7 794 254 148.53	6 671 466 202.45
投入资本周转率(5)＝(2)/(4)	2.03	2.02	3.56	3.03
投入资本回报率(6)＝(3)×(5)	5.18%	6.75%	21.11%	16.47%

由于一汽轿车较高的销售净利率和略高的投入资本周转率,导致其投入资本回报率要大大高于东风汽车。

那么,投入资本回报率和权益回报率之间是什么关系呢?为便于理解权益回报率和投入资本回报率的联系,我们假定一种情况:一家企业没有借款,它的资产净值全部由股东权益筹集。那这家企业的权益回报率和投入资本回报率的关系如何呢?既然企业没有借款,那就不存在财务杠杆,企业资产净值全部由权益筹集,因此投入资本等于股东权益。换言之,如果一家公司没有借款,那它的投入资本回报率等于权益回报率。

72

负债与权益的管理：公司使用多大的财务杠杆率?

在一家没有借款的企业中,权益回报率与投入资本回报率相同。那引起两者差别的原因就是企业为筹资而发生的负债。筹资决策对企业的权益回报率有怎样的影响呢?

我们考虑企业以负债替代部分所有者权益的情况。一家企业若没有借款我们称它的财务杠杆为0。负债相对于权益的比例越大,杠杆值越高:

财务杠杆率 = 投入资本/股东权益

对于一定量的投入资本而言,当负债增加(减少)时会引起:①所有者权益减少(增加);②财务杠杆率增大(减小);③公司权益回报率提高(降低)。如果公司的投入资本全部为权益筹资,即投入资本等于所有者权益,则其财务杠杆率等于1,这是最小值。理论上可以达到,但实际上公司的投入资本总是有大量的负债筹资。

财务杠杆率影响着权益回报率。下面分析一下财务杠杆作用的过程。考虑两家公司,它们拥有相同的投入资本 10 000 万元,但融资结构不同,其中一家全部由权益筹资(非杠杆公司),另一家的资产净值的一半 5 000 万元是权益而另一半是以10%的成本筹集的借款(杠杆公司)。为简便起见,假设它们不交纳税金(该假设不影响结论)。

息税前利润	息税前投入资本回报率(%)	权益回报率(%)	息税前投入资本回报率(%)	权益回报率(%)
1 400 万元	14	14	14	18
1 000 万元	10	10	10	10
800 万元	8	8	8	6

首先分析风险。当年初两家公司构建其资本结构时,并不知道年终的息税前利润会如何。因此依据对来年经济环境的不同期望设定了 3 个

息税前利润水平。息税前利润,是指支付利息和所得税之前的利润。如果经济环境很好，息税前利润为 1 400 万元。如果一般，息税前利润可达1 000 万元。若环境不佳,则息税前利润达到800 万元。公司最后的效益究竟怎样,要到年底才可揭晓,这就是经营风险(Business Risk)。企业面临经营风险是因为它不能确切预知投资和经营决策在未来的结果。企业最佳选择是对息税前利润做多种可能的预期。

两家公司的投资和预期的息税前利润相同,所以它们的经营风险相同。那筹资策略对获利能力的影响有什么不同呢？上表列出的是 3 种息税前利润下,两家公司的获利指数——投入资本回报率和权益回报率。先考虑无杠杆公司的情况,该公司的获利指数从 14%(1 400 万元的息税前利润除以投入资本 10 000 万元)降到 8%。它的权益回报率与息税前投入资本回报率相同,因为企业没有负债也不需要交纳税金(企业的财务杠杆率是0)。

那杠杆公司的获利能力如何呢？它的息税前投入资本回报率与非杠杆企业相同,因为两家企业的投入资本和营业利润相同。又因为企业没有税负,利息费用为500 万元(5 000 万元借款的10%),权益值为5 000 万元。所以权益回报率为:

权益回报率 =(息税前利润 - 利息费用)/股东权益 =(息税前利润 -500)/5 000

当息税前利润为1 400 万元时,权益回报率等于 18%[(1 400 万元 -500 万元)÷5 000 万元],此时杠杆公司的权益回报率比非杠杆公司的高(18%大于 14%),尽管杠杆公司的利息费用使净利润减少到900 万元,但因为它的权益基数比非杠杆企业小(5 000 万元而不是 1 000 万元),所以权益回报率升高到 18%。这种情况下财务杠杆对杠杆企业有利。

息税前利润为1 000 万元时,杠杆公司的权益回报率是 10%。此时财务杠杆是中性的,因为杠杆公司与非杠杆公司的权益回报率相同。

最后,息税前利润为 800 万元时,杠杆公司的权益回报率为 6%,此时,财务杠杆对公司不利,因为公司权益回报率比非杠杆公司的低(6%小于 8%)。现在看一下财务杠杆(固定利率下的借款)对权益回报率的影响。随着息税前利润的变动,非杠杆公司的权益回报率从 14%降低到8%,而杠杆公司的权益回报率从 18%降低到6%。两家公司面临的经营风险相同——息税前利润的变动相同,但杠杆公司的权益回报率变动范围要比非杠杆公司的大得多。换言之,采取杠杆(借款)增加了公司的整体风险。固定利率下的借款在公司已有的经营风险上又增添了财务风险,杠杆公司的所有者既要面对经营风险又要面对财务风险,而非杠杆公司的所有者只需承担经营风险。杠杆公司比非杠杆公司的风险大,并且风险随着借款的增加而增加。

造成这种现象的原因何在?答案其实很简单。第一种情况下,公司以10%的成本借款筹集的资产创造了14%的回报(此时投入资本回报率为14%)。这不需要精通财务就应该认识到以10%的成本取得14%的回报是有利可图的,财务杠杆对企业的总体获利能力有支持作用。第二种情况,借款成本和回报均为10%,财务杠杆中性,企业的权益回报率与不借款的情况是相同的。第三种情况,公司以10%成本取得的借款仅取得了8%的息税前投入资本回报率,这显然是一种不利的处境,此时的借款是一个拙劣的决策。

我们可以把权益回报率用另一个公式来表示:

权益回报率=[息税前投入资本回报率×(1-t)+(息税前投入资本回报率-平均负债利率)×负债]/股东权益

其中,"t"是公司的实际税率。对于任意给定的负债—权益比,若息税前投入资本回报率比借款成本高,则权益回报率大于息税前投入资本回报率;若息税前投入资本回报率与借款成本相等,则权益回报率等于息税前投入资本回报率;若息税前投入资本回报率比借款成本低,则权益回报率小于息税前投入资本回报率。

为说明这种关系,我们再看一下前面的例子。在权益筹资占50%的企业中,负债—权益比是1(5 000万元借款除以权益5 000万元),借款成本10%,公司不交纳税金(t=0)。权益回报率(ROE)与息税前投入资本回报率(ROIC)之间有下列三种情况:

1. 当ROIC=14%时,ROE=14%+(14%-10%)×1=14%+4%=18%

2. 当ROIC=10%时,ROE=10%+(10%-10%)×1=10%+0=10%

3. 当ROIC=8%时,ROE=8%+(8%-10%)×1=8%-2%=6%

我们得出这样的结论:公司若旨在提高ROE,那只要ROIC可以高于

借款成本就应借款;当 ROIC 低于借款成本时,公司就应停止借款。在这个结论中,有两点需要特别注意:

第一,我们在借款筹资时并不知道未来的 ROIC 究竟是多少。而只能将借款成本与预期(风险性) ROIC 比较,但这个预期值最终可能达到也可能达不到。在应用 ROE 公式时,风险是不可忽略的因素。高水平的 ROIC 预期会产生高水平的 ROE 期望,但达到预期的可能性还需用概率来权衡。

第二,高水平的 ROE 期望值也不一定就意味着公司会为其所有者创造价值。假定一家公司可以 10% 的成本筹集借款,使其负债权益比为 1。若它的预期投入资本回报率可达到 14%,则正如前面提到的财务杠杆对其权益回报率起到正向推动作用, ROE 可达到 18%。但这并不意味着公司就一定会取得这笔资产。如果股东认为只有 25% 的回报率才可能补偿其投资的经营风险和财务风险,那 18% 的回报率就不可能满足股东的要求。此时,这种资本筹集方式就是不可取的。

与财务杠杆率类似的指标还包括:

债务对权益比率 = (短期借款 + 长期借款)/股东权益

债务净额对权益比率 = (短期借款 + 长期借款 - 现金和现金等价物)/股东权益

债务对投入资本比率 = (短期借款 + 长期借款)/投入资本

第一个比率表明股东每投资 1 元,公司使用多少债务融资;第二个比率使用债务总额减去现金和现金等价物后的债务净额计量公司借入款项;第三个比率衡量债务占投入资本的比例。

公司偿付利息的难易程度表明债务政策的风险大小,可以用利息保障倍数来衡量:

利息保障倍数 = 息税前利润/利息费用

其中:息税前利润 = 净利润 + 所得税费用 + 利息费用(财务费用)

我们根据上述公式,来计算一汽轿车和东风汽车的财务杠杆指标:

金额单位:元

项目 \ 年度 \ 公司	一汽轿车		东风汽车	
	2009	2008	2009	2008
投入资本(1)	7 037 185 528.00	6 142 405 352.70	7 794 254 148.53	6 671 466 202.45
股东权益(2)	6 765 710 661.85	5 825 111 157.95	7 744 377 415.54	6 618 269 295.07
财务杠杆率(3) = (1)/(2)	1.04	1.05	1.01	1.01
负债(4)	271 474 866.15	317 294 194.75	49 876 732.99	53 196 907.38
债务对权益比率(5) = (4)/(2)	4.01%	5.45%	0.64%	0.80%
债务净额(6)	-4 320 232 699.90	-2 133 978 162.48	-2 744 198 507.84	-1 872 816 249.61
债务净额对权益比率(7) = (6)/(2)	-63.85%	-36.63%	-35.43%	-28.30%
债务对投入资本比率(8) = (6)/(1)	3.86%	5.17%	0.64%	0.80%

可见,两家公司财务杠杆率都很低,主要的资金来源于股东权益。

73

公司风险分析：资产结构和资本结构的匹配程度

公司应该怎样为其资产筹资呢？有两条主要渠道：权益资本和负债。负债可分为短期（1 年以内偿还）和长期（1 年以后偿还）两种。这样，公司的运用资本可分为权益资本和负债资本，也可分为长期融资（权益加长期负债）和短期融资。前一种分类是根据资本性质划分的，后一种则是根据使用期限划分的。

面对这些资金来源，我们必须考虑以下两个问题，来决定采用哪种筹资策略：①权益资本和负债资本的最佳组合是什么？②长、短期负债的比例如何？

前面我们对标准资产负债表和管理资产负债表的结构作了比较。两种报表在流动资产和流动负债的处理方法上有所区别：在标准资产负债表中，流动负债作为全部负债的一部分；在管理资产负债表中，流动负债作为流动资产的减项，以确定营运资本需求。营运资本需求加上现金和固定资产净值构成资产净值，或投入资本。负债栏中剩下的部分就是运用资本：短期借款、长期负债和所有者权益。

在进行长、短期融资决策时，许多公司应用匹配战略（Matching Strategy），即长期融资由长期资金支持，短期融资由短期资金支持。通过资产寿命和资金来源期限的匹配，可以减少不协调的风险。以一项有效期为 5 年的设备为例：购买时，可用 5 年的贷款（匹配战略），也可用 1 年的可延期贷款（不匹配）。两者利率相等，哪一种风险更大呢？不匹配的战略风险大，原因有两点：第一，利率——资金成本会变化；第二，资金的可持续性不保险，甚至会导致公司不得不卖掉资产以还债。这两类风险分别叫做利率风险和偿债风险，匹配战略会大大降低这两种风险。但是，让资金结构与资产有效期的结构完全匹配并不是所有公司在所有时间的最佳策略。有时如果预期短期利率会下降,那么一些公司可能会愿意冒利率风险和偿债风险。另一方面,如果一些公司非常保守,就会让贷款期限比资产有效期长许多。

投入资本中的营运资本需求是长期融资还是短期融资?表面上看,营运资本需求是短期融资,因为它是流动资产减流动负债构成,这两者的有效期都在一年以内。但是,不能这么简单地看,尽管可归入流动资产和流动负债,但它们是不断更新的。所以只要企业存在,营运资本就存在,因此营运资本需求本质上是长期融资。在匹配战略下,应由长期负债和权益资本来支持。

公司为支持投资(现金、营运资本需求、固定资产),可以选择不同的融资结构。本章所讲的匹配战略是最常见的一种,即让资本来源与投资的有效期相匹配。可是一些公司会根据它们各自所愿承担的风险大小不同而采用其他战略——如果想减小风险,可选择稳健型战略(Conservative Strategy);如果准备接受较大的风险,可采用进取型战略(Aggressive Strategy)。下面,以一个销售既呈整体增长又随季节波动的公司为例,分析三种不同的策略。

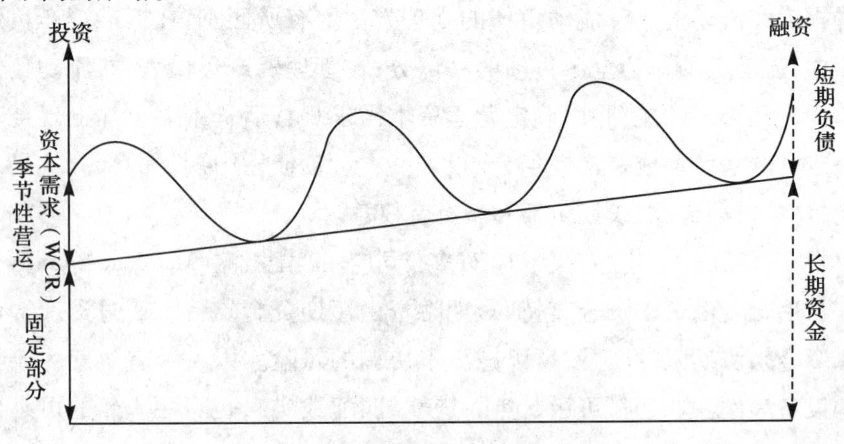

图3-8 匹配的投融资策略

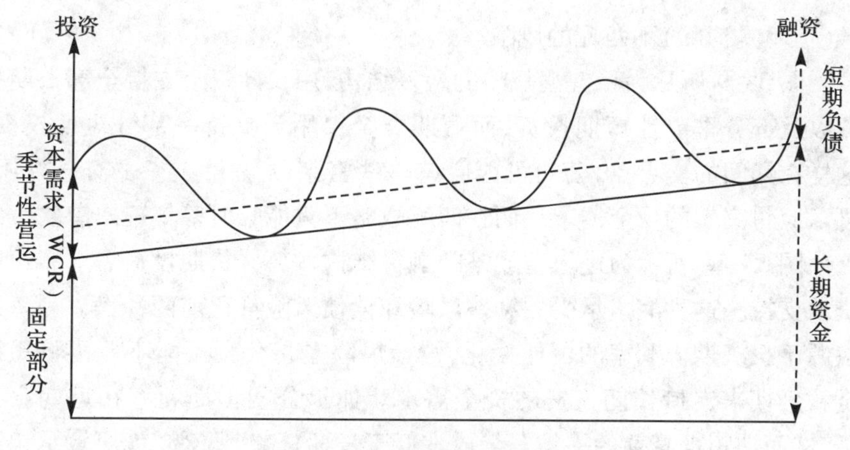

图 3－9　稳健的投融资策略

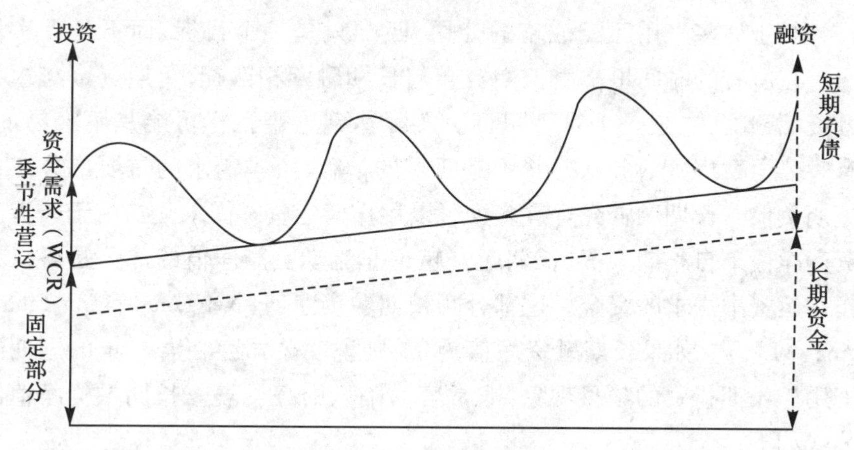

图 3－10　进取的融资策略

一个公司，如果销售随季节波动，那么营运资本需求也呈季节性波动，而且与销售同向变化。如图所示，营运资本需求的变化趋势可分为长期持续增长部分和短期季节波动部分。短期营运资本需求是三大基本投资中唯一一项与销售额直接联系的投资项目。固定资产净值、现金、长期营运资本需求有连续性，不随销售额明显变化。图 3－8、图 3－9、图 3－10 的左侧所示为季节性和连续性的资本需求，右侧为筹资策略的两大部分：长期融资（权益资本和长期负债）及短期负债。

图 3－8 所示为匹配战略下的融资结构。用长期资金支持长期连续、持久的长期投资；用短期资金支持短期季节性投资，目的是最大限度地降

低(但不是消除)不匹配的风险。

图 3 -9 所示为稳健型战略的融资结构,用长期资金支持全部长期投资以及部分季节性短期投资,而短期资金仅用于支持一部分短期投资。这样在期间的交界点,公司可能会有一些富余的现金,这一“安全边际”可以应付突然的现金需求。而在匹配战略下只能临时筹集短期借款。

图 3 -10 所示为进取型战略的融资结构一部分长期投资需求靠短期贷款支持。这种战略承受的利率风险和偿债风险都比前两种大。利率风险源于投资期内利率的可能变化;偿债风险是指公司可能不能再将短期贷款延期来支持长期投资的资金需求。如果公司预期利率在近期会下降,从而使短期贷款的平均资金成本低于长期贷款,那么它就愿意承担这一风险。还有一些公司因为筹资能力有限,不得不侧重使用短期贷款。

对于许多采用匹配战略的公司,匹配只是一个目标,而不是现实情况。在所有的时间里都由长期资金与长期融资相匹配,短期资金与短期融资相匹配,这是一个管理目标。实际达到这个目标可能是不容易的。有时公司发现其财务状况并不是匹配的,营运资本需求的重要部分来自短期负债。长期融资究竟有多少可以用作营运资本需求呢?由于非流动资产净值来自长期融资,长期融资超过非流动资产净值的部分是可以用作营运资本需求的资金。这部分叫长期融资净值(Net Long - term Financing,NLF)。如果长期融资净值为负,则说明公司存在着严重的短期融资用于长期投资的项目现象,非常容易陷入财务困境。长期融资净值的公式如下:

长期融资净值 = 长期融资 - 非流动资产净值

= 长期借款 + 股东权益 - 非流动资产净值

长期融资净值是长期融资中用作现金和营运资本需求的部分。有多少短期融资用于公司的营运资本需求呢?短期融资超过现金的部分即是。这部分短期融资叫做短期融资净值(Net Short - term Financing,NSF):

短期融资净值 = 短期融资 - 现金和现金等价物

我们计算一汽轿车和东风汽车的长期融资净值如下表。从表中可以看出,两家公司都采取了非常稳健的投融资策略。其长期融资部分不仅用来满足营运资本需求和非流动资产的投资,还形成了高额的现金储备。

单位:元

项目 \ 年度 \ 公司	一汽轿车		东风汽车	
	2009	2008	2009	2008
货币资金	4 591 707 566.05	2 451 272 357.23	2 794 075 240.83	1 926 013 156.99
营运资本需求	(2 158 424 953.21)	(69 821 259.01)	808 360 436.01	907 702 282.82
非流动资产净值	4 603 902 915.16	3 760 954 254.48	4 191 818 471.69	3 837 750 762.64
投入资本合计	7 037 185 528.00	6 142 405 352.70	7 794 254 148.53	6 671 466 202.45
短期借款	181 088 424.38	242 500 000.00	0.00	0.00
长期负债	90 386 441.77	74 794 194.75	49 876 732.99	53 196 907.38
股东权益	6 765 710 661.85	5 825 111 157.95	7 744 377 415.54	6 618 269 295.07
占用资本合计	7 037 185 528.00	6 142 405 352.70	7 794 254 148.53	6 671 466 202.45
长期融资净值	2 252 194 188.46	2 138 951 098.22	3 602 435 676.84	2 833 715 439.81
短期融资净值	(4 410 619 141.67)	(2 208 772 357.23)	(2 794 075 240.83)	(1 926 013 156.99)

从战略的角度考虑公司的流动性

我们通常用流动比率和速动比率来分析一个企业的流动性。流动比率(Current Ratio)等于流动资产与流动负债之比:

流动比率=流动资产/流动负债

一般来说,流动比率越高,流动性越强。该比率至少应大于1,最理想值是2,这是由营运资本需求的传统定义决定的。必要时,公司可以卖掉流动资产抵补流动负债。出于这种考虑,流动资产必须大于流动负债。但是如果流动比率提高,流动性就提高。为什么不鼓励顾客尽可能晚地付款以增加应收账款?为什么不尽可能多地持有存货?为什么不尽可能早地付款给供应商?前两种决策会增加公司的流动资产,后一种决策会减少流动负债。这样,公司的流动比率会无限提高。但是,流动性提高了吗? 当然没有。这说明流动比率不是一个可靠的指标。

把流动比率加以修正,从流动资产中减去流动性不太强的存货和预付账款,剩下现金和应收账款叫速动资产,修正后的比率叫速动比率(Quick Ratio):

速动比率 =(现金 + 应收账款)/流动负债

速动比率相对流动比率是个进步。但它对流动性的分析仍停留在短期经营决策的观点上,而不是从战略决策角度来考虑。

我们将介绍一个新的测算流动性的方法——易变现率(Liquidity Ratio)。该方法侧重分析营运资本需求的资金结构,更准确地说,就是营运资本需求的长期资金部分。易变现率是长期融资净值和营运资本需求的比:

易变现率 =(长期融资 - 非流动资产净值)/营运资本需求

= 长期融资净值/营运资本需求

总的来说,在其他条件不变的情况下,营运资本需求中的长期融资比重越大,公司的流动能力就越强。流动性由什么决定? 怎样提高流动性? 第一个问题的答案可由公式中的易变现比率得到:流动性由长期融资净值(分子)和营运资本需求(分母)的决策决定。如果这个比率提高,公司的流动性状况就会改善。

根据公式,有以下几种情况可改善流动性状况:①长期融资增加;②固定资产净值减少;③营运资本需求减少。在下列情况下,长期融资会增加: ①申请长期贷款;②提高权益资本(发行新股);③增加留存收益(减少股利)。如果公司卖掉非流动资产,则非流动资产净值就会减少。影响公司营运资本需求的决策是营业管理决策。这些决策决定着应收账款、存货、预付账款、应付账款和预收账款等在资产负债表中的数额。要控制好营运资本需求,就要弄清楚影响其规模的因素:应收账款、存货、预收账款、应付账款和预付账款。这五项的多少又取决于以下三点:①公司所在行业的特点;②公司管理营业循环的效率;③销售增长水平。

在一定的销售额下,首先公司所处的行业特征、技术特点和细分市场决定着营运资本需求。例如,要完成相同的销售额,机械制造企业就比百货连锁店需要更多的营运资本。行业特点决定了百货连锁店与机械制造企业相比,没有多少应收账款和存货。前面也提到,一些公司,如大型超市，营运资本需求是负值。在这种情况下，公司的运营不仅不占用现金而且能产生现金。选择同一行业的一些公司作样本，计算出营运资本需求占销售额的比率的平均值，就可以衡量行业因素对营运资本需求的影响。其次是营业效率。营业效率越高，需要的存货、应收账款就越低，营业资本需求也就相应减少。最后是销售增长水平。假设某公司明年销售额将增长10%。如果管理效率不变(相同的存货周转率，相同的收款和付款期)，营运资本需求将怎样变化呢？即使效率不变，销售增长也会引起营运资本需求的增长。因为需要更多的存货、应收账款、应付账款以支持增加的销售额。初步估计，可以认为营运资本需求增长幅度与销售额一样，也是10%。这个例子也说明，意想不到的销售增长会导致流动性问题。但是如果公司严格控制，节省营运资本需求，这个问题可以缓解。管理能把经营循环活动所需资金压缩到什么程度呢？如前所述，越来越多的企业已经建立"零营运资本"的目标。

我们来计算一汽轿车和东风汽车的上述指标如下：

金额单位:元

项目 \ 年度 \ 公司	一汽轿车		东风汽车	
	2009	2008	2009	2008
流动资产	10 363 092 291.56	7 353 261 429.37	10 227 299 085.04	6 292 112 544.19
流动负债	8 110 898 103.10	5 214 310 331.15	6 624 863 408.20	3 458 397 104.38
流动比率	1.28	1.41	1.54	1.82
货币资金	4 591 707 566.05	2 451 272 357.23	2 794 075 240.83	1 926 013 156.99
应收账款(含应收票据)	2 371 251 956.04	1 745 970 875.64	4 843 847 745.26	2 407 424 666.65
速动比率	0.86	0.80	1.15	1.25
营运资本需求	(2 158 424 953.21)	(69 821 259.01)	808 360 436.01	907 702 282.82
长期融资净值	2 252 194 188.46	2 138 951 098.22	3 602 435 676.84	2 833 715 439.81
易变现率	—	—	4.46	3.12

东风汽车由于其营运资本需求为负数，所以不计算其易变现率。虽然东风汽车的流动比率和速动比率都不高，流动比率2008年为1.41，

2009 年为 1.28，略有降低，但是在营运资本需求为负的情况下，公司营业规模越大，其产生的资金越多。在这种情况下，不可能出现流动性危机，除非遇到特大的产品召回事件。

一汽轿车 2009 年的流动比率和速动比率和 2008 年的相比，都有所下降。根据一般解释看，好像是一汽轿车的流动性降低了。但是根据前面的分析，一汽轿车的易变现率从 2008 年的 3.12 提高到了 2009 年的 4.46，其实，一汽轿车真正的流动性有所提高。这是因为，一汽轿车的采购、生产、销售的效率提高了。在销售规模增加的情况下，其所需的营运资本反而下降；同时，其来源于长期融资的资金 2009 年比 2008 年有所增加——试问，公司的营业周期缩短，所有环节无缝衔接，长期融资的增加超过长期资产的增加，这种情况下，流动性是提高了还是降低了？毫无疑问，流动性得到了非常大的提高。

75

画龙点睛：现金流量分析

在传统的财务分析课程中，现金流量分析并非重点。仅仅根据现金流量我们无法判断一个公司的盈利能力和增长能力。但是，现金流量的分析在财务分析中的作用犹如画龙点睛——它可以帮助我们判断公司盈利的质量，可以解释不同时间的财务状况出现变化的来龙去脉，可以预测公司未来的发展前景。不管是资产、负债、收入、费用，最终都要通过现金的流入和流出来体现。对于股东、银行以及其他跟企业有关的各方，最终只有获得现金回报，才是真实的回报。

企业的现金就像潘多拉的盒子，如果运用好就会带给企业更多的发展机遇和活力，反之就会成为企业倒闭的终结者。现金流就像企业的“血液”一样，只有让企业的“血液”顺畅循环，企业才能健康成长。因此才有“现金为王”一说。

所谓现金流量的质量，是指企业的现金流量能够按照企业的预期目标进行运转的质量。具有较好质量的现金流量应当具有如下特征：第一，企业现金流量的状态体现了企业的发展战略的要求；第二，在稳定发展阶段，企业经营活动的现金流量应当与企业经营活动所对应的利润有一定的对应关系，并能为企业的扩张提供现金流量的支持。现金流量表是以现金收付制为基础编制的，这就弥补了资产负债表和利润表按权责发生制的原则编制而出现的不足与缺憾。

（1）经营活动产生的现金流量的质量分析

1）经营活动产生的现金流量小于零，意味着企业通过正常的商品购、产、销所带来的现金流入量，不足以支付因上述经营活动而引起的货币流出。

企业正常经营活动所需现金支付，则通过以下几种方式解决：①消耗企业现存的货币积累；②挤占本来可以用于投资活动的现金，推迟投资活动的进行；③在不能挤占本来可以用于投资活动的现金的条件下，进行额外贷款融资以支持经营活动的现金需要；④在没有贷款融资渠道的条件下，只能采用拖延债务支付或加大经营活动引起的负债规模来解决。从企业的成长过程来分析，在企业开始从事经营活动的初期，由于在生产阶段的各个环节都处于“磨合”状态，设备、人力资源的利用率相对较低，材料的消耗量相对较高，因而导致企业的成本消耗较高。同时，为了开拓市场，企业有可能投入较大资金，采用各种手段将自己的产品推向市场（包括采用渗透法定价、加大广告支出、放宽收账期等），从而有可能使企业在这一时期的经营活动现金流量表现为“入不敷出”的状态。我们认为，如果是由于上述原因导致的经营活动现金流量小于零，我们应该认为这是企业在发展过程中不可避免的正常状态。但是，如果企业在正常生产经营期间仍然出现这种状态，我们应当认为企业经营活动现金流量的质量不高。

2）经营活动产生的现金流量等于零，意味着企业通过正常的商品购、产、销所带来的现金流入量，恰恰能够支付因上述经营活动而引起的货币流出。

在企业经营活动产生的现金流量等于零时，企业的经营活动现金流量处于“收支平衡”的状态。企业正常经营活动不需要额外补充流动资金，企业的经营活动也不能为企业的投资活动以及融资活动贡献现金。但是，必须注意的是，在企业的成本消耗中，有相当一部分属于按照权责发生制原则的要求而确认的摊销成本（如无形资产、递延资产摊销、固定资产折旧等）和应计成本（如对预提费用的处理等）（下面我们把这两类成本通称为非现金消耗性成本)。显然,在经营活动产生的现金流量等于零时,企业经营活动产生的现金流量是不可能为这部分非现金消耗性成本的资源消耗提供货币补偿的。因此,从长期来看,经营活动产生的现金流量等于零的状态,根本不可能维持企业经营活动的货币"简单再生产"。因此,我们认为,如果企业在正常生产经营期间持续出现这种状态,企业经营活动现金流量的质量仍然不高。

3)经营活动产生的现金流量大于零但不足以补偿当期的非现金消耗性成本,意味着企业通过正常的商品购、产、销所带来的现金流入量,不但能够支付因经营活动而引起的货币流出,而且还有余力补偿一部分当期的非现金消耗性成本。

企业虽然在现金流量的压力方面比前两种状态要好,但是,如果这种状态持续,则企业经营活动产生的现金流量从长期来看,也不可能维持企业经营活动的货币"简单再生产"。因此,我们认为,如果企业在正常生产经营期间持续出现这种状态,企业经营活动现金流量的质量仍然不能给予较高评价。

4)经营活动产生的现金流量大于零并恰能补偿当期的非现金消耗性成本,意味着企业通过正常的商品购、产、销所带来的现金流入量,不但能够支付因经营活动而引起的货币流出,而且还有余力补偿全部当期的非现金消耗性成本。

在这种状态下,企业在经营活动的现金流量方面的压力已经解脱。如果这种状态持续,则企业经营活动产生的现金流量从长期来看,刚好能够维持企业经营活动的货币"简单再生产"。但是,从总体上看,这种维持企业经营活动的货币"简单再生产"的状态,仍然不能为企业扩大投资等发展提供货币支持。企业的经营活动为企业扩大投资等发展提供货币支持,只能依赖于企业经营活动产生的现金流量的规模继续加大。

5)经营活动产生的现金流量大于零,并在补偿当期的非现金消耗性成本后仍有剩余,意味着企业通过正常的商品购、产、销所带来的现金流入量,不但能够支付因经营活动而引起的货币流出、补偿全部当期的非现金消耗性成本,而且还有余力为企业的投资等活动提供现金流量的支持。

应该说,在这种状态下,企业经营活动产生的现金流量已经处于良好的运转状态。如果这种状态持续,则企业经营活动产生的现金流量将对企业经营活动的稳定与发展、企业投资规模的扩大起到重要的促进作用。

从上面的分析可以看出,企业经营活动产生的现金流量,仅仅大于零是不够的。企业经营活动产生的现金流量要想对企业作出较大贡献,必须在上述第五种状态下运行。

如果拿经营活动产生的现金流量与净利润进行比较,根据现金流量表编制的间接法可以推理得出:一般情况下,经营活动产生的现金流量应该大于净利润,否则说明净利润可能有水分,应该引起我们的警惕。

(2)投资活动产生的现金流量

投资活动是指企业长期资产的购建和不包括在现金等价物范围内的投资及其处置活动。下面,我们对投资活动产生的现金流量的质量进行分析。

1)投资活动产生的现金流量小于零,意味着企业在购建固定资产、无形资产和其他长期资产、权益性投资以及债权性投资等方面所支付的现金之和大于企业在收回投资、分得股利或利润、取得债券利息收入、处置固定资产、无形资产和其他长期资产而收到的现金净额之和。

企业上述投资活动的现金流量,处于"入不敷出"的状态。企业投资活动所需资金的"缺口",可以通过以下几种方式解决:①消耗企业现存的货币积累;②挤占本来可以用于经营活动的现金,削减经营活动的现金消耗;③利用经营活动积累的现金进行补充;④在不能挤占本来可以用于经营活动的现金的条件下,进行额外贷款融资,以支持经营活动的现金需要;⑤在没有贷款融资渠道的条件下,只能采用拖延债务支付或加大投资活动引起的负债规模来解决。

从投资活动的目的来分析,企业的投资活动主要有三个目的:①为企业正常生产经营活动奠定基础,如购建固定资产、无形资产和其他长期资产等;②为企业对外扩张和其他发展性目的进行权益性投资和债权性投资;③利用企业暂时不用的闲置货币资金进行短期投资,以求获得较高的投资收益。在上述三个目的中,前两种投资一般都应与企业的长期规划和短期计划相一致,第三种投资则在很多情况下是企业的一种短期理财安排。因此,面对投资活动产生的现金流量小于零的企业,我们首先应当考虑的是:在企业的投资活动符合企业的长期规划和短期计划的条件下,这种现象表明了企业经营活动发展和企业扩张的内在需要,也反映了企业在扩张方面的努力与尝试。

2）投资活动产生的现金流量大于等于零，意味着企业在投资活动方面的现金流入量大于流出量。

这种情况的发生，或者是由于企业在本会计期间的投资回收活动的规模大于投资支出的规模，或者是由于企业在经营活动与筹资活动方面急需资金而不得不处理手中的长期资产以求变现等原因所引起的。因此，必须对企业投资活动的现金流量原因进行具体分析。必须指出的是，企业投资活动的现金流出量，有的需要由经营活动的现金流入量来补偿。例如，企业的固定资产、无形资产购建支出，将由未来使用有关固定资产和无形资产会计期间的经营活动的现金流量来补偿。因此，即使在一定时期企业投资活动产生的现金流量小于零，我们也不能对企业投资活动产生的现金流量的质量简单地作出否定的评价。

（3）筹资活动产生的现金流量

1）筹资活动产生的现金流量大于零，意味着企业在吸收权益性投资、发行债券以及借款等方面所收到的现金之和大于企业偿还债务、支付筹资费用、分配股利或利润、偿付利息、融资租赁所支付的现金以及减少注册资本等方面所支付的现金之和。

在企业处于发展的起步阶段，投资需要大量资金，企业经营活动的现金流量小于零的条件下，企业的现金流量的需求主要通过筹资活动来解决。因此，分析企业筹资活动产生的现金流量大小是否正常，关键要看企业的筹资活动是否已经纳入企业的发展规划，是企业管理层以扩大投资和经营活动为目标的主动筹资行为还是企业因投资活动和经营活动的现金流出失控、企业不得已的筹资行为。

2）筹资活动产生的现金流量小于零，意味着企业在吸收权益性投资、发行债券以及借款等方面所收到的现金之和小于企业偿还债务、支付筹资费用、分配股利或利润、偿付利息、融资租赁所支付的现金以及减少注册资本等方面所支付的现金之和。

这种情况的出现，或者是由于企业在本会计期间集中发生偿还债务、支付筹资费用、分配股利或利润、偿付利息、融资租赁等业务，或者是因为企业经营活动与投资活动在现金流量方面运转较好、有能力完成上述各项支付。但是，企业筹资活动产生的现金流量小于零，也可能是企业在投资和扩张方面没有更多作为的一种表现。投资活动与筹资活动属于企业的理财活动，在任何期间，企业均有可能因这些活动而引起现金流量的变化。不过，处于开业初期的企业，其理财活动引起的现金流量变化较大，占企业现金流量变化的比重也较大。另一方面，理财活动也意味着企业存在相应的财务风险。例如，企业对外发行债券，就必须承担定期支付利息、到期还本的责任。如果企业不能履行偿债责任，有关方面就会对企业采取法律措施。又如，企业购买股票，就可能存在着股票跌价损失的风险，等等。因此，企业的理财活动越大，财务风险也可能较大。

(4)不涉及现金收支的理财活动

与企业的现金流转状况不涉及现金收支的理财活动(即投资和筹资活动)，虽不引起现金流量的变化，但可能在一定程度上反映企业所面临的现金流转困难。例如，企业用固定资产偿还债务，可能意味着企业没有足够的现金来偿还到期债务；企业接受业主非现金资产的投资，可能意味着企业在接受所有者投资的同时，还需筹集必要的现金以实现企业的正常经营；等等。至于此类活动是否意味着企业的现金流转困难，则应结合企业其他财务指标的计算，企业当期整体的现金流量变化情况来综合考虑。

我们将一汽轿车和东风汽车有关现金流量的主要数据整理如下：

金额单位:元

公司 / 年度 / 项目	一汽轿车		东风汽车	
	2009	2008	2009	2008
营业利润(亏损)	327 795 357.24	392 383 472.00	1 905 703 469.12	1 291 195 078.61
净利润(亏损)	364 825 503.90	414 609 581.20	1 645 385 669.30	1 098 963 922.76
固定资产折旧	211 931 444.55	170 132 238.10	383 599 800.74	311 803 848.21
无形资产摊销	22 693 843.03	19 030 198.05	47 758 875.45	10 165 507.98
经营活动产生的现金流量净额	2 164 857 955.73	(829 242 137.90)	2 143 654 651.73	1 168 764 520.57
投资活动产生的现金流量净额	(129 973 132.35)	225 973 016.25	(797 437 550.39)	(1 241 303 365.23)
筹资活动产生的现金流量净额	(763 022 540.62)	(466 906 010.75)	(545 584 892.55)	(531 915 392.71)

从上表的数据中可以看出，一汽轿车的现金流量的质量比较高，其经营活动产生的现金流量净额高于其净利润，虽然2008年度现金流量净额略低于净利润加上固定资产折旧和无形资产摊销，但在尚可接受的范围内，仔细分析其年度报告中的其他项目，可以发现主要是由于业务规模扩大，应收票据、应收账款增加，导致经营活动的现金流量净额低于其营业利润。不过，其应收票据、应收账款的增加幅度低于营业收入增加的幅度，因此应收票据、应收账款的增加还是在合理范围之内。一汽轿车投资活动的现金流量净额表明其在投资活动方面进行连续的长期资产投资，这一方面是其不断扩大生产规模需要购建固定资产引起的，另一方面是需要对原有的资产进行更新所引起的。一汽轿车的筹资活动现金流量净额2009年与2008年相比基本相当，说明其利息、股利支付金额比较稳定，这两年都没有进行大规模的举债或者发行新股。结合一汽轿车的投融资战略，说明公司并不缺少资金。

东风汽车的现金流量的质量则不太乐观，其经营活动产生的现金流量净额2008年为净流出829 242 137.90元，与其净利润形成了鲜明的背离，更不用说净利润加上固定资产折旧和无形资产摊销了。我们仔细分析其年度报告，发现这是因为东风汽车的应收账款、应收票据和存货大幅增加所引起的，并且这些项目的增加幅度都远远高于营业收入的增加幅度，这值得引起我们的关注：公司在营运方面的管理是否过于松弛？长远的影响会怎么样？2009年东风汽车经营活动产生的现金流量净额为2 164 857 955.73元，与净利润加固定资产折旧、无形资产摊销之和进行比较，好像有了很大的改观。经过仔细分析，这是由于东风汽车大量占用了供应商的资金产生的结果，而应收账款、应收票据、存货的增加幅度依然很大，我们需要关注东风汽车与供应商之间的关系是否会趋向紧张，或者东风汽车仅仅是为了表面上改观现金流量状况而在年底的特殊时段进行了经营活动现金流量的操纵。

东风汽车2008年投资活动产生的现金流量净额为净流入225 973 016.25元，这可能是参股公司的现金股利支付引起的；2009年投资活动产生的现金流量净额为净流出129 973 132.35元。与一汽轿车相比，其在投资活动方面的投入显然要低很多，我们要考虑的是：目前的投资活动是否会影响到两家公司长远的竞争能力？非常明显，现在的大量投资活动将扩大未来的生产规模，从而极有可能会对未来的竞争产生积极的影响。

东风汽车的筹资活动产生的现金流量净额 2008 年为净流出 466 906 010.75元，2009 年为净流出 763 022 540.62 元，说明公司这两年都没有进行大规模的举债或者发行新股，主要是利息、股利支付金额所引起的现金流出。结合公司投融资战略，说明公司的资金状况并不紧张。

综合分析：一汽轿车和东风汽车，谁的盈利能力和增长能力强？

如果没有一定水平的内部盈利，公司在未来的成长中将不得不对外融资。例如，甲公司某一年的销售额从前一年的 42 000 万元增加到 48 000万元，上升了 14.3%，假定该公司希望下一年度的销售增长率为 15%，那么随着售货量增加，应收账款和存货量也会增加，而且为支持扩大的销售量，公司最终会投入更多的固定资产。公司必须以借款或权益或两者结合来筹集这笔资产。那在管理中怎样为预期的发展需要筹资呢？

为发展的需要筹资一般有两种途径：内部通过留存利润（留存收益），外部通过发放股票或借款。因为外部筹资比内部筹资的成本高得多，所以公司通常会尽量使用内部创造的资金（留存利润）。出于这种原因，我们需要了解公司在不增加外部权益时最大的增长能力——可持续增长率。

可持续增长率 = 留存收益率 × 权益回报率

= (1 - 股利支付率) × 权益回报率

= 留存收益率 × 销售净利率 × 投入资本周转率 × 财务杠杆率

其中，权益回报率是企业该年度净利润除以公司年初的权益账面值。

权益回报率 = 销售净利率 × 投入资本周转率 × 财务杠杆率

权益回报率是衡量公司业绩的全面指标，因为它表明公司运用股东投入的资金创造收益的好坏程度。从长期看,公司权益的价值取决于公司权益回报率与公司权益资本成本之间的关系。即如果预期在长期内公司权益回报率将高于权益资本成本,则公司的市值应高于账面价值;反之亦然。将权益回报率与资本成本相比较不仅有助于预计公司价值,而且有助于权衡提高未来盈利的途径。如果缺乏有效的进入壁垒,持续超常的盈利能力将引起竞争。下表列示了一汽轿车和东风汽车的权益回报率及其三个影响因素:销售净利率、投入资本周转率和财务杠杆率。

金额单位:元

项目 \ 年度 \ 公司	一汽轿车		东风汽车	
	2009	2008	2009	2008
净利润	364 825 503.90	414 609 581.20	1 645 385 669.30	1 098 963 922.76
股东权益	6 765 710 661.85	5 825 111 157.95	7 744 377 415.54	6 618 269 295.07
权益回报率	5.39%	7.12%	21.25%	16.61%
销售净利率	2.55%	3.34%	5.93%	5.43%
投入资本周转率	2.03	2.02	3.56	3.03
财务杠杆率	1.04	1.05	1.01	1.01

东风汽车的权益回报率从2008年的7.12%下降到了2009年的5.39%,主要是由于公司销售净利率下滑幅度比较大引起的。一汽轿车的权益回报率从2008年的16.61%上升到了2009年的21.25%,是由于公司的销售净利率有所提高,同时投入资本周转率得到了进一步的改善。两家公司相比,一汽轿车的盈利能力明显好于东风汽车,其为股东创造了更多的价值。

那么,在不改变经营政策和财务政策,并且不发行新股融资的情况下,公司能够以多快的速度增长呢?这与公司的股利政策密切相关。股利政策是股份公司关于是否发放股利、发放多少以及何时发放的方针和政策。股利政策包括剩余股利政策、固定或持续增长股利政策、固定股利支付率政策、正常股利加额外股利政策等。

剩余股利政策是以首先满足公司资金需求为出发点的股利政策。根据这一政策,公司按如下步骤确定其股利分配额:确定公司的最佳资本结构;确定公司下一年度的资金需求量;确定按照最佳资本结构,为满足资金需求所需增加的股东权益数额；公司税后利润首先应满足公司下一年度的增加需求，剩余部分用来发放当年的现金股利。

固定或持续增长股利政策是以确定的现金股利分配额作为利润分配的首要目标优先予以考虑，一般不随资金需求的波动而波动。这一股利政策有以下两点好处：稳定的股利额给股票市场和公司股东一个稳定的信息；许多作为长期投资者的股东（包括个人投资者和机构投资者）希望公司股利能够成为其稳定的收入来源，以便安排消费和其他各项支出，固定股利额政策有利于公司吸引和稳定这部分投资者的投资。采用固定股利额政策，要求公司对未来的支付能力作出较好的判断。一般来说，公司确定的固定股利额不应太高，要留有余地，以免使公司陷入无力支付的困境。

固定股利支付率政策要求公司每年按固定的比例从税后利润中支付现金股利。从企业支付能力的角度看，这是一种真正稳定的股利政策，但这一政策将导致公司股利分配额的频繁变化，传递给外界一个公司不稳定的信息，所以很少有企业采用这一股利政策。

正常股利加额外股利政策，按照这一政策，企业除每年按一固定股利额向股东发放称为正常股利的现金股利外，还在企业盈利较高、资金较为充裕的年度向股东发放高于一般年度的正常股利额的现金股利，其高出部分即为额外股利。

那么，一汽轿车和东风汽车的股利政策是什么呢？从两家公司的股利分配历史来看，更接近于剩余股利政策，因此其股利支付率并不固定。但是，从历年股利支付来看，两家公司都会进行现金股利支付，只不过有时支付的股利占净利润的比例高，有时支付的股利占净利润的比例低。我们以历年的平均值作为两家公司的股利支付率，计算两家公司的可持续增长率：

公司 / 年度 / 项目	一汽轿车		东风汽车	
	2009	2008	2009	2008
权益回报率	5.39%	7.12%	21.25%	16.61%
股利支付率	50.00%	50.00%	50.00%	50.00%
可持续增长率	2.70%	3.56%	10.62%	8.30%

由于一汽轿车较高的权益回报率，在两家公司股利支付率相差不多的情况下，一汽轿车的可持续增长率远高于东风汽车。在假设股东没有追加投入的情况下，按目前的态势，一汽轿车的成长将快于东风汽车。

77

成为一个稳健的投资者——市盈率、市净率和净资产收益率

私募界的赵丹阳是我非常敬佩的投资界大腕，其在《致投资者的一封信——2007》中这样写道："至今日，H 股和 A 股都已越过我们所理解的范围，我们在 H 股 10 000 点，A 股 3 500 点实现了我们的收益。回头看，我们过早地出局，指数的顶和底永远是个谜。今天，就我们的投资能力，已找不到既符合我们投资标准又有足够安全边际的投资标的。未来一段时间，市场的强劲也许会持续很久，经过慎重考虑，并和两个信托公司沟通后，赤子之心作为顾问的所有信托将尽快清盘，将投资款返还给投资者，便于投资者自由把握未来投资机会。"当时很多投资者都认为赵丹阳在 3 000 点上方过早清仓，但中国 A 股从 2008 年年初开始进入漫漫熊市，赵丹阳可能是能够全身而退的少数人之一。人们对一个投资者的评判要在更长的时间检验中才能获得更公正的结果。

稳健的投资是一种思维方式，其特征是习惯性地将股票的价格与背后的公司业务的价值联系起来，是一项支付的价格低于价值的深思熟虑的决定，为了最小化判断的风险，稳健的投资提倡安全边际原则——这是投资的核心原则。巴菲特的老师格雷厄姆认为，在价格相对于价值明显低估甚至是非常便宜的证券投资上，安全边际概念体现得最为明显。他给出了一个安全边际的定义：市场价格和评估价值的明显差别。价格低于价值的差额越大，安全边际越大。巴菲特继承了导师格雷厄姆对安全边际的定义："我们在买入价格上坚持留有一个安全边际。如果我们计算出一只普通股的价值仅仅略高于它的价格，那么我们不会对买入产生兴趣。我们相信这种'安全边际'原则——格雷厄姆尤其强调这一点是投

资成功的基石。”

我们需要阅读一个公司的财报来理解它的商业模式、核心竞争力以及作出公司价值的判断。在阅读财报的过程中,我们需要警惕公司舞弊的可能性——公司价值的判断必须是基于公司财报可信的基础。公司的价值判断不是精确的数字,而是粗略的估计——这是一门艺术。曾经有人问巴菲特,你2002年买中石油的时候只读了它的年报,你怎么能看一份报告就做投资决定?巴菲特说,我是在2002年春天读的年报,我从没问过任何人的意见,我当时认为这家公司值一千亿美元,但它那时的市值只有350亿美元。我不喜欢做事精确到小数点三位以后,如果有人体重大约在300磅到350磅之间,我不需要精确的体重就知道他是个胖子。

作为稳健的投资者,应该如何判断自己支付的价格是否低于公司的价值呢?在财报真实的基础上,我们可以用市盈率、市净率、净资产收益率和自由现金流来做参考。

(1)市盈率

市盈率是用一个公司股票的市场价格除以每股收益计算得出。市盈率对个股、类股及大盘都是很重要的参考指标。任何股票,若市盈率大大超出同类股票或是大盘,都需要有充分的理由支持,而这往往意味着该公司未来盈利将快速增长。一家公司市盈率非常高,说明投资人普遍相信该公司未来每股盈余将快速成长,以至数年后市盈率可降至合理水平。一旦盈利增长不理想,支撑高市盈率的力量无以为继,股价往往会大幅回落。作为稳健的投资者,我们先要剔除净利润中不可持续的一次性收益计算调整后的市盈率,在此基础上不建议大家购买市盈率20倍以上的公司——很难对公司未来是否真的能快速成长作出非常准确的判断。市盈率的倒数,其实就是我们用现在的股票价格进行投资,可以获得的年度收益率,现在的20倍的市盈率就是目前5%的年收益率——这个要求其实并不高。遵循这个原则,可以防止我们以过高的价格买入一个公司的股票。这么做主要有两大作用:一是弥补我们评估价值时估算错误的风险;二是弥补运气不好股市下跌得比正常情况更惨的风险。事实上,公司可能比我们估计的盈利情况更差一些,股市可能比我们预计的涨跌情况更惨一些,但是由于我们购买的价格大大低于评估价值,较大的安全边际保障使得我们照样可以赚到钱,尽管赚的钱没有预料的那么多。巴菲特如此认为:"当然即便是对于最好的公司,你也有可能买价过高。买价过高的风险经常会出现,而且我认为实际上现在对于所有股票,包括那些竞争优势必定长期持续的公司股票,这种买价过高的风险已经相当大了。投资者需要清醒地认识到,在一个过热的市场中买入股票,即便是一家特别优秀的公司股票,他可能也要等待更长的一段时间后,公司所能实现的价值才能增长到与投资者支付股价相当的水平。"

(2)市净率

市净率指的是每股股价与每股净资产的比率。一般来说,市净率较低的股票,投资价值较高,相反,则投资价值较低。在判断投资价值时,需要考虑当时的市场环境以及公司经营情况、盈利能力等因素。

每股净资产是股票的账面价值,它是用成本计量的,而每股市价是这些资产的现在价值,它是证券市场上交易的结果。市价高于账面价值时企业资产的质量较好,有发展潜力;反之,则资产质量差,没有发展前景。优质股票的市价都超出每股净资产许多。市价低于每股净资产的股票,就像售价低于成本的商品一样,属于"处理品"。当然,"处理品"也不是没有购买价值,问题在于该公司今后是否有转机,或者购入后经过资产重组能否提高获利能力。从稳健投资者的角度,一般说来市净率应该低于4。因为如前所述,公司未来的成长或者是转机存在着不确定性,我们不应该为此冒太多的风险。

(3)净资产收益率

一个好的投资对象应该具有比较稳定的、较高的净资产收益率——可以以5年为一个周期来考察,连续多年的净资产收益率最好能保持在20%以上。20%的净资产收益率,意味着现在1元的净资产在3.6年以后可以达到2元,再经过3.6年可以达到4元。结合前面的当前市净率为4,也就是说经过7.2年以后,如果股票市价没有变化,则市净率为1;如果7.2年以后市净率不变仍旧为4,则股票的市场价格为16元。

我们在综合分析中,提出如何判断公司的盈利能力和增长能力——我们要牢记,是盈利和增长为股东创造了真实的财富。彼得·林奇在谈论如何选择成长股时,提到了PEG这个指标,其中,PE即市盈率,G指可持续增长率。他认为PEG最好不要大于1。按照20倍的市盈率和20%的净资产收益率,则PEG刚好等于1——在这里我们用净资产收益率代替可持续增长率，因为我认为公司的净利润不管是留在公司还是分配给投资者，都可以继续用于投资以创造利润。

巴菲特在其每年致股东的信中，都会列出他心目中理想的收购对象的标准。让我们来看一下《巴菲特致股东的信——2011》的标准。股神援引1941年珍珠港事件、1987年股市暴跌和2001年“9·11”事件称，总有人在讨论不确定性，但无论今天是什么情况，明天永远存在不确定性，不要让现实把你吓倒了。对于巴菲特而言，当下的美国充满了投资和并购机遇。2010年，美国经济复苏带动了汽车、煤炭和建筑物品运输需求，所以伯克希尔2009年以265亿美元收购北伯灵顿铁路公司被巴菲特誉为“2010年的亮点”，该笔收购能将伯克希尔常规税前收益提高将近40%。一度，外界将上述并购交易视作巴菲特防御金融危机的举动。不过，这次巴菲特的估计又让人哑口无言了。巴菲特准备再接再厉，按照巴菲特的想法，伯克希尔需要实施“更多重大收购”。他在2011年2月26日的信中，以斜体字形式突出“重大”一词。巴菲特口中所谓的重大收购是指交易金额在50亿美元至200亿美元之间的收购。巴菲特和合伙人芒格称，公司越大，巴菲特的兴趣也就越大。但仅仅规模大还不够，对于潜在的收购目标，巴菲特和芒格列出了以下标准：

1）被收购的公司规模要大（税前盈利至少有7 500万美元，除非该公司恰好身处我们已有的行业）；

2）表现出持续盈利能力（我们对未来业绩预测不感兴趣，对扭亏为盈的情况也不感兴趣）；

3）负债很少，或基本没有负债，但企业仍能创造较好的净资产收益率（ROE）；

4）稳定的管理层（我们无法提供管理层）；

5）业务简单（如果涉及太多高科技，我们无法理解）；

6）明确的要价（如果收购价格未知，我们不想浪费买卖双方的时间，哪怕是进行初步商谈）。

股神是投资界的常青树，我们最好的做法就是按照他的这些标准来选择投资对象。在买某个公司的股票之前，我们要多问几遍自己——这是否符合我们选择的标准。在中国股票市场上，符合这些标准的公司其实是非常少的。当没有符合标准的公司时，我们最好什么都不做，而是静等机会的出现。当我们手中握有现金而没有投资的时候,不要感觉因为有现金自己应该投资,而是应该等到价格远低于价值、有合适机会的时候再去投资。

(4)自由现金流

我们在"画龙点睛:现金流量分析"中,已经就经营活动的现金流量、投资活动的现金流量、筹资活动的现金流量的分析分别做了介绍。但是,作为投资分析,我还是要在这里再强调一个重要的概念——自由现金流。一般来说,自由现金流是指经营活动的现金净流量减去投资活动的现金净流量以后的金额。通俗地说,也就是一个企业通过经营活动获取的现金净流入,在满足一个企业的投资以后,可以用于自由用途的现金,比如,向股东支付股利、用于有巨大盈利潜力的项目投资等。自由现金流为正的公司,是源源不断为股东带来现金产出的公司,是一头现金奶牛;而如果自由现金流为负,则意味着公司需要外部融资。因此,自由现金流当然是连续多年为正并且越多越好,但具体多少为好并没有绝对的数量标准。

从理论上来说,一个公司的价值是其未来每年的自由现金流按照我们预期的折现率(取决于自己对于投资回报的要求,比如我自己的要求就是不低于15%)折现到现在的价值,这就是证券分析师通常采用的现金流折现模型。由于未来的自由现金流需要对其进行预测,而预测需要很多假设,因此自由现金流折现模型从理论上来说很精美,但现实当中使用起来却问题多多,甚至有时候从事后的实际结果反过来看当初的预测,可能会觉得荒谬可笑。

但是,作为一个稳健的投资者,在选择投资对象时,在满足上述三个条件的公司中,最好公司的自由现金流在过去五年中都为正,或者至少合计总额为正,否则,说明这家公司自己创造的现金流不能满足公司的要求,需要不断地举债或者股东不断追加投入,而这样的公司显然不是一家理想的投资对象。

后 记

已经有很长一段时间没有写东西了，写作本书是一个痛苦的过程，中途几欲放弃，总算坚持到最后完稿，看到一字一句慢慢码成的稿子，内心有一种"十月怀胎"后终于分娩的激动和幸福。坚持就是胜利，这是颠扑不破的真理！

出版之际，照例要感谢有关人员。

感谢所有听过我课的学员，正是他们与我在课堂上的互动，对我形成了莫大的鼓励，才有勇气坚持本书的写作。我曾经上课的金融公司，包括国泰君安证券、东方证券、长江证券、太平洋保险、中国财产保险、申银万国证券、西部证券、对外经贸信托、中国银行无锡分行、浦发银行、苏州银监局、中国工商银行嘉兴分行、建设银行上海分行、建设银行湖南分行、西部信托、农业发展银行内蒙古分行等；我曾经上课的大型企业，包括中国移动、中国电信上海公司、中国电信浙江公司、中国联通、中国远洋、安徽电力二建、中航集团贵航股份、三一重工、本溪钢铁、浙江电力、深圳电力等等；我曾经上课的协会组织，包括国务院国资委总会计师培训班、中国注册会计师协会、中国总会计师协会、上海市注册会计师协会、上海市外商投资企业协会、四川省注册会计师协会、广西注册会计师协会、湖南省会计师协会等等。我曾经连续八天一直在给不同的企业上课，挂一漏万，有许多金融公司、大型企业、协会组织不能一一列举。

感谢我的领导、同事，正是他们在工作上对我的支持、指导、帮助，我才有精力完成本书的写作。我要感谢夏大慰院长，在我担任学院办公室主任期间对我的包涵与宽容，这种包涵与宽容，只有切身默默体会而不能言表；感谢分管我的管一民副院长对我的教诲与指导；感谢谢荣副院长在专业上对我的点拨；感谢李扣庆副院长从战略的角度对我的帮助。还要感谢部门的同事，分担了我的大部分日常行政工作，他们是人事办公室的石姣英、曲欣，党委办公室的赵久霞、薛许红，院长办公室的张各兴、李泓、常亮、王子元、程艳萍，财务办公室的蔡志伟、谢冬松、张莉、毛昭文、钮俞瑾、沈晨辉，教研部的杨艺等。

感谢我的家人——感谢我的父母，我今天的一切成就归因于我的父母，我的父母是面朝土地背朝天的农民，农民的朴实、农民的艰苦培养了我今天不停奋斗的性格；感谢我的岳父母，他们默默付出，帮助我解决生活中的琐碎；更要感谢我妻子江丽的支持。

感谢大连出版社，使本书得以与读者见面。尤其要感谢刘明辉社长，他是我的良师，从大学开始，受益良多。

还有很多需要感谢的人士，未能一一列举，希望大家包涵。

郭永清